生态5.0

黑海生态战略实践

王京刚 沈自珍 刘清德◎著

光明日报出版社

图书在版编目（CIP）数据

生态 5.0：黑海生态战略实践 / 王京刚，沈自珍，刘清德著. -- 北京：光明日报出版社，2025.3.
ISBN 978-7-5194-8568-9

Ⅰ. F272.1

中国国家版本馆 CIP 数据核字第 2025PX4661 号

生态5.0：黑海生态战略实践

SHENGTAI 5.0：HEIHAI SHENGTAI ZHANLUE SHIJIAN

著　　者：王京刚　沈自珍　刘清德	
责任编辑：许黛如	策　划：张　杰
封面设计：回归线视觉传达	责任校对：舒　心
责任印制：曹　净	

出版发行：光明日报出版社
地　　址：北京市西城区永安路106号，100050
电　　话：010-63169890（咨询），010-63131930（邮购）
传　　真：010-63131930
网　　址：http://book.gmw.cn
E - mail：gmrbcbs@gmw.cn
法律顾问：北京市兰台律师事务所龚柳方律师
印　　刷：香河县宏润印刷有限公司
装　　订：香河县宏润印刷有限公司
本书如有破损、缺页、装订错误，请与本社联系调换，电话：010-63131930

开　　本：170mm×240mm	
字　　数：260千字	印　张：16
版　　次：2025年3月第1版	印　次：2025年3月第1次印刷
书　　号：ISBN 978-7-5194-8568-9	

定　　价：78.00元

版权所有　翻印必究

序二

儿孙们面临的风暴或者未来的安好

100 年后，后人将如何评价我们所处的时代？

在人类的历史长河中，尽管技术的发展往往带有偶然性，但有一种技术的应用却是不可或缺的。它不仅是人类脱离猿类的重要标志，更是一切技术的"根技术"，这就是火的使用。人类使用火的历史可追溯到 50 万年以前，彼时的人们已经开始利用火来取暖和烹饪食物。这标志着第一次技术革命的开始。随后，火的应用扩展到了陶器的制作、金属的加工、蒸汽机的驱动、电力的产生以及内燃机的发明。**可以说，火的发现改变了人类的生活方式，自此，人类的文明有了长足的进步。**

然而，随着火的使用，"碳幽灵"仿佛开启了潘多拉魔盒。无数物种因为人类的活动而直接灭绝，苦难像洪水般铺天盖地地涌向人间。

技术进步与社会文明的演进紧密相连，而气候变化同样对历史的进程产生了深远的影响。 人类学家布莱恩·费根指出，古埃及文明的兴盛归因于人民对尼罗河泛滥周期的掌握。这促进了中央集权国家的建立。不幸的是，公元前 2200 年开始的长期干旱导致埃及的分裂，进入中王国时期。罗马帝国的崛起则得益于公元前 200 年之后的温和气候，而欧亚大草原的干旱则催生了强悍的匈人战士，他们对罗马造成了沉重的打击。**古罗马诗人贺拉斯在帝国的衰败中感叹：时间磨灭了世界的价值。** 高棉王朝则利用丰富的雨水资源，通过完善的灌溉系统发展农业。但过度开发导致水土流失，最终洪水摧毁了美丽的吴哥窟。14 世纪末到 19 世纪末的"小冰期"，西班牙在北美的殖民扩张遭遇挫折，而荷兰则利用强劲的东风发展了商船队，成了推动"荷兰黄金时代"到来的关键因素。

15世纪初，明朝农业和手工业技术显著进步，大幅促进了瓷器与丝绸出口量的增长。郑和七次远航将影响力扩大至印尼、印度、阿拉伯和东非，确立了大明王朝在欧亚的强国地位。然而在"小冰期"，严冬频繁和生长季节短暂导致农作物产量减少，对农业、经济和政治产生重大影响，进而加剧了社会动荡。1433年，随着海禁政策的实施，明朝与外界的贸易往来戛然而止。

这些历史揭示了人类文明在历史上经历了多次气候不稳定期，导致了诸如瘟疫、冰川融化和干旱等问题，一些文明因此走向衰落。在捷克共和国的易北河畔，古老的"饥饿石"再次露出水面，上面刻着警示的文字：**"看到我就该哭泣。"** 这表明，随着全球气温的不断升高，极端天气事件频发，艰难的气候环境对人类的生活构成巨大威胁，同时也刺激了文明的进化以及技术的创新。

在过去的两个世纪中，人类对文明的理解发生了偏差，一度将工业排放的烟雾视为征服自然的象征，认为这是一种技术之美。 然而，我们并未充分认识到自己对一个脆弱生态系统的依赖，也未曾充分理解物种灭绝的深远影响。詹姆斯·汉森博士，被誉为"全球变暖之父"，通过对金星气候的研究，警告我们：**如果不保护地球，就可能会重蹈金星的覆辙——那里的大气被二氧化碳、氢氟碳化物和甲烷等气体紧紧包裹，犹如一个超级温室，将原本可能适宜居住的星球转化为炽热的炼狱。** 汉森在其著作《儿孙们的风暴》中呼吁我们改变生活方式，建立一个"零碳社会"。人类必须减少对碳基能源的依赖，以防止对地球生态造成不可逆转的损害。经过人类几百年工业革命和不计代价的扩张式发展，地球确实需要休养生息了。

文明的发展总是伴随着冲突而产生。 在人类定居城邦之前，贸易和交换活动就已经开始，同时也催生了早期的不公平现象。美国作为数百年工业化和消费文化的巅峰代表，其人口仅占全球总人口的5%，却消耗了全球23%的碳能源。美国人均电力消耗是中国的五倍，这些电力几乎完全依赖于石化燃料。据统计，2021年美国每月人均用电量高达371度。相比之下，中国仅为

69度。

人类环境的能源条件决定其世界观的大致结构。美国每年废弃的纺织废弃物数量惊人，高达1600万吨。这些原本可以继续穿着或使用的衣物和家纺产品，却因全球分工下的廉价生产和美元的泛滥印制，被无情地抛弃。**这一现象揭示了一个依赖消费主义浪潮和金融手段剥削以减轻债务的全球碳能源分工体系。**若将美国通过国际分工转移出去的碳能源消耗纳入考量，美国的直接和间接地球碳能源消耗超过40%。加之早期超大规模工业化进程中累积的碳排放，美国在人类工业化历史长河中的总碳排放占比高达45%。

审视美国的经济策略，其全球生产布局、美元发行机制及过度消费模式亟须调整。美国故意放任资源浪费，实则是维系旧有分工体系的战略金融手段。这并非危言耸听，而是现实中的一个现象：旧的发展哲学中，一些人致力于创新与建设，而另一些人则参与破坏与瓦解。创新与破坏形成一个矛盾的统一体。这一议题促使人类社会必须面对发展观念的转变。**我们需从"创新与破坏共存的恶性循环"这一盎格鲁－撒克逊式的无尽扩张模式，通过提升文化层面的意识，逐步过渡到"有限增长与无限可持续性"的新型发展模式。**

反观中国，作为"世界工厂"，人均碳排放中有一部分正是源自为全球市场提供质优价廉的商品，实际上为全球低碳发展做出了贡献。然而，作为传统经济模式的主要受益者，美国在实现碳排放峰值和推进碳中和政策方面表现出不一致性。在政治与经济的复杂博弈中，对美国而言，晚推迟一天，就对其有利一天。我们预测，未来40年，美国经济增长率仅为0.6%，且不断下降。

我们正处在一个希望和焦虑交织的"代际战争"时代。世界正经历前所未有的变革，科技与经济迅猛发展，科幻概念如智能电脑、无人驾驶汽车、物联网等已悄然融入我们的日常生活。生物技术的革命更是方兴未艾，预示着个性化医疗、生物燃料革新、寿命延长、农业飞跃及物种复生的无限可能。这些迹象无不表明，未来几十年可能是人类历史上发展速度最快和变化最为剧烈的时期。与此同时，社会也进入一场"代际革命"。

虽然新能源的崛起预示着未来可能实现能源的无限供应，但是人口的增长、老龄化和城市化问题却日益凸显。未来的人们意识到自己将继承一个环境恶化、经济困难、就业机会稀缺、住房成本高昂的地球。发达国家的年轻人还需承担日益增长的退休人口的经济负担。但他们不愿终身偿还前人的债务，年轻人将为更好的生活和工作权利而斗争。当前的不公可能导致未来20年间的社会动荡，从欧美开始，随后蔓延至拉丁美洲，并波及更多经济体。

经济发展范式以及地缘政治冲突更是加剧了这种复杂性。城市化、气候变化、资源限制和人口减少等趋势将影响土地使用、政治决策和人口分布。与全球范围内的暴力事件相互交织，导致市场增长放缓，通缩的阴影开始笼罩。气候峰会未能取得预期成果，全球治理机制的滞后性也日益凸显。大国之间的紧张关系进一步升级，全球通胀率急剧上升，能源价格飙升，气候变化持续造成破坏，这些因素共同构成了当前复杂多变的国际局势。

面对这些挑战，我们必须深入反思并寻求解决方案。**二战后由美国主导的全球秩序已不再适应当前的新形势，全球经济迫切需要一个全新的架构来引领未来的发展**。那么，我们应当如何通过协作，构建一个全新的经济合作框架，以应对挑战并探索新的机遇？各国中央银行应采取哪些灵活的策略来应对通货膨胀，以保持经济稳定？我们需要怎样的生产力范式，以缓解供给限制、降低生产成本并促进经济繁荣？我们还需要怎样的全球领导力，来重新定义"可持续"增长的含义？这关乎科技与文明、经济与生态、物质与心智的和谐统一。

最紧迫的是，人类正面临经济增长和碳排放峰值的双重系统性转型挑战。

随着全球二氧化碳排放量已超过360亿吨，远超将气温升幅控制在1.5℃以内的目标。国际能源署已明确目标，即到2030年排放量需降至260亿吨，年降幅需达6%。面对这一紧迫任务，各国纷纷响应，但进展不一。中国计划在2030年前达到碳排放峰值，而印度等新兴市场则需更长时间。G20国家作为主要排放国，占全球排放的75%，其能源转型需要大量投资。然而与不采取行动可能造成的经济损失相比，这种投资是必要的。

世界似乎正陷入更深的混乱与解体。一方面，全球碳交易市场变得越来越活跃；另一方面，许多国家尚未明确设定碳中和目标，现有的碳定价体系也未能充分反映其经济影响，这导致减排激励的不足。

威廉·诺德豪斯等专家预测，2030年，碳价格应达到每吨300至500美元，而到2050年之前应提升至每吨1000美元。然而，目前碳价格远低于这一预期，这凸显了我们在推动低碳转型方面的紧迫性和艰巨性。

低碳技术的发展是实现零碳经济的关键。然而，目前该领域的投资仍显不足，需要各国政府加强支持，以推动能源基础设施改造。同时，国际气候协议也面临着执行力减弱的问题，缺乏有效的制约机制。那么，**谁来集中力量建立完善的碳定价体系？谁来推动绿色技术的创新与进步？谁来加强国际气候合作框架的稳定性，并展现全球领导力？**

我们发现以美国为代表的部分西方国家，试图借助碳金融、碳关税等手段构建新的等级社会，用一种不平等替代另一种不平等，以掩饰他们在生产和消费所带来的尽情享乐中寻找人生目的和意义。

中国作为负责任的大国，已明确提出2030年"碳达峰"与2060年"碳中和"目标。这一目标的实现不仅是对全球气候治理的贡献，还是中国自身经济社会发展的内在需求。更重要的是，"零碳社会"和生态文明就是回到了中国文化的初心。**钱穆先生在临终之前说："天人合一，是中国文化对人类的最大贡献。"**人类社会应当追求整体的和谐与长远发展，朝着"天人合一"的理想境界迈进，塑造一个共同的生态文明。

如何感知人类共同的未来？什么样的范式才能引领全球化的可持续发展？

当我们凝视布满星辰的夜空，宇宙的辽阔让我们感到自身的渺小。帕斯卡（1623—1662）曾感叹宇宙的广阔使我们显得微不足道，这与苏轼"寄蜉蝣于天地，渺沧海之一粟"的感慨相似，尽管他们生活在不同的时代。这种渺小感驱使我们去探索未知。从科学角度看，原子和分子是构成一切的基础。人体内有无数原子，数量远超宇宙中的恒星。这表明我们自身就是一个充满潜能和奥秘的宇宙。在内心与宇宙的相互映射中，我们找到自己的定位，体验到生命的价值，形成了对宇宙的完整理解——我心即宇宙，宇宙即我心。我们发现经济学和社会学的思考都是局部思维，而只有按照生态圈思维和生态文明的整体思维去看待经济、看待人类社会，我们才能真正找到可持续发展的道路。我们需要把上帝逐出生态圈，人类只有自己才能左右自己的命运。

鉴于地球资源的有限性和经济增长的极限，未来 40 年间，人类社会在政治、经济、社会、人口、环境、生活方式、商业以及科技等多个领域将展现何种主要趋势？探讨这一涉及长期跨度和广泛领域的趋势，其难度不言而喻。然而，中国在太空经济领域所展现的大国担当，为我们提供了充分的信心去构想一个遥远的未来，有实力去把握延续人类生命的精神血脉。

回溯 20 世纪 40 年代，火箭技术、核能与电子计算机的相继问世，共同构成了第三次工业革命的里程碑。相较于前两次工业革命，此次变革覆盖的领域更为广泛。涵盖了核能、电子计算机、太空技术以及生物工程等多个方面。航空业的蓬勃发展极大地促进了全球人流与物流的互联互通，进一步推动了"地球村"概念的形成。电子计算机作为此次工业革命的代表性技术，显著提高了生产效率，并在极大程度上改变了人类的生活方式。与此同时，尽管核聚变技术备受期待，但其实际应用的实现之路仍然漫长。

联合国发展规划委员会副主席克劳斯·施瓦布提出第四次工业革命理论，认为人工智能、超级算力等技术将成为推动发展的关键因素。**人工智能应用的广泛普及，成为第四次工业革命的显著特征，进一步提升了社会生产力。**

经过对水平世界的深入探索，我们内心的好奇之火越发旺盛，推动着我们勇敢迈向未知的边界。在科技的征途上，从逐步揭开亚原子粒子的神秘面纱，到稳步迈进了探索地球边缘的广袤领域。而今，科技界的领航者们更是将目光毅然投向浩瀚无垠的宇宙太空。**中国引领的第五次工业革命的曙光初现，人类的生命体验也日益丰富。文明，被拉上一个新的高度。**

2024 年 7 月，中国嫦娥六号成功采集月球土壤并返回地球。对普通人来说，就如同毫无准备地闯入异乡。但这一事件，标志着太空经济的逐渐成熟，也展现了中国在太空探索方面的雄厚实力及对宇宙未知的不懈追求。

"当时明月在，曾照彩云归。"中国不仅向全球分享了月球土壤样本，还宣布了一项重要发现：在月球中高纬度地区，太阳风充分作用下的玄武岩质月壤中，存在一种特殊高含量三价铁钛铁矿。经过1000℃的加热处理，该物质晶格结构中的氢与铁氧化物基质发生反应，产生51千克至76千克的水。这一发现为月球生存探索开辟了新路径，激发了全球对太空探索的热情。

太空工业正在全球范围内迅速发展，这一趋势得益于信息技术的飞速进步、基础设施的日益完善以及编程平台服务的广泛普及。其应用领域持续扩展，已经渗透到众多行业之中。中国发布了《国家空间科学中长期发展规划（2024—2050年）》，其中明确了五大科学主题和17个优先发展方向。特别是"宜居行星"这一主题下的太阳系考古和地外生命探寻项目，引起了广泛关注，进一步拓展了人类对太阳系乃至整个宇宙的认知。

不久的将来，我们将目睹第一座绕地球飞行的太阳能发电站，其装机总量达到1兆瓦（MW），而且可以通过无线能源传输装置，将电力传回地球。并且，通过新的能源贮藏技术的利用，将为微型电网打下坚实的基础。

人类知识与技术的累积不断推动世界向更加有价值的状态演进。紧随中国的步伐，目前，超过20个非洲国家启动了太空计划，目的是利用太空技术促进社会进步和经济发展。非洲国家联盟发布的太空战略明确指出，太空技术将成为实现非洲大陆繁荣与发展的关键途径。

托马斯·塞缪尔·库恩在1962年的《科学革命的结构》一书中引入"范式"一词，指出科学进步是建立在特定世界观上的演变。当知识积累挑战现有范式极限时，就会发生根本性的变革。现在，全球正经历产业生态的范式革命，这需要长期适应和多代人的共同奋斗。中国在第五次工业革命以及地域经济中所展现的与时俱进，充分彰显了人类社会的卓越品质，正如**海伦·凯勒**所言："躲避危难最终并不比从容面对更加安全，人生要么是一场果敢的冒险，要么就只是一场空。"

当今世界体系是工业国家建立的民族国家体系。当先发国家认为全球治理成本超出收益时，可能选择逆全球化，忽视后发国家命运。也就是说，在全球化逆流中，后发国家命运未卜。**而中华文明则以深厚的人文关怀，穷则独善其身，达则兼济天下。**由此可见，生态圈思维与生态文明整体观念，就像那只"看不见的手"，对于全面理解经济社会复杂现象、促进全球可持续发展至关重要。

文明与历史同步。人类可能会经历三个繁荣阶段：第一个从1800年到1914年，工业革命和全球化初步推动了经济繁荣，但仅有15%的人口受益。第二个繁荣期预计从1980年到2080年，全球化浪潮与技术进步的双重驱动，使得超过80%的人口生活质量得到显著提高。第三个繁荣期可能由核聚变、人工智能、智能机器人、量子技术以及基因编辑和合成生物学等前沿科技驱动，带来食物和能源生产的革命。这预示着我们将步入一个资源丰富、充满无限可能的22世纪。100年后人们或许会对曾经的疾病和苦难感到难以置信，并将这些历史记忆永久地保存在博物馆中，作为人类价值观演进的见证。

100年后的人们也许会将当前视为一个复杂多变、环境严峻、秩序尚未完全确立的时段；一个与恐怖主义、局部冲突、环境污染、资源紧缺、代际战略及单调的钢铁森林形成的建筑中共存，却也在科技浪潮中疾速前行的时代。

进化本身被视为一个秩序持续优化的过程。狄更斯在《双城记》中写道："**这是最好的时代，这是最坏的时代；这是智慧的时代，这是愚蠢的时代；这是信仰的时期，这是怀疑的时期；这是光明的季节，这是黑暗的季节；这是希望之春，这是失望之冬；人们面前有着各样事物，人们面前一无所有；人们正在直登天堂，人们正在直下地狱。**"秉持着对子孙后代的责任感，中华民族致力于构建一个绿色、和谐的世界，并为后世留下珍贵的自然资源遗产。我们决心在未来的一百年中，实现从依赖碳能源的社会向实现碳中和的新时代的转变。正如古代格言所云："观天象以明时序之更迭，察人文以教化天下。"

2022年12月27日

序二

迎接人类的第五次生态革命

人类当前面临的现实挑战在于遭遇了增长的瓶颈，而世界主要经济体对此多采取回避态度，这实则反映了发展观念的局限。人类的经济发展观需要引入一种"自限"文化。但从全球领导者到企业管理者，谁都不敢接纳这个新的发展文化。**从数量发展观到基于生态的质量发展观的转变，注定是一场艰难的理念转移，中国正在进行一场走向生态文明的艰难行军。**以前的苦难行军，都是为了自己的复兴；未来的苦难行军，是为全人类蹚出一条可持续的路来。

中国经济在过去40年里实现了持续的高速增长，这让我们产生了一种趋势将会永远持续的错觉。后发国家和地区不断吸收西方300年的经济学与社会学智慧，但往往没有进行适当的筛选。旧有的发展观念基于"人定胜天"的征服欲望，将地球视作可以任意掠夺的对象，忽视了人类作为自然生态系统一部分的本质。

历史学家尼尔·弗格森指出，西方近代科学的繁荣实际上是欧洲众多城邦间激烈竞争的产物，技术成为制造优势武器的关键。这种竞争文化的影响扩散，推动了全球工商文明的兴起。历史具有巨大的惯性，文明的进步往往基于内在逻辑的自我演进。文化历史学可以解释这一点，例如，现今的铁轨标准正是源自马车时代的标准。

科学是一种武器，人们通过它来认知物质世界的规律，优先考虑的是进攻和防御。对于自然世界，人们采取了一种利用的态度，简化、解剖、剥夺，并自认为是客观的，这导致一种"奉旨掠夺"的发展文化。一种"我优越，我掠夺"的逻辑贯穿了整个西方经济史。或许，我们今天的发展观念正是建立在欧洲城邦间相互倾轧的底层文化之上，这是文化的起点。

以葡萄牙航海为例，其小船虽不起眼，却凭借灵活与凶悍在亚洲海域横行。反观中国的大船，虽雄伟却行动迟缓。**不为战争而生，追求内部稳定，商业海洋文明发现了中国重农主义文明的致命弱点。**

西方主义者认为，文明平等是一句笑话。在西方文明取得优势地位之前，从来没有一个文明处于主导世界的统治地位，所以西方部分学者认为人类历史已经终结，认定他们是天选之子，根源就在这里。碳中和社会是一种必需，但规则依然由西方来制定，差序式平等才是一种务实的平等。

面对地球生态圈的发展临界点，不论历史积怨如何，变革已刻不容缓。我们需要从西方主导的经济学和社会学中挣脱，以自信与勇气探索自己的发展道路。在本书中，作者将人类社会发展分为五个阶段：**狩猎社会、农耕社会、工业社会、信息社会以及超级智能社会；把对应的生态阶段称为生态1.0—5.0阶段。**

本书深入阐释了"生态5.0"概念的深层含义，并勾勒出一幅由科技驱动的未来社会蓝图。**生态5.0旨在深度融合信息通信技术（ICT），实现网络与现实世界的无缝融合，构建一个高度智能化、全面覆盖的超级社会体系。**该体系将资源与服务高效整合优化，精准对接人们多元化的需求，从而大幅提升生活质量。追求生态5.0的原因在于它能够消除地理、年龄、性别、语言等差异，实现权利和机会的平等化。此外，**生态5.0作为经济发展的新动力，采用绿色GDP的新算法，推动生态圈经济的迅速发展。从"供给侧、消费侧、循环侧"三个维度共同发力，有效应对社会系统性挑战，促进构建和谐且宜居的社会环境。**生态5.0不仅代表了对未来的憧憬，也是科技创新的期许，体现了中国式现代化的目标，更是中国生态文明建设的综合展现。

表序-1　生态1.0—5.0阶段

阶段特征	生态1.0	生态2.0	生态3.0	生态4.0	生态5.0
社会形态	渔猎社会	农耕社会	工业社会	信息社会	超级智能社会
生产技术	捕猎、采集	手工业	机械化	信息通信	空天一体化
材料	石材、土	金属	塑料	半导体	材料5.0
交通	徒步	牛、马	汽车、船舶、飞机	多样移动	太空工业
城市形态	迁徙、聚落	城池 线形	（工业）城市	网络城市	自律分散城市
生态理念	生存性	防御性	功能性	经济效率性	人性

"生态5.0"这个崭新的理想社会愿景，强调人类整体将更自由地摆脱物质束缚，与深邃且无处不在的精神世界实现更紧密的统一。

现代人类与先祖在地球上的共存历史长达两千万年，其间主要以采集和狩猎为生，与自然界保持密切的联系。在非洲，某些原始部落在狩猎后的致敬仪式，彰显了对自然的敬畏与感恩。随着农业的兴起，中国逐步建立了以农业为基础的低生产力的静态社会，但这种稳定主要依赖于环境的稳定性。**农业文明的发展逐渐导致人类对自然的认知产生分离，人们通过勤劳和遵循自然气候的规律来维持生活，逐渐培养出节俭的美德。**

中华文明作为技术文明的典范，拥有悠久的市场经济传统，是技术与科学的摇篮。然而，西方工商业文明的崛起一度掩盖了中华文明的光芒。农业生活使中国陷入高度平衡的困境，庞大的人口和有限的生产力要求文明保持连续性和稳定性。东西方文化的古代交流体系被打破，东方文明在过去的两个多世纪中成为弱势一方，其发展观念和话语权被西方文明所覆盖。

工业生活构筑了一个以资本为主导的社会体系，消费主义渗透至生活的每一个角落，人与自然的关系变得疏远。尽管工业化提升了人们的生活水平，但也引发了环境危机。无节制的扩张威胁到了生态平衡，甚至可能导致生态灾难。

在这样的背景下，中国踏上了经济转型的艰难旅程，从生态系统的视角出发，在尚未完全步入富裕社会之时，便开始了向生态文明的整体转型。在吸取了西方工商文明和中国古代静态社会模式的历史教训后，中国正在探索一条适合自己国情的未来生态发展道路。

在人类历史上，稳定、发展与可持续性，始终是相互矛盾的。市场经济建立在"创造性破坏"的循环之上，资本社会只有通过持续的发展和扩张，才能用新的周期取代旧的周期，以此来维持社会的稳定。一旦发展停滞，从价值观上讲，这是无法接受的。

现在，人类的发展观需要进行刚性回调：生态圈思维大于社会学思维。不管你的先祖是海盗文明、游牧文明、农耕文明还是采集狩猎文明，未来人类都需要建立一个共同的屋顶，需要建立一个构建在"碳中和社会"基础上的生态文明。

什么叫生态圈思维大于社会学思维？我们亟须构建一种以生态圈为核心的社会学新范式。社会的发展不应以牺牲环境为代价，必须全面考虑并承担所有发展成本，避免在发展过程中对水、土地和空气造成污染。绿色发展不仅是法律要求，更是道德责任。企业应自我约束，采取环保生产方式；消费者也应自我约束，倡导绿色消费。双方需共同承担环境成本，确保全产业链的环境责任得到落实。全球工商界必须树立"污染者付费"的原则，积极承担环境治理责任，不可逃避责任。我们应建立基于碳中和的发展理念，强调生态圈的整体性，注重综合治理，鼓励各方参与，填补生态空白。企业不只是追求自身的利润最大化，不再将自然看成对象，而看作自身经营基础的一部分，融合自然。企业追求的是可持续发展，是生态圈中的益虫，不是害虫。

本书站在全球 80 亿人的立场，阐明了一种"天人生活革命"，也就是我们倡导的第五次生态革命。并且我们推测，若所有人都像美国那样极端消费，那么人类对环境的影响将是现在的 5 倍到 10 倍。事实上，地球已没有足够的空间来承载，加上"双标式思维"，至少在生态圈思维层面和发展观层面，美国已丧失了对于全球碳中和社会的领导力。

碳中和社会的核心在于人类生活方式的根本转变，数字生态的高效协同与资源节约化发展路径，构成了一个高度智能化的分散耦合社会体系。这正是中国引领全球的方式。通过低碳智能的生活方式，推动生态的可持续发展。

重塑全球发展观念，构建数字化、节约化、循环化的资源网络，旨在达成碳中和社会的目标，更进一步实现广泛的"资源中和"社会；确保人类对有限自然资源的持续循环利用，摆脱过去三百年资本主义无限扩张的自我毁灭式发展模式，走向与环境和谐共生的高质量发展道路，建立与生态圈承载力相适应的模式；保障所有物种的自然繁衍，将所有物种视为人类的永久伙伴，不再以自然的主宰者自居，而是将人类自身视为时间的租户。

正如著名社会学家里夫金指出的："**自然不再是人类征服和奴役的对象，而是一个亟待培育的共同体。**"

当前，我们正见证着以数字智能革命为标志的第四次工业革命与以太空探索为象征的第五次工业革命的交织发展。这一进程伴随着一场深刻的观念革命，要求人类摒弃过去粗放的征服与开采模式，实现从"物质增长"向"物质循环"的转变。为此，需要大规模投资于循环技术，依托现有的工业化基础，构建一个宏大的物质循环利用体系。以"无限资源循环"作为生态文明的发展理念和终极目标，我们应重塑人类发展的共同认知，并将其确立为社会的核心价值观，同时对过去无节制扩张的粗放式工业模式进行批判。

本书视角建立在企业这个人类经济组织之上，从企业角度来思考如何改变发展观，如何进行生态文明视角下的产业链布局。其中以"**生态链链主**"的身份来参与生态经济的改造。这蕴含着极大的产业机会，数字经济、能源互联网、循环经济和整个工业体系的结合，**笔者提出了"智能社会和万物中和"的超级概念**。经济进化矩阵、链长制、生态圈五力模型、产业链战略、利润模式、新技术、平台、资源、市场、链群治理都是非常实用的落地工具。

在生态文明发展观的指导下，企业不应被束缚于不断加速的扩张列车之上。企业若通过媒介诱导消费者过度消费，将导致社会各处充斥着矛盾与焦虑。按照这样的路径发展下去，人类没有未来。

人类社会的基础激励机制需要改变，全球财富衡量机制和环境成本需要统一，全球财税机制和碳溯源链条需要结合，在数字智能化之后，各国政府的职能需要发生大范围的转变，地球物种多样化管理和生态圈治理将成为各国政府的关键职能之一。

从 1911 年到 2060 年，经过 150 年漫长而艰辛的现代化进程，中国将再次崛起成为经济强国，经济总量位居全球第一。在政治、经济和文化领域，中国将以其独特的方式对世界产生深远的影响。从历史看未来，**帝国只是文明的短暂片段，与生态圈思维相契合的文明才是永恒的诗篇**。中国式生态战略是文明跃进的序曲，这一思想在应对未来重大挑战时将展现显著的效能。它有望将现有的资源密集型生产模式转变为一种能够为全球带来长期福祉的产业形态，进而使合作伙伴国家和经济体能够最大程度地融入以中国为引领的新世界秩序。

我们坚信中国正在一步一步重回世界之巅！

2022 年 12 月 27 日

前言

抓住碳群经济机遇期，践行黑海生态战略

当前全球化红利的分配告一段落，新一轮全球化动力机制和制度框架尚未确立。当前的竞争格局，因东西方力量的转变以及西方追求霸权主义而形成。地缘政治、新兴大国、保护主义以及民粹式民族主义的蔓延，共同助长了反全球化的趋势。战争作为全球化的极端表现形式，在中东、欧俄边界以及西太平洋地区，形成了全球化的断裂地带。全球性危机的不断累积以及对现状改变的无力，揭示了传统思维的缺陷。面对这些挑战，我们需要全新的理念来应对，这包括但不限于增长模式和经济生活管理方法的创新。

但我们依然要问，在未来数十年中，世界经济、社会、环境和科技将如何演变？有哪些主要趋势值得我们密切关注？

首先，预计到21世纪末，全球人口将增至100亿，主要增长来自发展中国家，相当于每月新增一个拥有840万居民的城市。同时，人口结构将经历显著变化。预计全球城市人口将增加30亿，人类的平均寿命有望延长10年；然而，这也带来了严峻的老龄化问题，预计退休人口将增加16亿。其次，市场与经济规模将显著扩张，预计全球GDP将比现在高出400%，而新兴市场国家的GDP增长幅度将介于400%到600%之间。全球中产阶级人数预计到2050年将增加到25亿。到2050年，全球能源需求预计将增加50%。

再次，经济事务曾是政治决策的主要驱动力。然而近年来，政治因素开始越来越多地影响经济决策。冷战后的大部分时期，经济因素在国际政策中

占据着至关重要的地位。柏林墙的崩塌之后，各国纷纷面临如何扩大经济版图的挑战，即如何在全球化加速推进的新市场环境下获取利益。然而，时至今日，这一焦点已发生转变，**民族主义与国家安全问题逐渐成为各国关注的重心。**各国越发重视确保军事、经济、食品和能源安全的策略：我们的军事和技术投资是否足以维持对潜在对手的竞争优势？我们的食品供应是否依赖于友好国家？在贸易战的背景下，关键原材料如锂和半导体的供应链是否容易受到潜在威胁？

国际知名经济学家、新制度经济学和现代产权经济学的奠基人之一拉斯·特维德先生指出，未来市场将经历三个主要的经济周期。首先是由于企业库存变化导致的4到5年的存货周期；其次是由于投资活动导致的9到10年的资本支出周期；最后是由房地产市场兴衰引发的可能造成经济全面崩溃的房地产周期，这一周期大约每15到20年出现一次。这三个周期相互叠加、相互作用，形成一个S形的发展轨迹。周期波动的幅度取决于经济上升期产生的泡沫大小以及泡沫破裂后人们的恐慌程度。

虽然困难重重，但过去30年里，世界各国之间的联系和依赖越来越紧密，经济一体化也有了很大的发展。按理说，这种紧密的联系应该带来更多的合作机会。就像中国提出的"双循环"战略一样，**所有成功的增长模式都离不开国际合作，所有有效的经济管理都得承认各国之间的相互依赖。**但是，现在有种趋势是通过损害其他国家的利益来让自己国家得利，这种做法叫重商主义。它导致了越来越多的对抗，这些对抗涉及社会、经济和军事等多方面。民族主义是这些对抗背后的推动力，它不仅引发了俄乌冲突，还加剧了中美之间的贸易紧张关系。这也解释了为什么贸易战会演变成技术领域的竞争，比如，供应链的重新调整、企业回流，以及只在信任的伙伴国和盟友之间建立联系的"友岸外包"趋势。在这个全球各国越来越依赖彼此的世界里，治理方式似乎正朝着完全不合作的方向发展。

从企业的视角来看，我们需要一种新的增长模式，一种新的国民经济管理模式，以及一个新的全球化和全球秩序管理框架。企业需要一个长治久安的大环境。

当前，工业经济正处于向数字经济转型的关键时期，数字化正在深刻地重塑协作和生产关系。新兴技术正在革新生产方式、劳动形态、商品形式以及财富分配模式。作为变革的见证者与参与者，我们必须前瞻性地理解并适应这些变化。在这本探讨碳中和与生态文明的著作中，笔者也融入了自己长期实践的"黑海生态战略"框架，以供业界同人共同探讨与交流。

（1）**碳中和时代加速，企业盈利模式面临颠覆风险**。随着对产品环境可持续性和供应链可追溯性的严格要求，以及个性化购买新技术的迅速发展，企业传统的商业模式正在被逐步侵蚀并经历重塑。与此同时，数字化、大数据、机器学习和人工智能等新兴技术正以前所未有的速度改变着各行各业的竞争格局。例如，罗尔斯·罗伊斯、普惠（普拉特·惠特尼）和通用电气等公司已经率先实施了按小时计费销售飞机引擎的模式，而米其林则在10年前创新地推出了按行驶里程销售轮胎的商业模式。

（2）**面对变革，企业需主动作为，引领而非适应**。成功的战略共性体现在如何高效地领导并塑造商业生态系统。通过与各类合作伙伴的广泛合作，实现资源、能力与创新的深度融合，从而推动组织内部的深刻变革。企业必须致力于构建一个充满活力、多元共生的合作伙伴生态系统。这不仅包括与供应链的紧密协作、开放创新或与客户共创价值，更需要构建一个跨越行业界限、深入连接各节点的生态系统网络。

（3）**创新的内涵正经历着深刻的变化**。客户不再满足于单一产品或工艺的创新，而是期望企业能够提供针对复杂需求与问题的综合解决方案。为实现这一目标，企业需充分利用合作伙伴的能力与资源，整合跨行业的技术与经验，共同为客户提供定制化、一体化的解决方案。这种创新模式要求企业具备高度的开放性与协作精神，以应对日益复杂多变的市场环境。

（4）**规模经济的实现方式在发生根本性转变**。传统上，规模经济主要依赖于企业的规模扩张与市场份额的争夺。然而，在碳中和时代，规模效益将更多地依赖于商业生态系统的构建与运营。企业需与合作伙伴共同创造销售总额与价值增长，实现共赢发展。正如海尔张瑞敏先生所提出的生态会计理念所揭示的那样，通过颠覆性的价值核算方式，企业可以更加清晰地认识到商业生态的潜在价值，从而为企业制定新的发展战略提供有力支撑。

（5）**对于速度的追求需重新审视与调整**。在过去，企业往往将快速进入市场视为成功的关键。然而，在碳中和时代，单纯追求速度已不足以确保企业的市场主导地位。相反，那些能够率先扩大创新理念、形成规模优势并把握全局机会的企业，更有可能在激烈的市场竞争中脱颖而出。商业生态系统所带来的网络效应正成为赢得规模化竞争的关键所在。每位用户的增加都能为生态系统中的所有合作伙伴和客户带来价值提升与增长动力。

（6）**企业应彻底改变商业战略与运营策略，以应对竞争格局转变**。在全球经济中，增长是加法，危机是减法，技术是乘法，战争则是除法。对企业来说，商业生态系统意味着指数级增长。这包括学习如何塑造和领导商业生态系统，发挥其潜在优势和协同效应，来应对不确定性的挑战。随着商业生态系统竞争取代传统企业竞争，企业必须快速适应，在新生态系统中生存和壮大。

"黑海生态战略"代表了数字经济时代商业生态的新思维，它着重于政府与企业之间的共建，以构建一个可持续发展的商业生态系统。政府应当依据各地区的产业特点，规划产业链的升级路径。与此同时，企业需要将黑海生态战略视为应对产业变革和环境挑战的策略工具，把它当作未来思维与战略行动，以及创新与传统战略规划之间的桥梁。在数字经济的大潮中，众多优秀企业正逐步融入碳中和与智能化的发展趋势，正在致力于构建一个智慧互联的网络生态系统。例如，海尔卡奥斯和紫菜云等平台，宛如强大的引擎，正为国家经济增长注入新的活力。没有商业生态思维的战略规划，意义不大。

本书并非专为探讨"黑海环保"议题而著，但有必要阐明黑海所具有的独特性。**"黑海"一方面是针对"红海""蓝海"对应的战略范式而言**；另一方面，真实的黑海地处亚欧大陆交界之处，其环境状况对生物生态具有显著影响。该海域的大部分深水区域由于含有硫化氢和甲烷等有毒气体，导致缺氧现象，深层沉积物中则含有重金属和放射性元素。这些因素使得生物在该区域的生存极为困难。尽管如此，黑海仍是一个生物多样性极为丰富的海域，大约有 3000 种动植物在此繁衍生息。它们主要分布在沿海地带及浅水区域，共同构成了一个独特的生态系统。**我们也寓意在"黑海"中活下来的企业，都是竞争力极强的组织和超级个体。**

中国正快速地从一个工业型社会演变为数字化社会。数字经济极大地推动了物质生产和思想交流，催生了新的心智文明。本书所述的新质生产力要素，从大自然的循环到劳动力的联结、资本的流动、技术的创新、领导力的远见、消费的和谐、协作的力量、所有制的稳固、算力的强大，都体现了物质与心智的和谐统一。正如《道德经》所说："道生一，一生二，二生三，三生万物。万物负阴而抱阳，冲气以为和。"物质与心智的和谐，恰似阴阳的平衡，共同编织出世界的绚丽多彩。**书中九大要素皆源于此道，它们相互联系，彼此影响，构成一个闭合的循环，这亦是黑海生态的"战略心法"。**

因此，在迈向生态 5.0 的过程中，我们要深刻理解这个道理，遵循自然规律，促进物质与心智的和谐共进，共同创造一个更繁荣、和谐、美好的未来。

谨以此书，敬献予我所挚爱的祖国：
时光之轮，始终不息地旋转前行；
世代更迭，循环往复，生生不息。
唯有那些铸就传奇的记忆，方能历久弥新，流传千古。
当传奇之世代再度轮回，重现于世，
传奇已然化作千古佳话，
而故事，则永载史册，永不磨灭。

本书由浙江省高校重大人文社科攻关计划项目资助（2023QN154）。

王京刚　沈自珍　刘清德

目 录

开篇
推倒重来！碳中和社会需要重建发展观和改变增长方式

第一章　未来生态战略：生态圈思维与新质生产力 / 2

  1. 未来生存伦理：用"生态文明"去拥抱不完美的世界 / 2

  2. 未来生态经济：生态圈思维和生态圈深层债务 / 10

  3. 未来绿色算法：谁敢跳出传统 GDP 的核算框架 / 14

  4. 未来生态愿景：用新质生产力构建 5.0 超级智能社会 / 19

  5. 未来领导力：重塑全球碳中和秩序的双重领导力 / 28

第二章　未来消费侧战略：人类的第五次生态革命 / 32

  1. 未来生态演化：所有地球物种都是人类伴侣 / 32

  2. 未来生态创新：中国将是人类第五次生态革命的引领者 / 36

  3. 未来生态圈经济学：一起推倒"牛仔经济学" / 41

  4. 未来经济大循环：敢不敢让经济无限循环"不增长" / 46

  5. 未来生态资本：从单一利润到公共福利资本 / 51

中篇
万物中和重构经济动能，百万亿"循环侧"战略

第三章　未来循环侧战略：推进生态圈经济学 / 60

1. 未来企业财富观的重构 / 60
2. 未来智能政府和生态圈经济的大融合 / 67
3. 未来经济动力系统的三重叠加：供给侧、需求侧、循环侧 / 72
4. 未来增长新模式：循环就是增长，循环就是就业 / 82
5. 未来分配新模式：用循环经济解决第三次和第四次分配问题 / 87

第四章　未来能源技术战略：拥抱绿色技术创新主导的新时代 / 92

1. 未来技术的变迁：技术要素在生态中的变化 / 93
2. 未来智慧能源系统："能源去碳"是人类面向碳中和社会的关键变量 / 96
3. 未来绿色技术系统：完成最大跨度的技术整合 / 103
4. 未来经济中的生态圈金融战略 / 110
5. 未来生态技术构建周期和人类实时使用太阳能的战略困境 / 115
6. 未来生态技术瓶颈：储能是人类进入循环经济的瓶颈 / 120
7. 未来生活方式：用新技术文明的思维重构生存哲学 / 126

下篇
生态圈经济管理和共益组织的未来

第五章　未来产业发展战略：生态圈经济中的企业运营和管理 / 134

1. 未来产业生态和黑海生态战略 / 134
2. 未来国家创业者：生态圈经济中的企业如何创业 / 138

3. 未来组织新形态：公司组织、DAO、Web3.0 生态智能组织 / 143

4. 未来生存新策略：在生态圈价值链上的四种生存策略 / 150

5. 未来社会资本创造者的新角色 / 155

6. 未来企业管理结构：架构即战略——生态共荣型、价值共享型、针尖型战略 / 159

7. 未来利润设计新模式 / 163

第六章 未来社会责任战略：生态圈经济与共益组织的未来 / 169

1. 未来全球年轻人的新选择：年轻群体为何热衷非营利组织？/ 169

2. 未来数字智能化世界中的共益组织 / 174

3. 未来共益企业和公益组织的行动力 / 179

4. 未来社会领袖：零碳社会需要更多的社会企业家 / 184

5. 致敬永恒的活火：向"中国企业生态理念之父"张瑞敏先生学习 / 187

第七章 未来经济增长战略：新质生产力的实践哲学 / 193

1. 穿越周期理解经济增长模式 / 193

2. 国家生态战略引领新产业带集聚 / 196

3. 国家生产力战略的八大模式 / 203

4. 打通"供给侧 + 消费侧 + 循环侧"的完整回路，形成企业生态战略模型 / 210

5. 新质生产力评价体系 / 213

6. 设计新质生产力计分卡 / 220

后 记 / 225

参考文献 / 227

开篇

推倒重来！碳中和社会需要重建发展观和改变增长方式

化石燃料无处不在，影响着我们的日常生活。例如，食物生产涉及温室气体排放，从种植到加工都离不开化石燃料。衣物的生产同样依赖于化石燃料，无论是棉质还是聚酯纤维材质。居住环境，无论是水泥公寓还是木屋，都涉及使用化石燃料的设备。供暖和空调系统消耗大量能源，且其冷却剂是温室气体。运输这些物品的工具也依赖化石燃料。简而言之，我们的生活与化石燃料紧密相连。然而，在百年大变局之下，我们必须从历史文明的演进视角审视碳中和社会的到来。这不仅是历史的转折点，也是人类文明迈向共同体的重要契机。西方文明经过三百年的辉煌发展，其衰退之势已成定局。农耕文明的稳定性和对水利管理的需求推动了中华文明的统一进程，而基于碳中和社会构建的新生态文明和基于对地球生态圈有限空间的认识，人类需要重新认识自我，重新认识自然，重新定义发展，重新发现生活的意义。发展的问题，要用发展来解决。尽管人类社会存在诸多纷争，但目前我们拥有了共同的需求，共识成为人类最大的机遇。

第一章
未来生态战略：生态圈思维与新质生产力

碳元素时代正在到达巅峰，中国需把握机遇，跳出旧体系，开创绿色新时代。

虽然中国经济总体是上升的，但人类总体社会发展的阶段，处于下行空间之中。绿色革命还远远没有到来，下一轮技术革命也没有到来。石油和煤炭作为现代经济的核心能源，这种现状如果不突破，中国经济只能是在旧体系之中的跟随者，而不大可能成为新体系中的引领者。**抛弃需要一种战略决心，更需要一场观念革命。**

1. 未来生存伦理：用"生态文明"去拥抱不完美的世界

"每一次当中国人吃掉了一块肉，亚马孙雨林内就会升起一阵烟。"这个谬论是近年来在全球国际媒介中的流行话语之一，起初来源于《纽约时报》。这种发散思维后面，有着不同的视角和不同的思考逻辑。亚马孙雨林发生的大火，是因为中国进口巴西的大豆，中国人发展养殖业，爱吃肉，导致巴西人砍伐雨林种大豆。**这些媒介碎片化的舆论引导，就如盲人摸象一样，有针对性地看到局部事实，并且描述局部事实。这些看似"正义"的言论，事实上并不能解决问题，呼吁中国人少吃肉并不能拯救地球。** 如何制订出一个一个用技术完成的环保解决方案，并且形成无数个面对不同行业的专业的技术生态，推动经济的持续发展，这是人类的整体行动，这是最大的挑战，也是最大的机遇。

著名历史学家阿诺德·约瑟夫·汤因比说："防止人类集体自杀的唯一道

路在于如何能形成人类的和平融合。"全球一致的系统努力才能够解决人类面临的大问题。**就如两三千年之前，古代中国人所有部落联合一致的行动，才能够完成一条大河的整个水域治理。人类协调一致的努力，需要建立人类史最大的共识机制，这条道路任重道远。因此，国家的经济发展观至关重要。**

在生态圈环境危机之中，人类是渺小的，站在80亿人的长远未来思考问题，是生态圈思维的基础底座。美国的全球环境治理安排并不具有天然正义性，更不占据着人类的道德制高点。美国的经济发展模式恰恰站在整个生态圈经济的对立面。在碳中和社会建设进程之中，美国的差序思维本身就是缺失全球领导力的表现。

在美国霍普国际大学政治与社会伦理学教授罗伯托·西尔文特和美国当代知名活动家和政治分析家丹尼·哈方合著的书籍《双标帝国》之中，我们看到了**帝国内核精神的分裂**。在"双碳"战略中的双标表现已经体现出来了。

英文世界的媒介可以瞬间送达全球40亿人，中国人作为现代工业文明的后来者，并不把握全球生态治理话语权。**因为从生态文化层面摧毁中国发展软实力的进程，削弱中国的全球化发展潜力，并且一直都在进行之中。**

中国人的美好生活和美国人**"遏制中国就是保护地球"**的扭曲话语，事实上，已经成为美国主导的全球恐吓传播战略。尽管中国在新能源与环保领域贡献显著，却遭谬论掩盖，构成短期战略挑战。碳中和社会的建设才刚刚开始，我们现在无法向世界证明"中国人的美好生活"到底是什么。**在"谁发声、谁主导"的媒介世界里，这就是现实的逻辑。**

在五百年前的"以金黏合"技艺中，我们目睹了工匠如何利用金粉将破碎的瓷器重新连接，在金色脉络的衬托下，赋予它们一种独特的美感和历史的韵味。这种对缺陷的包容与彰显，正是其魅力之所在。**同样，当我们面对一个看似支离破碎的世界，各种危机与挑战不断涌现，我们是否也能像那些工匠一样，运用智慧和勇气去修复和重塑这个世界呢？**

在当今全球化的背景下，我们生活在一个彼此依赖、高度一体化的世界。面对经济增长的放缓、通货膨胀的上升、气候危机以及国际秩序的挑战，我们更需要的是紧密的合作与团结，而非被民族主义和保护主义所割裂。正如"以金黏合"技艺所启示的，我们需要借助新的经济增长模式和管理方法，以及对全球秩序的改革，来应对这些全球性问题。"增长的极限"模型的核心发现指出："若世界在人口增长、工业化进程、环境污染、食品生产及资源消耗等方面保持当前趋势，地球将在未来一百年内达到其增长的极限。"这提醒我们如果继续当前的扩张路径，将不可避免地导致文明的崩溃。

回望中华文明，其生命力之旺盛，历史之悠久，韧性之强大，未曾中断。**中国人对于建立全局性的生态文明，正是中国人实现全球良性领导力的机遇。**进入三百年全球化工商业文明以来，人类建立了生态圈伦理学。这个独立学科的存在，意味着人类在如何对待生命和生物物种的问题上获得了初步认知。

中华文明倡导"天人合一"的理念，我们用40年时间，在塔克拉玛干沙漠建立了长达三千千米的绿色屏障。但"格物思维"仍局限于理论探讨，未能形成与实践相结合的系统，导致概念与行动验证脱节，无法产生对社会变革的实质性影响。这恰似 M 理论中所描述的卷曲维度，若不展开成为完整的时空结构，我们便无法察觉其存在。

普及生态圈伦理，将其作为全人类的共同价值，并结合经济激励措施，是实现碳中和社会的关键所在。历史经验表明，首个全人类共识可能诞生于生态圈保护领域。**东方文明提供了丰富的思想资源，但在实验和量化分析方面存在不足，未能发展出系统的理性科学，并没有表现出框架之内的细节填空能力；而西方文明则是用数理逻辑关系来解构世界并且使用技术来重组世界。一个人可以拆开世界，让世界持续解体，人变成原子化的个人，世界变成纲类目。**

在碳中和社会来临的前夜，东西方都有需要解决的观念层面的升维问题。东方人在心灵层面认识到"整体思维和生态圈平等主义"，但在社会实践之中，如何去践行，这是一直没有解决的问题；西方文明善于区分事物，寻找物质的局部规律，但从局部出发，世界正在解体，如何回到整体？

另外一个以印度为代表的南亚文明，同样不可忽视。在人类生命价值的深层意义上的思想值得其他文明学习，其同理心和怜悯众生的视角和思想遗产，可以帮助人类去思考更加深远的未来。碳中和社会到来之前，各自纵向的自我精进之道，难以生成全人类的共同体结构，即使在南亚社会内部也只是少数人的文明准则。印度极端贫困人口的庞大数量，已说明一切。

人类应建立规则，但有时也需超越它们，实现统一。至少在生态思维领域，这种超越是必要的。

这是一个重视短期利益，而轻视长期利益的时代，学术成为时代的牺牲品。人类需要先守住人和万物之间的关系，然后再破界构建命运共同体。理论创新从来没有如此重要，一个新学科的成立并且形成文化和传承，这就意味着进入人们的认知领域。这个学科如果能够发扬光大，成为人类普遍性的认知，那么，发展生态圈伦理学，让人类社会之中一些朴素的认知元素就成为显学。

著名物理学家霍金在《大设计》这本书里，谈及人的自我意识问题。事实上，人都活在自己的认知模型里，人类整体也是如此。生态圈伦理学的内核就是重建人类持久生存的新模型。这个模型可以覆盖全人类和子孙后代，无论从哪个角度来说，这都是前无古人的伟大事业。

生态圈伦理学领域会出现很多世界级的思想家、学者和技术整合者。和传统社会的伦理构建不同，这是一个多层次的认知结构。人类需要在这个新认知框架之下，打通观念层、文化层、标准层、管理层、应用层和生活层的整体体系。统一认知，而不是半信半疑，这是人类面临的巨大挑战。

在观念顶层，我们还会看到知识界无数唱反调的行为。后现代结构中，一些人以解构为业，出于私利或哗众取宠。因此，生态圈伦理学领域中，建设速度必须超过解构速度。未来几十年，人类如何凝聚共识？这需要大国在观念上不再骑墙，共识才能逐步实现。**生态圈伦理学落地的价值系统是生态工程思维，无须研究更多抽象概念，而是针对具体问题，在技术层面解决。**比如，在新能源技术领域，日拱一卒，量变引起质变。日日减碳，将新技术生态贯彻到生产和生活之中，每一个行业都要去解决自己的问题。这是一种解决方案。这种分布式新能源技术创新，在经过时间的积累之后，可以形成巨大的生态技术生态，这是人类社会向碳中和社会的转型方式，最终能够让人类走出高碳社会，进入碳中和社会。

在无数导致文明消亡的自然灾难中，**我们已经深刻认识到，人类最强大的适应与生存工具源自远古时期传承下来的品质：**在适应与恢复的过程中，全球性的合作至关重要；无论是社区之间、亲属团体之间，还是在政治、宗教或文化上可能存在分歧的更广泛群体之间，合作始终是不可或缺的。例如，在臭氧层遭受破坏时，全球各国团结一致，共同签署了旨在消除有害物质排放的《蒙特利尔议定书》。这不仅阻止了臭氧层的进一步破坏，而且促进了其逐步恢复；再如，在欧洲核子研究中心进行的物理学研究中，来自100多个国家的数千名科学家通力合作，深化了我们对宇宙起源时刻的理解，并推动了万维网技术的发展。当我们仰望星空时，可以看到国际空间站将不同国家的人聚集在一起，共同参与科学研究和太空探索。

生态圈伦理学亟须实现一次伟大的整合，站在历史巨人的肩膀上，融合利奥波德的"大地伦理学"、施韦兹的"尊重生命的伦理学"、塞欣的"深生态学"等众多思想成果。以此为基础，构建一个系统而完整的理论体系，使其成为未来百年间指导人类发展的核心理念。**人类最深刻且持久的驱动力是思想，以及由思想塑造的世界观。**

中国人民所向往的美好生活，建立在生态文明基础之上的可持续发展道路上。据专家测算，未来30年内，中国在实现碳中和目标方面将需要投入高达138万亿人民币。仅在2024年，央国企在设备更新换代上的投资预计已达3万亿人民币。此外，中国致力于向全球推广生态文明理念，这是一项全球性的战略举措。它要求我们超越人类数百年来所经历的曲折发展路径，重塑人类的发展和生活方式，此举无疑是在书写历史新篇章。

从人类工业文明史来说，工业文明仅仅完成了一半的路途。现在，全人类都在"急速毁灭"还是"可持续发展"之间做出选择。

中国生态文明的道路之艰难，是人类史上没有遇到的巨大系统性难题。

中国人必须自己先做起来，将一个完整的以碳中和为基础的生态文明摆放在世界的面前，并且经过时间的洗礼，向世界提供一种非强迫的自主选择，正如历史上的自愿原则一样，才能消除文化误解，这是漫长的历史进程。

文明复兴和突破注定是一段孤独的旅程，这其实是人类文明之间兴起和被边缘化的历史规律。西方工业文明也是在500年的历史进程之中，慢慢取得主导地位的。只不过，**在工业文明的半途**，他们已经丧失了建立全球共识的能力，主要原因在于其"中心—边缘世界观"导致的全球差序发展模式，"我可以，你不可以"式的发展模式是西方文化总体衰落的总根源，只会导致人类文明**不断解体**。

中国生活方式引领机会已经在历史进程之中出现，作为人类史上最大的工业国家，**中国人对于碳中和文明的创造热情，正在当下展开**。这是超大经济体的自主行动，并不是外部竞争带来的压力所致，而是一种文明的内生动力，生态文明本来就是中国文化骨子里的基础价值。

中国文化的存在是关系性的，人与自然的关系，也架设在一种立体互动的矩阵之中。人要遵守社会伦理，在人与自然的关系之中，同样需要遵守环境伦理。

在推进生态文明建设的未来道路上，我们面临一种新的基本关系，即如何处理"技术与自然"的关系。在技术工程领域，中国人展现了卓越的适应力和开放性。在文化认知层面，技术文明所体现的规律被视为自然界的固有组成部分。因此，在构建深度数字化和智能化社会的进程中，中国不存在任何文化上的障碍。

然而，在全球范围内，我们正生活在一个供给侧受限的世界。最初，各国中央银行、政策制定者以及市场参与者普遍认为，由疫情引发的供给侧问题和需求激增是暂时性的。但长期因素，如全球化的碎片化、能源转型、人口老龄化以及劳动力减少，导致经济未能完全恢复，未能回归至低通胀和流动性充裕的常态。面临的挑战在于增强供给侧的弹性，使厂商能够灵活应对需求变化，减少经济增长的供给侧制约。提高劳动参与率和开放市场，尤其是非洲国家,可以增加全球劳动力供给,缓解限制。中国以人类命运共同体为核心理念的"一带一路"倡议,被越来越多的国家视为全球经济的最佳解决方案。

全球正密切关注中国科技的迅猛发展,尤其是在 3 纳米半导体技术与人工智能聊天应用等尖端技术领域,以及引人瞩目的新能源技术和太空经济。这些技术的广泛应用已经显著提升了制造业与服务业的生产效率,强有力地推动了经济增长。

值得注意的是,中国利用技术推动增长率的提升,重点在于增强式技术进步,而非追求完全自动化。技术进步,尤其是人工智能,可能会达到一个临界点,显著提升一些长期停滞的重要部门的生产率。然而,数字工具的使用并非为了取代人类,而是为了帮助他们提高效率。例如,青岛博厚医疗公司研发的人工智能病例分析系统,能够辅助医生制订更为科学的治疗方案,并已在多个实际业务场景中得到广泛应用。正如博厚医疗的董事长阎红慧女士所强调的,技术应当作为辅助人类的工具,而非替代人类的角色。

中国倡导的生态文明理念所驱动的新增长模式,为增长设定了新的目标:促进各国、企业和个人的共同繁荣,共同富裕。这种新增长模式必须考虑安全与可持续性的关系,确立包容、可持续和安全增长的目标。意味着中国致力于创造一个更加包容、可持续和安全的世界。

西方的社会经济学领域,研究的都是效能,是"有空子就钻"的哲学,对于垄断和霸权的争夺,主导了几百年的人类社会发展史。人类文明多元文化共立并存的理想被抛弃,资本效能主义主宰了人类社会,观念惯性是如此顽固地附着在每一个人的身上。改变,需要一种"见路不走"的东方哲学指引。

在碳中和社会到来之前,人类必将孕育出一批具有全球影响力的千年战略思想家。这些思想家将推动基础价值观的全球变革,并重新定义人类与生态圈之间的哲学联系。人类必须从各自孤立的认知岛屿中走出,重新认识事物间普遍的联系,从而实现从认知碎片到天人合一整体的转变。

从碳能源社会到碳中和社会，是一段漫长的旅程，人类生存范式的转换需要文化重构。这次转化的进程，比人类历史上第一次轴心时代的社会繁荣和思想繁荣更加伟大，从传统资本主义的终结到绿色生态文明的范式转换，而且是和平转换。人类历史上从来就没有遇到过这么大的一件事情，这也正是中国式现代化的意义所在。

笔者觉得还有一个因素，让中国能够在碳中和社会实现文明的顺利升级。这就是美国战略思想家、前国务卿基辛格在其著作《论中国》之中说的一句话："中国人总是被他们最勇敢的人保护得很好。"

具有包容性的中华文明可以引领生态文明的未来

中国人可以毫无文化障碍地接受人类文明成果，包括一切可持续的生活方式。当代英国大历史学家汤因比，在系统研究中国历史文化的基础之上，在孟子的话语之中，找到了"天时不如地利，地利不如人和"的绝妙文化论述。人与地球的关系，归根结底还要回到人与人之间的关系。人与人之间结合在一起，到底需要构成什么样的生活方式是最重要的事情，文化就渗透在人们的生活之中。西方社会普遍思维内核是"分切思维"，而中国人本质思维就是"和合思维"。汤因比论点是，一个历史上一直以和平主义和世界主义为取向的天下文明也将在21世纪成为全人类的共同精神财富。

汤因比认为一个国家和民族的兴起，拥有创造力的精英领袖，起到非常重要的作用，因此必须珍爱领袖的创造力。一个文明兴起的时候，他们民族有创造力的精英开始创造；当他们这个民族的精英停止创造的时候，这个民族的文明就会衰萎。这是在"五百年王者兴"的历史规律之中找到的兴衰周期论述。

当一个文明衰退的时候，另一个文明就会兴起，这就是历史的兴替。文明的崩塌可能是突然的。西方今天的技术优势，已经成为全球共有的状态。中国人利用火药技术敬神，西方人利用火药制造枪炮，这是底层文化观导致的技术分野。在人类史的未来，中国会利用技术推进碳中和社会和生态文明建设，也不会在拥有实力的情况下发起世界大战，和平主义、世界主义和人类命运共同体的价值观描述，就是"人类碳中和文明"的地基。

人类已经没有骂战、争论和进行霸权竞争的时间，必须建立永恒的视野，才能打破时间的局限。美国正在可预见的未来引领一场历史性的人类大分裂，这是其文化本质所致。因此，在碳中和社会的进程之中，在构建碳中和社会的顶级理论话语之中，笔者看到了无数人都在描述技术层面的问题，都在打算盘，但缺失顶级叙事能力，没有顶层的思想架构。西方引领了人类工业文明的上半途，下半途对生态文明的引领行为，中国人应该当仁不让。这是500年之后，中国文明再次引领世界的机会。这是中华文明贡献世界的方式。

中国人已经明确表达了自己的观点，无意霸权与军事挑战，但在事关人类命运的碳中和社会问题上，需要"勇敢地批判美国人的生活方式"，明确反对美国的人和地球环境不友好的生活方式。在"地球掠夺者"的站位上，美国无法在理念层面捍卫自己的高碳生活方式。一旦捍卫，就自动丧失了道德立足点。中国在碳中和领域的引领可以拯救人类和物种的未来，这是中国人应该开辟的话语场。没有强大的全球话语，我们无法引领人类迎接碳中和社会的到来。

中国的人与自然的内在文化伦理要求中国人这么做。在科幻作品《三体》里，刘慈欣在17世纪法国数学家帕斯卡尔的话语基础上，说了一句话："给岁月以文明，而非给文明以岁月。"用文明影响文明，这是中国人存世的方式，就是中国未来之路。

2. 未来生态经济：生态圈思维和生态圈深层债务

很多人对于低碳社会概念不以为然，在他们的思维结构之中，低碳社会和生态圈经济这些概念和思考只是听听而已，绝大多数人思考问题的边界都在经济学范畴之内。在今天看来，这是一种狭隘的世界观。

我们景仰的经济领域的管理学大师，比如，彼得·德鲁克和查尔斯·汉迪，他们对于自己的角色认知，都是社会生态学者，而不仅仅将自己局限在经济学领域，甚至更狭窄的管理学领域。**这些学者发现了经济事物的普遍联系性，试图用自己的语言和思想来解释这种相互关系。并且他们一致认为，企业的战略资源在企业的外部，不在企业的内部；企业是一个社会功能体，其价值在于成为社会的有益的器官；企业因社会需求而存在，并不依赖于内部攫取的利润而存在。**

今天，当我们跳出社会生态学的范畴，用生态圈经济学的视野来看待经济学，却发现，一旦经济系统进行重新核算的时候，**对大部分企业来说，所得到的利润实际上是一种假象。**一家家具厂得到的微薄利润和砍伐森林驱散动物造成的环境代价，和物种消亡相比，根本微不足道。人类就是耗尽所有财富，也创造不出更多的物种出来。

我们的经济制度和经济算法限制了人们的全局视野。人类在古代不具备测算成本的能力，到了现代经济领域，资本方有意忽略了取得利润对于人文环境以及自然环境的破坏。人们可能会产生一个新的问题：**完整的真实的企业成本到底在哪里？**

人类社会是要进行重新核算利润的时候了。在一些企业之中，已经导入环境认证体系。有些企业则建立了自己的碳账户，企业消费了多少碳能源，企业做了多少碳循环的事情，其实是一目了然的。当然了，这种简单的算法，只是一个朴素观念的导入。**我们认识系统的方法就是靠算账，现在的低碳社会的追求，还是一笔糊涂账。**

没有导入环境计量的企业，很多业务的开展，都可能是一种短视，并且是极其冒险的行为。为了逃避监管，让社会和子孙承受发展的代价，一些企业将污水压排到地下。这些含有有毒化学药品的污水将永久污染地下水，这样的代价是企业自身利润价值的1000倍或者10000倍，甚至是不可估量的。

现在人类社会的发展模式，如果举一个简单的例子，和我们对于宇宙本

质的认知差不多。

宇宙中仅 4% 是可见物质，其余 96% 由暗物质和暗能量构成。人类的注意力主要集中在那 4% 的已知领域，而对剩下的 96% 几乎一无所知。这种认知局限性，恰如一些企业将环境和社会风险转嫁给消费者，以牺牲社会利益为代价追求利润。

对自然环境而言，自然环境并不是一个人或者一个人格体，自然环境不会说话，也不会自动把握话语权。在现代社会之中，**学者试图建立这样的一个假说，即地球生态圈是一个完整的活的自适应的生命体。这就是盖亚假说。让人们认知自然也是有话语权的，它会感受到人类的伤害。这种假说，其实在认知领域，只是从抽象变成具象而已，让人能够轻易理解。**

盖亚假说的价值不在于其神乎其神的表述，在其背后，提供了一个生态圈思维。我们欺负自然，自然会疼痛，也会流泪。把自然当成一个人格体，我们就能够理解很多之前不可以理解的东西。

现在，人类经济组织的主要形态为公司，公司的价值衡量体系就是股东至上。公司组织在过去几百年来，不仅无法平衡自己的利润和外部环境的关系，也无法平衡股东和其他劳动者之间的关系。这样就导致了过度中心化的公司组织形态，庞大的跨国公司最终都会对几个资本股东负责，个人巨富成为人类价值观上的成功者，成为现代人为之奋斗的指南针。

在整个经济学史上，公司制的成立，本来就是一种资本和资产代理人的管理机制。对股东负责，实现信托价值，是组织运作的核心。从更早的希腊历史文献之中，我们知道股东负责制一开始是用来众筹经费进行战争掠夺的组织。这是更早的公司制度的雏形。从公司组织的文化基因来看，**这种形态不会对人类社会的整体利益负责，因此，人类在面向未来百年的发展进程时，需要进行一种超越性的组织创新。**

在经济学领域，深层债务这一概念专注于分析整个产业链的经济活动，特别强调风险转嫁和利润独占现象。然而，该概念并未将碳排放和环境污染等外部因素纳入考量。**资本借助复杂的计算方法，将社会和环境成本从财务**

报表中排除，以追求利益最大化。**美国利用其军事霸权和货币影响力，将环境风险和污染产业转移到全球范围，导致环境破坏的后果。**

审视美国企业，以沃尔玛等连锁巨头为例。它控制着供应链的上游环节，并采取临界成本采购策略以尽可能降低采购成本。这种策略使得供应链中的企业难以承担环境治理的费用。乌麦尔·哈克先生通过汉堡的案例，生动地揭示了消费者为3美元的汉堡支付背后，实际上隐藏着高达30美元的环境与健康潜在成本。其中社会与社区承担了高达27美元的隐性负担，形成了容易受到外部冲击影响的成本泡沫。

由于这种深层债务具有隐性特征，若无倡导者提出，它往往不会引起公众的注意。不断增长的债务导致周期性的、日益频繁的经济危机。实际上，从2017年至2024年，美国国债几乎翻了一番，而美国的财政收入却没有相应的同步增长。美国的债务负担沉重，依赖于美联储的激进"印钞"政策，通过降低美元的购买力来减轻债务。简而言之，美元的价值正在下降！

石涛，高端智能制造及工业膜材料智造专家，正大合赢董事长，他分享了一个企业通过科技创新推动内部生态系统发展的案例。有家电镀企业，其水处理效果长期未能达到规定标准，正面临必须建造一座成本高昂的达标水处理设施或停产的艰难抉择。通过与正大合赢的技术合作，该企业成功构建了一个完全闭环的生产水循环利用系统。在该闭环系统中，相同的材料得以循环使用多次，大部分物质在"闭合回路"内循环。借助精确的算法，大量水和有害溶剂得以回收，并且完全在厂区内循环利用。经过技术革新，系统的污染排放量降至零。企业曾计算，此举节省了二分之一的水费；金属回收降低了三分之一的化学品的使用量；高效的水过滤系统使得再生水比外购的本地水更为纯净，更适用于生产需求，从而提升了产品质量。

在本书的系统性阐述中，我们基于生态圈经济的框架，认为新能源与循环生态的发展将推动新产业在地理和文化层面的重构。我们期待一种新型经济组织的出现，即**生态圈企业**，也就是全面管理全产业链价值功能的企业。经济组织作为人类活动的基础架构，从公司组织到全产业链生态管理组织的转变，是人类经济史上的一座重要里程碑。

刘明新，新瑞集团总经理，向笔者阐述了一种采用生态圈模式的工业园区运营策略：该策略涉及在一个园区内，超过10家企业通过开放合作的方式，共同构建一个生态循环体系。具体而言，一家燃煤发电厂向炼油厂提供蒸汽轮机产生的余热。炼油厂则从其精炼过程中产生的气体中去除硫等污染物，并将净化后的气体回输给发电厂作为燃料，从而使得发电厂每年能够节省煤炭消耗3万吨。净化过程中产生的硫黄销售给邻近的硫酸制造厂。同时，发电厂从煤烟中提取污染物，制成硫酸钙，作为石棉水泥板公司的石膏替代品。煤烟中清除的粉尘则被送往水泥厂。发电厂产生的多余蒸汽被用于为一家生物制药厂以及一个养鱼场供暖。养鱼场提供的富含营养的淤泥和药厂的发酵料被用作本地农场的肥料。此外，发电厂的废热也被用于园艺温室的保温。在本案例中，我们可以看到，工业生态系统正在向网络化、即时性的生产模式发展。灵活调整物质流动，以便迅速调配地区间物质的盈余与不足，进而将资源需求降至最低。这种生态圈系统的构建也是"生态战略经济学"的全面体现。

回到公司这一组织形态，这是人类五百年大发展的制度基础。在可预见的未来，基于全产业链的生态管理的新组织形态，也必将形成新的组织结构。在生态圈之中，对于生态链上的具体公司行为进行"透明监督"。通过这些生态平台的数字化和智能化算法，将绿色发展作为一种合法性的基础。从治理效果来看，从消费侧带来的绿色市场导向，是市场的指挥棒，比法律和其他管理手段更加具备毛细渗透性。最终，建立生态圈企业，将成为企业界的一致追求，也将成为破解美国式经济危机的良药之一。

3. 未来绿色算法：谁敢跳出传统GDP的核算框架

面对碳中和社会，人类需要一种推倒重来的战略勇气，在全世界的经济话语体系之中，**西方的 GDP 核算方式就是话语权势的巅峰**。我们在前文之中，已经说明仅仅从经济学和社会学角度已经无法描述当代人类社会的整体运行状态。**想要导入真正的生态文明社会，就需要导入新的经济算法，让人类的产出和生态圈相协调，跳出传统 GDP 框架，建立更加完善的可持续发展的核算体系**。国内生产总值（GDP）本质上是一种描述人类经济活动的叙事工具，同时也是一种认知框架。GDP 统计反映购买和支付的价格信息，但不涉及产品价值或质量。例如，美国居民在诉讼上的支出或欧洲居民在税务上的投入会增加 GDP，但未必提升社会福祉。同时，GDP 未能完全反映产品性能和品质的提升。如咖啡、面包和水果的品质提高而价格降低，这实际上提高了消费者福利，尽管可能降低 GDP。

GDP 作为核心的经济指标，对国家及政策制定者具有重大影响。这导致他们倾向于优先考虑 GDP 的增长，而非环境问题。尽管环境危机正变得日益严峻，但其紧迫性尚未获得应有的重视。大众对于未来几代可能面临的生存挑战缺乏深刻的共鸣和同情，似乎陷入代际击鼓传花寻找倒霉蛋的游戏，寄希望于未来某一代人来承担这一责任。迄今为止，令人遗憾的是，在实现碳中和这一目标上，人类社会尚未达成广泛共识。

全球碳排放是典型环境危机中的一个，这个问题需要解决，其他如物种危机、化学品污染危机等，哪一个拿出来，都是令人头痛的大瓜。**对于账面上的富贵、股市里的市值，都是具体可衡量的个人价值，但物种危机这种全人类的大危机，却是弥漫性的，这样的物种危机已经无处不在。**

我们必须将关注点放在人类福祉与地球生态的维护上，而不仅仅是追求经济利润。经济政策往往专注于应对当前的挑战，却忽视了潜在的、长远的风险。在全球金融危机和新冠疫情的冲击之后，**世界各国的资产负债表规模急剧膨胀，负债总额达到数万亿美元，全球金融体系充斥着过剩的流动性**。尽管我们已经投入巨额资金解决眼前的问题，但随单位现金边际效应的递减，不平等现象仍在加剧。现在是时候增强经济的韧性，以便更好地应对日益频繁和剧烈的外部冲击了。我们必须在财政政策中考虑实现可持续发展所需承担的成本，目前估计这一成本每年至少需要 4 万亿美元。然而，从 GDP 的预测到通胀的预期，我们必须同时考虑到对各种挑战不采取行动可能带来的成本，包括日益严重的气候灾难和全球债务成本的急剧上升。不作为所造成的损失远超过采取行动所需的成本，这一事实必将促使全球的支出模式发生转变。

这是一个观念嘈杂的时代，一流的发展思想在人群之中可能已经被提出来了，但是由于巨大的时代噪声，增加了选择难度，很难做最佳决策。大国领导者需要在建立共识的基础上协调观念，这过程漫长而又代价高昂。

我们需要在巨大的干扰性信息之中，找到真知灼见，上溯发展思想的源头，进行发扬光大。

绿水青山就是金山银山

从生态圈企业的一些早期实践来看，确实就会得出那个著名的论断："绿水青山就是金山银山。"千言万语其实就是这样的一句话，人人都懂，但对一些人来说只是概念。对一些处于供给侧的企业来说，就是面向碳中和社会的远大征程。只要企业不回避"生态圈深层债务"，不回避这些不易察觉、难以进行计量的环境成本，这就是相向而行。

我们亦可目睹众多新兴科技企业在此领域所展现的持续努力。例如，**青岛弘毅天图科技有限公司凭借其在数据深度处理、系统开发和技术咨询方面的专业优势，成功开发了一款创新的绿碳产业链平台**。该平台以时空数据为依托，对传统由政府主导的植树造林模式进行了革新，引导社会资本的参与，推动绿色可持续发展，助力环保经济。该平台的核心功能涵盖了区域与树种划分模块、构建详尽的数据库，揭示固碳能力与地区、树种之间的关联；多源数据模型构建，运用胸径模型、树高—胸径模型等多种数据源，为碳汇科学计算提供坚实基础；固碳计算与碳汇核算，精确计算碳汇量，并进行碳汇空间分布分析；碳汇"仓库"构建，通过森林建设和多元化固碳手段，成为解决碳减排问题的关键方案。

治大国若烹小鲜，观念先行是人类行为学中的基本框架。在碳中和社会的建设之中，依然绕不开这样的原则。当代世界一流的历史学家和思想家，对于中国的未来都寄予厚望。"因为中国在过去几千年来保存了一个完整的文明，因此，人类（共识）统一的希望在中国。"按照他们的分析逻辑，既然在中国有一个完整的历史整合经验，那么全人类在重构人类文明的过程之中，建立共识的过程，可以从中国历史之中去寻找整体的经验进行移植。

一流的政治家、历史学家和思想家，会跳出时代的局限性。他们知道，从阶段性的历史认知之中看不到整体，看不到普遍的联系性。在人类走向碳中和社会的过程之中，人类必然要同时创造出一个文化高峰。

在过去几十年的发展过程之中，中国完成了人类史上最大规模工业化的建设过程。在这样的过程之中，必然会遇到环保和环境恶化问题。对于生态发展道路的曲折性，小约翰·柯布在中国说了一句话："在探索过程中肯定会有一些错误的东西出现，这也不要紧。所有的变革都是要有代价的，解决问题的有效办法不会马上产生作用，因为旧的社会惯性会马上反弹，会有一些教训的挑战。"

绿色GDP核算反映了人与自然的真实关系，将人类旧的发展方式局限性展示在人类的面前，让人们去思考。这种基于"用信用扩张，经过精巧设计的有限责任形式，借债生钱，但永远不还债"的发展模式，在人类历史上注定是一次偏离主航道的短期行为。

事实上，传统GDP算法，是美国主导的全球旧秩序的一部分，创立的统计方式维护了一个泡沫（非理性）繁荣的表面形象，在结果上维护了美国利益，维护住了其正面效应。但其负面效应正在溢出到全球，因此是不完整的、有局限性的，并不符合可持续发展战略。

因此，帮美国算"生态圈深层债务"的问题，就成为一个全球性的学术问题。中国的一些民间经济研究智库，需要抓全球顶层话语权。民间智库和大学，可以创立全球顶级非政府组织，对于企业组织和政府组织进行"生态圈深层债务"认证。每一年需要有大量的报告出来，谈不可持续的发展方式对于全球环境的侵害。

我们的经济世界，完全可以有三种经济计量方式：**传统 GDP 算法，购买力平价算法，以解决"生态圈深层债务"核算的绿色 GDP 算法**。创立一种顶级算法，就是确立了一种世界级的标准。人类已经有了一个比较体系，也不会介意再增添一个比较体系。最终的目的，就是让经济人从有巨大缺陷的旧 GDP 计算模式之中解放出来，让政治家在碳中和社会来临之前，采取更加果敢的行动。

对于这个新体系，中国人创立架构，比美国人建立架构会更好。中国人需要有一种对于自己生态文明的解释能力，这是一场世界级的启蒙运动。中国人在其中可以发挥出更多的引领作用，中国企业家和领导者需要实现世界顶级话题的牵引能力。这是对于未来负责的表现。这就是中国人对于未来世界的贡献方式。

实现整个环境成本和社会成本的折算，需要巨大的传感网络和算力支持，中国的 5G 基站就占据了全世界总量的 70%。这一切进展意味着一个数字新世界的诞生，产生一个用实时数据进行普遍联系的新世界。原来一些不可衡量的体系，正通过大数据算法变成可衡量的体系。

随着数字化和智能化社会的到来，我们已经进入一个全面评估资本主义运作成本的新时代。在过去，技术的局限性以及资本传媒的话语权制约了这种评估。但随着 5G 和 6G 技术的飞速发展，大量智能设备被引入生产流程。人们在天空、野外森林以及城市中部署了大量传感器，这些设备能够收集数据并评估人类的生产效益。在社会价值领域，尽管许多企业实现了利润，但在实际操作中却可能持续进行着亏损的活动。

4. 未来生态愿景：用新质生产力构建 5.0 超级智能社会

历史的天平又一次倾斜到了中国人的面前。这一次要引领的价值，不仅是技术层面的事情，更是整体发展观的问题。第五次工业革命来临之际，市场竞争已经实现了关键资源的转向，人类已经进入高技术高度集成的新时代。数字化和智能化技术的蓬勃发展，已经改变了经济基本面。在此背景下，笔者提出了一个新概念——生态5.0，即"以人为中心的超级智能社会"。

我们预测至 2050 年，全球国内生产总值将实现四倍增长，达到惊人的 264 万亿美元。在此期间，中国作为新兴市场的领军者，国内生产总值有望在 2050 年达到 30 万亿至 36 万亿美元，预计将超过美国国内生产总值的四分之一。然而，我们必须保持清醒的头脑：**1840 年中国尽管国内生产总值领先世界，但仍未能摆脱英国的侵略**。这一历史悲剧警示我们，一个国家若缺乏结构化的强国体系，自然资源、技术、劳动力等诸多要素出现"多重结构性分裂"，注定落后就要挨打。个人命运是国家命运的缩影，个人意识下的行动源于个体需求，国家意识下的行动则关注于整个人类的福祉和生态系统。

不可否认的是，当今世界正处于前所未有的快速变化之中。经济、环境、地缘政治、社会和技术等多个领域正同步经历着深刻而剧烈的变革。其连锁反应将波及全球各个角落，引发一系列深远影响。**百年未有之大变局已经拉开序幕，而推动其发展的核心动力正是"新质生产力"**。构建新型的生产力体系，**关键在于整合自然资源、技术、资本、劳动力、产权、消费、协同环境、数字元素以及产业领导力九大要素**。这些因素在创新融合的作用下，共同奠定了全要素生产力的基石，进而转化为高质量的生产力。**新质生产力改变了传统的外延式、高投入的发展模式，很大程度上影响着未来四十年的全球走势。**

基于此，我们设计了生态5.0矩阵模型，旨在解决这些结构性问题。

表1-1 生态圈经济进化矩阵图

阶段	大自然	劳动力	资本	技术	领导力	消费	协作	所有制	算法
0.0：共有型；前现代意识	大地母亲	自给自足	自然资本	原生智慧	群居	生存	社群	公有制	无
1.0：国家集权制；重商主义；国家资本主义；传统意识	自然资源	农奴；奴隶	人力资本	工具：农业革命	独裁（大棒）	传统式（被需求驱动）	等级与控制	国有	无
2.0：自由市场；自由主义；以自我为中心的意识	商品（土地，原材料）	劳动力（商品）	工业资本	机器：第一次工业革命（煤、蒸汽、铁路）	奖励机制（胡萝卜）	消费主义：大众消费	市场与竞争	私有：在市场上可以买卖私人所有权	无
3.0：社会市场；规范化；以利益相关者为中心的意识觉察	管理性商品	劳动力（管理性商品）	金融资本（无视外部性）	以系统为中心的自动化：第二次工业革命（石油、内燃机、化学品）	参与性（规范）	部分有意识地消费	网络与协商	混合（公有加私有）	信息崛起
4.0：统一市场；以效率为中心的意识	信息系统和产业效率	社会和商业创新	文化创意资本（觉察到外部性）	第三、四次工业革命（可再生能源和信息技术）	产业变革（万物互联）	有意识地协作消费	基于觉察的集体行动	共享服务和公共资源	数据驱动

续表

阶段	大自然	劳动力	资本	技术	领导力	消费	协作	所有制	算法
5.0：生态循环：实现循环侧的变革；天人合一意识	生态系统	第四次分配	新金融体系	以人为本的技术，新兴产业，太空工业，第五次工业革命	人类命运共同体	共同富裕，同步消费	无边界，平台	共享和再生	数实融合：数字+实体经济融合

根据上表，人类经济史被划分为 5 个鲜明的时代：狩猎时代、农耕时代、工业时代和信息时代，以及正蓄势待发的超级智能时代。这 5 个时代依次对应着 1.0 至 5.0 五个发展阶段。

在 1.0 狩猎时代，自然资源作为关键生产要素，奠定了生产活动的基础框架。随后，人类迈入 1.0 农耕时代，劳动力成为核心驱动力，农奴与奴隶的广泛参与促使生产函数由单一的自然资源拓展至自然与劳动力双重要素。

进入 2.0 工业时代，市场经济体制的确立为经济发展注入了新动力，工业资本成为推动社会进步的关键因素。资本的注入极大地丰富了市场经济的内涵，此时的生产函数已涵盖自然、劳动力与资本三大要素。

3.0 时代以技术为核心生产要素，进一步拓展了生产函数的边界，形成了自然、劳动力、资本与技术四位一体的生产要素体系。

步入 4.0 信息时代，信息通信技术异军突起，成为主导力量，推动生产要素增至 5 个维度：自然、劳动力、资本、技术及信息。极大地提升了生产效率与创新能力，推进了产业变革，使数据要素进入统一大市场。

5.0 阶段，传统的生产要素已成为制约发展的关键因素，故被称为旧生产力要素。**在数字经济时代背景下，这些要素被赋予新的内涵与使命，包括：降低生态足迹以应对资源短缺的"大自然"、激发创业精神与个体创造力的"劳动力"、将全球资本流动转化为公共资产服务的"资本"、为第五次工业革命提供核心支持的"技术"、共同创造并实现未来发展的"领导力"、倡导有意识共享消费模式的"消费"、通过集体行动实现高效合作的"协作"、以共享和再生为主的"所有制"，以及见证算力崛起的"算法"九大领域**。这些领域的深刻变革共同构成了经济体系的核心要义，不仅为我们提供了洞察当前经济动态的独特视角，还严格遵循了开放合作的生态学原则，为构建更加可持续、公平且繁荣的未来经济体系指明了方向。

值得注意的是，5.0时代的研究并非孤立于前序时代之外，而是与之相辅相成。它关注于如何将知识与人力资本转化为技术进步（解决"从无到有"的问题），并与3.0和4.0时代的研究紧密衔接；后者则致力于研究如何将技术进步转化为实际生产力（解决"从有到多"的问题）。最终，5.0时代的研究旨在实现技术的真正价值——塑造生态文明，提升人类的幸福感与生活质量。

从"供给侧"来看，**旧有模式与生产力所产出的产品多为劳动密集型、资源密集型且技术门槛较低，已逐渐丧失国际竞争优势。**随着中国人口转向负增长以及生产要素成本的上升，原有的低成本优势已不复存在。同时，国内矿产资源、水资源以及国际贸易环境的限制也进一步加剧了这一困境。

从"消费侧"来看，中国已从物质短缺时代迈入产能过剩阶段。当前的发展主要矛盾已转变为人民日益增长的美好生活需要和不平衡不充分的发展之间的矛盾。这意味着我们需要从过去的"从无到有""从少到多"转向"从多到好""从粗到精"的更高层次发展。

从"循环侧"来看，化解过剩产能、激发社会存量资产的活力并实现其充分运用是物质社会进步与第三、四次分配的核心。这一理论创新点源于对"紫菜云平台"等实践案例的深入分析，**它打破了传统经济学中"供给侧、需求侧"的二元划分，为我们提供了新的思考维度和解决方案，构建了一个闭环式的经济模式。**在这个模式中，供给侧、消费侧与循环侧相互依存、相互促进，共同推动着经济社会的可持续发展。同时，"生态5.0"的理论框架还实现了宏观经济公共政策与微观经济行为（涵盖产业、公司及消费者）的有机融合，为国家财富的积累与第三、四次分配革命提供了借鉴思路。

在全球经济增长缓慢的当下，谈到经济效率提升，美国经济学家鲍莫尔是个颇具影响力的专家。他特别指出，**由于服务业的效率提升相对困难，最终可能会成为整体经济增长的瓶颈。**然而，深入剖析后我们会发现，鲍莫尔的观点其实存在一些局限性——鲍莫尔可能未充分区分生产效率和交易效率。他观察到服务性产品生产效率提升的挑战，但未充分认识到优化交易环节效率对提升服务业整体供给效率的重要性。或许他也未能预见到中国数字经济的蓬勃发展。产品的供给效率不仅依赖于生产效率，交易效率也占据重要地位。简而言之，**供给效率是生产效率和交易效率共同作用的产物**。例如，一首好歌通过互联网的传播，一夜之间便能风靡全球，这在贝多芬的时代是无法想象的。

目前，众多行业正积极寻找策略，**通过加速交易流程来对抗"鲍莫尔经济增长病"的挑战**。而数字经济，正是这场变革中的一股强大力量。它以惊人的速度推动着交易的进行，为经济增长注入了新的活力。用公式表达即：

货币数量 × 流通速度 = 商品与服务数量 × 平均价格

因此，服务业内部蕴藏着巨大的效率提升空间。在当前的经济生态中，融资的便捷性和劳动生产率的提升是推动生产效率增长的关键因素，而交通和信息技术的发展则对交易效率产生了深远的影响。**生产效率的提升，主要依赖于市场的自我调节和企业的创新动力，但交易效率的提升，则需要政府的有效引导和推动**。

在当代，针对经济发展问题的解决方案主要源自一些杰出的经济学理论。重商主义代表托马斯·芒主张通过策略积累黄金储备，减少购买外国货，发展国内工业，并推动英国商品出口。弗朗索瓦·魁奈则提出重农主义，强调原材料，特别是农产品和矿产品的盈余是财富基础，而对制造业和贸易持消极态度。亚当·斯密在《国富论》中主张劳动分工提高生产力，交换、私人财产和自由市场是创造财富基础，对现代经济学影响深远。卡尔·马克思反对自由市场理论，主张剥夺私人财产，由国家为无产阶级利益管理经济。凯恩斯主张政府主动干预经济，而哈耶克和弗里德曼反对政府干预。J.熊彼特等人对经济政策和全球经济趋势分析产生重大影响。

这些议题的探讨似乎被低估了：**所有经济模型的基石都应"以人为本"。特别是在这个算法盛行的时代，人工智能的激增正追使人类对生命的未来进行深度反思**。麻省理工学院物理系终身教授迈克斯·泰格马克说：科技为生命注入了一种超越物种界限的能力，生命可以被理解为一种自我复制的信息操作系统。其信息（软件）既定义了行为模式，又决定了其物理结构的设计。**简单说——人，重视对生活的种种体验。**

泰格马克教授将生命演化分为三个阶段。第一阶段是约40亿年前的生物进化，生命体无法改变其生理结构和遗传编程，只能通过自然选择进化。第二阶段始于约10万年前的人类文明初期，人类开始能够改变自身的"软件"，如学习新技能和调整观念。第三阶段是科技驱动的革命，生命体将能大幅修改其"软件"并改造"硬件"，摆脱自然进化的限制。**这三个阶段都关注人的进化和精神成长，这种革命性的转变可能在当代人有生之年实现。**

泰格马克教授的理论与中华文化的中心价值观念——民本思想有着相似之处。在政治实践中，我们强调以民为本的治理原则；在经济领域，我们倡导民众共享发展成果的观念；而在企业管理中，我们坚持人本主义的管理哲学，鼓励员工成为创新的驱动力，推崇企业自主组织，以共创价值为重心。在生态5.0时代，像海尔这样的企业积极承担社会责任，激发创新活力，模糊企业与环境的界限，致力于提升集体福祉。

超级智能社会，就像是把元宇宙和数字孪生这两大概念融合到一起，打造了一个超现实的数字化世界。想象一下，整个社会都运行在一个高效的数据智能平台上，而这个平台的关键就是那些"说到做到"的数字基础设施。它们能实时调控，还能确保一切都能追溯和结算。这样一来，智能合约就成了我们实现碳中和经济的得力助手，让一切都能有条不紊地进行。

透明化数字社会的本质，就是能够借助数字化的方式，将账算清楚。以数字化和区块链技术为基础，让主权货币数字人民币能够在碳中和系统之中成为支付货币。当数字技术体系打通整个生态流程的时候，**所有人都会感受到透明社会的威力**。社会层面上，一旦解决了发展价值观的问题，解决了技术问题，企业就会各自选择适当的行动，成为碳中和社会中的有益经济物种。

在智能化社会之中，人类的整个碳排放领域均可以完成数据化，并且能够实现三维可视化。**在人类社会的产业部门当中，按照联合国的有关分类方**

式，大约有2600个产业门类，每一个部门都会有一个不同的碳中和方案，这是巨大的产业转型的机遇。根据中国投资协会（IAC）和落基山研究所（RMI）的测算：中国"双碳"战略目标将催生包括可再生资源利用、能效提升、终端消费电气化、零碳发电技术、储能、氢能和数字化在内的七大投资领域，撬动70万亿绿色产业投资机会。

每一个垂直产业的生态领域，在实现数字化、智能化和碳中和的过程之中，都会寻找独特的技术路径和绿色发展机会。人类在碳中和领域之中，将形成巨大无比的技术生态。这些技术生态一旦成为产业技术的新标准，就能够建立理想之中的生态社会。

在现实之中，每一个产业之中都要兵分两路：一路注重创新经济；一路注重循环经济。当两股力量合二为一的时候，我们就能够看到碳中和社会的到来。人类对于生态文明和生态社会的建设成果，一定会有一个里程碑式的阶段。那就是每一个垂直产业都有自己的碳中和方案，不仅拥有碳中和方案，而且有本书提倡的核心发展模式，万物中和的概念。这是生态文明可持续落地的社会经济工程。

从企业角度来说，零碳企业或者做出碳汇贡献的企业，需要进入结算系统，企业结算和清偿机制。那些在生产过程之中没有遵循碳中和社会经济规则的企业，则需要付出巨大的代价，将经济利润转移给做出碳汇贡献的企业。这样的"利润转移"，需要建立在透明社会的基础之上，实现企业运营主体在"生态分配"方面的公平性。没有前置的数字智能化社会的建设，这种公平性根本就建立不起来。

未来几十年，人类建设碳中和社会面临的最大障碍是什么？

美国是全球超级大国，拥有全球海洋霸权和铸币金融霸权。"美国优先"和"透明社会"之间是一个战略矛盾。美国一批战略学者如托马斯·弗里德曼、格雷厄姆·艾利森、努里尔·鲁比尼以及米尔斯海默等人，**认为梯次发展模式符合世界发展的新现实**。在建立碳中和社会的进程之中，也坚持差序发展，让美国起到"全球中央政府"的实际作用。他们自诩"仁慈帝国"，而在全球的政经实践之中，"美国优先"才是美国金融资本真正的执行路径。

有位经济学家提出了一个问题："历史上，所有主导工业国占据工业生产一半的时候，都成为霸权国。为什么中国的工业制造业规模已经占据世界一半的产值，我们还没有成为世界经济霸主？"

原因当然很好解释，**中国的战略目标是建设生态文明，首先就是做好自己。中国人的发展观是全球文明多元共存，在碳中和等全球一致的重大问题上坚持建设"透明社会"的努力**。对中国这样的超大规模的经济体而言，生态文明的远期蓝图已经呈现在国家战略计划之中，这是比美国提出的"中美战略竞争"更加重要的事情。对中国的碳中和战略来说，一步步做好自己，从多个层面逐步落实，这是持续的努力进程。

国家战略：中国"双碳"图景规划

中国作为占世界人口 20% 的大国，也是碳排放总量最大的国家，占全球碳排放总量的 28.8%，我国的减排工作将直接影响整体大局。在 2020 年 9 月召开的联合国大会上，中国宣布："中国将提高国家自主贡献力度，采取更加有力的政策和措施，二氧化碳排放力争于 2030 年前达到峰值，努力争取 2060 年前实现碳中和。"

强调中国要继续"推动绿色发展，促进人与自然和谐共生"，并提出四方面的要求，包括加快发展方式绿色转型，深入推进环境污染防治，提升生态系统多样性、稳定性、持续性，以及积极稳妥推进碳达峰碳中和。

中国碳中和战略主要工作目标是阶段性的。

阶段目标一：2025 年。绿色低碳循环发展的经济体系初步形成，重点行业能源利用效率大幅提升。单位国内生产总值能耗比 2020 年下降 13.5%；单位国内生产总值二氧化碳排放比 2020 年下降 18%；非化石能源消费比重达到 20% 左右；森林覆盖率达到 24.1%，森林蓄积量达到 180 亿立方米，为实现碳达峰、碳中和奠定坚实基础。

阶段目标二：2030 年。经济社会发展全面绿色转型取得显著成效，重点耗能行业能源利用效率达到国际先进水平。单位国内生产总值能耗大幅下降；单位国内生产总值二氧化碳排放比2005年下降65%以上；非化石能源消费比重达到25%左右，风电、太阳能发电总装机容量达到12亿千瓦以上；森林覆盖率达到25%左右，森林蓄积量达到190亿立方米，二氧化碳排放量达到峰值并实现稳中有降。

阶段目标三：2060年。绿色低碳循环发展的经济体系和清洁低碳安全高效的能源体系全面建立，能源利用效率达到国际先进水平，非化石能源消费比重达到80%以上，碳中和目标顺利实现，生态文明建设取得丰硕成果，开创人与自然和谐共生新境界。

中国战略学者和管理层明白，只有建立强大的"技术+"的产业生态圈，整个经济体形成一个系统结构，才能够让真正创造生态圈价值的企业获得发展空间。

中国的数字智能化社会建设，包括华为、中兴这些先进的信息技术基础设施的战略提供商，正在成为中国数字智能化社会的骨架企业。数字智能化社会的建立，是第四次工业革命的技术底座。

没有信息智能化技术系统带来的"透明社会"，绿色GDP系统就无法导入经济实践。面对发展问题，将中国的环境损害、资源枯竭和综合GDP增长进行数字核算。**重新设定增长目标，接受绿色GDP核算做加法也做减法的模式，这是一个渐进的过程。**

这是一种双层的社会治理结构的变革，碳中和社会的到来需要建立适应的社会治理系统。绿色GDP的实施意味着观念的深刻转变，同时社会治理考核体系也将发生重大变革。生态文明和绿色发展，归根到底是管理的问题，而面对全人类的共同问题，基于生态圈经济的社会管理是什么样的形态？基于企业管理层面的生态圈经济如何去管理？说到底，管理涉及的生产关系的核心问题，有勇气进行局部社会实验，推动管理创新，敢于第一个吃螃蟹，这考验着管理者"换道超车"的战略勇气。

人类社会运作的基础规则和美国规则的冲突，既不是文明的冲突，也不是民族冲突，而是**数字智能化面前的"可计算"的发展观的冲突**。数字智能化社会带来的"透明社会"，衡量每一个企业，每一个个体在绿色经济中的计算方式。可计算就是一场社会革命，迟早会带动深刻的社会变革。

5. 未来领导力：重塑全球碳中和秩序的双重领导力

在当今的全球背景下，气候变化、疫情、金融动荡及地缘政治冲突等全球性议题，深刻揭示了各国之间相互依赖、命运与共的现实图景。金融风暴如狂风骤雨般席卷全球，而病毒则利用全球化的便利，迅速蔓延至每一个角落，不断警示我们，全球性问题的解决亟须全球性的智慧与领导力。

从未来的视角回顾今天的人类，几千年之后，我们这个时代的人可能会被称为"碳人"。因为使用碳能源燃烧做功推动工业机械的运转，从而进入工业时代。"碳人"的特征是超大规模使用碳能源，造成了巨大的环境灾难，导致地球生命史上第六次大灭绝。如果人类能够更加理智地行动，那些在千万年甚至上亿年中形成的物种，本有可能继续生存下来。

我们现在探讨碳中和社会，**社会中必然展现两种领导力：一种基于民族国家的政府价值；另一种基于企业价值。社会经济系统需要重构产业生态，重新定义一个企业存在的价值体系。这两种领导力的结合，形成了碳中和社会的双重领导力**。

环保已经是一种市场准入机制

在全球国家的政府层面，截至2022年5月，有127个国家已经提出或准备提出碳中和目标，覆盖全球GDP的90%、总人口的85%、碳排放88%。由此可见，越来越多的国家意识到了温室气体排放带来的气候危机，加入了《巴黎协定》要求的"国家自主贡献"当中。

从形式上来说，这是一种总目标之下的分目标的认领机制。大国顾虑的问题是"碳中和支出"，小国积极参与的积极性来自"碳中和收益"，这是一种全球性绿色发展捆绑机制。机制建设目前还处于早期阶段，未来10年，大国之间将会建立普遍的"碳关税"体制。大国和发达国家之间将率先建立碳排放监督机制，并将逐步将碳排放和环保认证贯彻到全球贸易进程之中。**环保不达标准，就没有全球市场的入场机会。**

《巴黎协定》乃是全球性的"碳群理念"的产物，这是一种用新规则约束社会经济的行为。营造社会经济整体的变革能力，一要看政府的碳中和治理的决心；二要看全球性平台企业带动的生态圈经济对全价值链进行监管和约束的能力。

在技术"透明社会"建成之后，生态圈经济将会形成全球性的发展约束标准。一些全球性跨国公司的职能将会发生一定的改变，为了适应碳中和社会中的全球市场合规需求，他们会率先进行**"企业碳中和"时代**。

数字智能化发展的生态性，意味着政府需要转变职能，对社会企业组织的直接管控能力将被透明化。社会组织和企业生态自治能力逐步增强，传统基于黑箱的统治权力也将下降。但**全球民族国家对于碳中和社会的监管能力和规范能力却在扩大，政府必须贯彻碳中和环保战略，政府管理权力将逐步过渡到生态圈经济领导者的手中。**这是政府内部权力转移的进程。

尽管人类在碳中和社会到来之前，直接利益并不相同，但从中长期来看，**社会管理权力向可持续发展领导者转移是不可避免的趋势。**政府的生态管理责任将逐步变成主要的社会管理模式和社会服务模式。谁能够引领未来的可持续发展模式，谁就占据了道德制高点。

大企业率先承诺实现价值链碳中和时间表

一些全球性的大企业已经颁布了自己的碳中和目标，比如，2021年6月5日"世界环境日"，顺丰就发布了业内首份包含量化目标与清晰路径的《顺丰控股碳目标白皮书》，制订了雄心勃勃的碳减排战略规划。宣布将在2030年实现自身碳效率较2021年提升55%；同时，为打造气候友好型快递，将在2030年实现每个快件包裹的碳足迹较2021年降低70%。全球社交巨头腾讯公司首次发布《腾讯碳中和目标及行动路线报告》，表示：不晚于2030年，实现自身运营及供应链的全面碳中和，实现100%绿色电力。京东物流、国家电网、蒙牛、东方航空……各行各业都先后发布了"以碳中和为中心"的公司未来发展战略。

从2030年回溯到现在，按照全球性的碳达峰和碳中和进步表，中国的大型平台型公司都将转变为碳中和企业和碳汇贡献型企业。"黑海生态"将逐步形成新的自动化的协作组织，这些基于智能合约进行系统结算的新组织，一家平台型的企业在转变为碳中和企业的时候，我们就认为这样的企业平台已经转变为生态圈企业，并成为生态圈平台。

这些跨国的生态圈平台，接受全球各个国家政府的监督。事实上，政府对于跨国企业的惩罚机制向来比较严格，基于碳中和合规的原则，这些生态圈平台不仅仅考虑到自己的产品具备全球竞争能力，还需要管控整个价值链。

战略正日益成为一门管理自身并不拥有的资产的艺术。生态圈平台往往拥有巨大的用户群体，其生态圈品牌基于基本的社会价值观，符合用户对于生态圈品牌的期望。

海尔早就开始进行全生态链的战略管理，这种管理，涉及下游零部件供应厂商的员工福利问题。管理层觉得每一个生态链上的个体参与者都应该得到应有的尊重，并在产业协作的过程之中，获得相应的利益。**对于企业的碳中和战略，海尔也会带动价值链上的所有企业进行碳中和合规创新和管理，海尔具备在碳中和领域进行全生态圈的战略管理能力。**这是一种未来社会所期望的企业领导力。

经济活动的主体是企业组织，因此本书的主要着墨点，也是企业组织的形态变迁。我们谈及政府职能正在向生态圈社会监管进行内涵迁移，在社会管理方面，社会组织正在发挥"第三部门"的作用，进行社会自我管理；同时，**生态圈企业平台这一组织形式正在崛起。在本书的定义之中，生态圈企业平台正在成为社会的"第四部门"，统领产业生态构建，各自去寻找可持续的发展方案。这种多中心和去中心化形成的社会经济机制，具备创新活力。**

到 2050 年，工业革命在富裕国家将完成，劳动力将从农业转向制造业，再转向服务业。大部分工人将不再从事物质生产，人们将关注如何为大众提供更优质的服务，平台经济会进一步发展。"第四部门"提供了一种新的管理范式和"企业约束企业"的发展路线图，对构建企业良性生态具有巨大正面价值。

在碳中和社会建设的过程之中，需要发挥生态圈平台的社会经济管理价值。政府无力直接管理几千万家中小微企业，但每一个垂直产业之中，都有相关的生态圈平台。这些小微企业需要在符合碳中和的平台规范之下，进行商业活动。**这种政府在实践正反馈过程之中，建立标准，通过抓大放小的方式，可以节约行政成本，让政府做该做的事情，在基础创新领域投入可以产生更多的成效。**

这么多年来，我们一直强调的各种科技和商业模式概念，能够在生态圈企业平台充分发挥出来。物联网、大数据、人工智能和云计算，均能够在生态圈经济中统一起来，变成一个包含整个生态的元宇宙。这是一个值得期待的经济前景。

思考与练习

思考：根据你的预测，未来 10 至 20 年内可能会出现哪些具有重大影响的事件？

第二章
未来消费侧战略：人类的第五次生态革命

"三千年未有之变局"标志着中国加入西方主导的全球变革，而"百年未有之大变局"则预示着更广泛、深刻且复杂的全球转型。当前变局的表象包括国内矛盾、国际冲突及人与自然失衡，但其核心是对"工业经济＋市场经济"数百年逻辑的重塑。尽管人类历史长达250万年，但物质生产、经济增长与财富积累的常态主要发生在工业革命后的250多年中。当前，工业经济面临挑战，未来发展充满不确定性；市场经济导致的过剩问题亦不容忽视。因此，百年未有之大变局的核心在于生产方式、交换方式和生活方式的根本性变革。

1. 未来生态演化：所有地球物种都是人类伴侣

地球经历了五次生物大灭绝，原因包括自然现象如陨石撞击和火山爆发。然而，第六次大灭绝可能由人类活动引起，特别是温室气体排放导致的气候变化。物种如狐猴、环尾负鼠和金扁蟾等因无法适应气候剧变而灭绝，这是对人类的警示。研究显示，自工业革命以来，近一半物种因气候变化局部灭绝。看到这个结论，从"地球人格体"的视角来看：人类在工业革命之后，就是生态圈自私的毁灭者。

现代工业文明的精细分工，构筑了**"信息茧房"**与**"专业茧房"**，削弱了人类的全局视野与批判思维。对于碳中和社会这样的人类整体自律式目标，人类很难凝聚共识。比如，在人类碳中和参与领域，欧盟有意做一个领导者，但欧盟想把天然气移出"可持续投资"范围，却遭到波兰、匈牙利、捷克等成员国的反对。可见，**即使在人类的即将到达临界点的环境危机上，人类都**

有各自的立场，悲喜并不相同。

"生态圈整体论"从来没有像今天这样重要，人类已经进入宇航时代，需要一种普遍的"太空视角"，从宇宙人的视角回望地球物种和人类。从专业知识的狭窄空间里走出来，告别"单向度的人"，成为一个对万物整体怀有怜悯和具有全局观的人。人类史上，凡是能够流传下来的经典图书，无不含有丰富的万物精神和人文精神。

传统的工业文明亟须向新的形态转变，人类正在探索其改造之路。碳中和社会就是人类在行进之中更换整体发动机的行为。而这个人类总体的行动就是整体论的产物，考验着人类这个物种的智慧。

美国这个国家，占全球5%的人口消耗了地球资源的40%。美国人为什么疯狂消费？原因在于他们已经被教育成为一个**"专业消费者"，实现"印刷美元，购买货物，消费促进增长，转移环境代价"的旧经济闭环**。由于工业分工已经分散到全球，生产环节层层分离，即使在一个企业组织内部，管理者也已经丧失了对于基层员工的同理心，更别谈美国人在浪费式消费的时候。他们看不到生产产品的漫长旅程，在扔掉一台完好的电视机的时候，消费者个体不知道这是美元金融机制下的产物，这是别人的劳动成果，是别人生命的凝结之物。人类生产环节的过度疏离，让资本管理层变得冷漠，当他们不再同情人类的时候，更不可能用行动来维护自然之中的其他物种。在他们的心智里，低碳，这是一种生态表演型政治。

人类除了建立普世的同理心之外，没有任何一种文化可以指引未来。**所有地球物种都是人类伴侣，要让它们陪伴人类到无限深远的未来。**这就是人类从旧经济学到生态圈经济学的要义。

关于宇宙人经济的思考

世界著名的建筑结构大师**理查德·巴克敏斯特·富勒**被认为是人类当代最出色的思想家之一。在人们的眼里，他是工程师、发明家、几何学家、系统学家、未来学家等。他最著名的思考是将人类在地球上的生存方式看成"宇宙飞船地球号"上的乘客，而地球根本就没有驾驶员，只有自组织的脆弱平衡，平衡一旦被破坏，后果不堪设想。

这是一个拥有地球危机综合视角的思想家，**提出了一些值得永恒思考的问题**。人类在地球上是要图一时快活，还是可持续地繁衍下去？如何用有限的资源进行高效利用消除全球贫困？人类有没有自我救赎的能力？

美国另外一位杰出的经济学家肯尼思·艾瓦特·博尔丁同样是一位整体论者。他被认为是当代出色的系统科学家、跨学科哲学家。博尔丁将富勒的"宇宙飞船地球号"发展成为一种"宇宙飞船伦理"。这是对于地球**生态圈伦理**的一种描述，来自他的"宇宙飞船地球号经济学"，这一概念具备警醒意义。

这个概念提出的时间是1966年，博尔丁已经感受到了环境资源的有限性对于人类工业活动的限制。地球上，人类能够组织起来工业活动必定是有限的，资源枯竭和有毒物质的弥散对于人类和其他生物物种的危害很大。地球是相对封闭的系统，是一艘承受破坏力有限的"宇宙飞船"。在这样的环境下，人类如何维护好地球环境，如何处理好和地球其他物种的关系？

博尔丁提出的是一种伦理，而不是解决方案。人类必须建立无限循环的物质系统，就像在宇宙飞船里的物质循环一样重建工业系统。每一个地球人都是宇航员，因此提倡一种"宇宙人经济"，倡导像宇航员一样去生活，实现自循环，在伦理层面实现自我觉醒，意识到自己生活在一个容量有限的封闭地球之上，过度索取意味着对于人类自身和万物的杀戮。

对**持有单一进取目标**的人类而言，需要从大历史的进程之中，认识到物种价值。那些看似跟人类毫无关联的地球物种，在遥远的未来，可能就是价值连城的财富，在千万年的进化进程中形成的生物遗产，人类有什么权力去灭绝它们？

人类对于自身处境的认知，并且能够上升为一种伦理上的自觉。从这样的认知基础出发，才是建立碳中和社会的伦理基础。人类无法再重复过去一边破坏一边治理的发展方式，这种传统路径，将使得人类到达"碳达峰"会遥遥无期。

目前，时间对于人类是紧迫的，无数的物种和地域生态正在走向毁灭。这些毁灭不会等待，这是没有替代性的旅程，正在将巨大的遗憾留给未来。

人类发展的不同步性带来了不同的发展观。目前，全球有四十多个国家和地区实现了账面碳达峰，而且都是发达国家。他们占据了经济价值链的上游，将污染和碳排放留在产业链的加工端。人类工业文明的发展进程才300年，目前只有20亿人口完成工业化，在全球可统计的国家之中，不算历史欠账，只有苏里南和不丹已经实现了全面碳达峰。这得益于低工业碳排放以及高森林覆盖率。但即使是这样的国家，也不会一直保持着这样的状态。他们在未来也要进入工业时代。未来这些国家如何工业化，如何和本地物种共存，都是一系列问题。

基于人间桃花源和洞天福地的传统人居理想，中国人需要回到"天人合一"的生活理想和生活方式。真诚发展绿色可持续的生态圈技术系统，是我们不可否认的事实，可持续的技术就是"自给自足"的网状系统。**人类大力发展生产力的目的，不是将工业生产活动覆盖整个地球表面，而是使用最少的自然资源，通过有限空间去获得可持续的生存之道。**这样做的目的，就是为自然万物生长提供空间，实现自然的归自然，人类的归人类。"新农思维"就是一种有益的体系性实践。

将人类的生存空间控制在一定范围之内，这就是发展的自律。如果能够在一个城市之中实现碳中和，为居民提供足够的饮用水，在水循环的基础上，发展城市种植业、城市渔业和城市畜牧业，减少对于全球大宗商品的需求，这就是一场生活革命。在更大的范围里，这就是生态的革命。

2. 未来生态创新：中国将是人类第五次生态革命的引领者

日裔美国人弗朗西斯·福山在其《历史的终结》一书之中，认为西方的含义已经不是一种地理的概念，它是一套标准行为和机制。并且匆忙下结论说，整个世界都以西化终结，资本和消费主义将会千秋万代。事实上，这是一本对世界发展产生严重误导的书籍。人类面临的"温室效应"的紧迫前景，正是西方消费主义引出的祸殃。他们在治理意愿和决心方面显得薄弱，和资本消费主义产生了深度的内在文化分裂。

著名生态思想家和经济学家里夫金对于美国无节制的消费主义进行了无情的批判。他认为美国的消费文化是一种"寻死文化"（death culture）。躲避和转移最有挑战性的整体问题，摒弃前沿探索梦想，沉迷于消费主义，是一种生活方式堕落的表现。

里夫金认为，普通美国人越觉得自己是独立自主的消费者，其和自然的关系就越疏离。庞大的消费主义形成了巨大的消费黑洞，促使整个生产链去攫取更多的自然物产。这种基于"纯粹私利"的欲望，也是美国在文明和文化层面丧失先锋性的标志。

大思想家和大观察家不会局限于正在发生的社会现象，**而是在山谷低处看到高峰，在高峰之上看到山谷。核心文化和核心生活方式的扭曲，注定了美国的衰落进程。**

早在大半个世纪之前，钱穆先生在《天人合一论》一文中认为文化是衰落和复兴的关键，他说："以过去世界文化之兴衰大略言之，西方文化一衰则不易再兴，而中国文化则屡仆屡起，故能绵延数千年不断，这可说，因于中国传统文化精神,自古以来即能注意到不违背天,不违背自然,且又能与天命自然融合一体。"

正如笔者前文所说,**在中国建立生态文明不存在观念和文化障碍,文明的生态文化亲和力就在那儿,家园就是自然,化为文化审美存在于城市的一方园林之中**。在钱穆先生的文字中阐述了"第五次生态革命"到底是什么,**在青山绿水之间拥有富足但自觉维护自然环境的可持续生活方式**。

人类文明经历了起伏,如西方从中世纪到古罗马的变迁,以及中华文明近五百年来的停滞与衰落。尽管如此,中华文明在历史长河中还会强势崛起。帝国和王朝会灭亡,根文化会重新发芽,文明和文化是打断骨头连着筋的,所以文明最有韧性。

中国人在未来几十年展开的发展场景,似乎无法进行预测。事实上,庞大的社会发展模式转型过程,只要在现实之中去找,总是能够找到连接未来的观察视角。

在中国,发现生态文明和碳中和社会的未来视角,我们最好在企业层面去观察,理解中国人在碳中和社会到来之前,到底在做什么。绿色生活的关键在于绿色工业化,没有供给侧的战略变革的决心,产业就不能转型和升级。企业家在战略层面影响着社会供给,市场的本质,虽然从营销角度来看,是以用户为王,但在更本质的视角,企业家提供什么,消费者就消费什么。消费者选择的是形式,但不是技术文明的本质。

我们观察当下的中国经济,一个是**文化的视角**,一个就是看和中国人生活方式紧密相连的战略产业都在干什么。衣食住行产业的代表性企业在碳中和社会进程之中,**落地的技术工程,就是正在发生的未来**。还有一个视角,就是看在生态圈经济之中,企业家到底在干什么,他们在想什么,企业家的抱负是否和碳中和社会的总目标保持一致。

无论什么样的经济模式,笔者的视角都会关注于企业家,企业家的自律就是创新,解决人类遇到的重大问题,这是实在的看点。

王传福和比亚迪企业的生态圈经济

王传福是中国著名的"比亚迪新能源车"的创始人,被查理·芒格赞誉为新能源领域"爱迪生和韦尔奇的混合体"。面对新能源技术红利,**敢于先人一步,在确定性的战略方向上做长期布局。既有出色的技术研发创新能力,也能把握社会大势,具备一个完整产业生态圈的治理能力。**

王传福有一次在和俞敏洪谈论新能源的时候,这位"技术狂人"说:"中国的沙漠平均年日照在3000小时,只要1%的面积能够铺上太阳能电池板,就能够满足中国13亿人的用电需求。"这个在中国讲述的故事,已经溢出了国门,全球碳中和领域的人士都受到这位企业家的话语鼓舞。**中国人在碳中和问题上,不仅在说,而且在实干。**

事实上,王传福并不是说说而已,在太阳能领域,比亚迪企业早有布局。在建设生态圈经济的过程之中,将技术作为建设生态圈的核心要素,进行系统技术架构和生态的重塑,他说:"别人做多元化,90%都以失败而告终,为什么比亚迪干一个成一个?**因为我们高度地重视技术,反而觉得技术是很容易的事。**"

在别人眼里不可能的事情,在王传福的眼睛里,就是一个个具体的工程技术问题。**一个技术型企业家,能够在技术、规模和商业成本综合视角思考问题。**里夫金在《零成本社会》这本书中,谈及分布式能源和互联网的结合可以构建可持续社会。在王传福的眼中,碳中和社会的本质,就是一个全局性的技术范式的转移。一个新能源电动车,其能源使用效率达到90%,这是燃油车无法达到的效能。从效能角度来说,一旦解决了技术瓶颈,电动汽车就是未来的大趋势。

王传福谈及电动汽车的耗能问题,车顶铺设太阳能电池板创新折叠结构,就能够解决分布式电力需求。车不仅仅是出行的工具,还是野外生活中心、**办公中心和娱乐中心。推动人们绿色生活的丰富性,吸引更多人购买电动汽车。**碳中和社会必须有更有吸引力的生活方式,才能够引起人们的向往。

第二章　未来消费侧战略：人类的第五次生态革命

2003年，也就是在马斯克创办特斯拉电动汽车的同一年，在星球的另外一个半球，王传福就笃定"只生产新能源汽车"的愿景。中国的企业家更善于将大事业分成几个战略阶段，分步实施。"生存、发展、并行、舍弃、超越"就是比亚迪成为世界电动汽车领军者的发展之路，也必将是碳中和社会建设过程之中的过渡战略。

从燃油车、混合动力车、纯电动车开始，多种能源系统和解决方案并行了20年。2022年3月，比亚迪彻底退出了燃油车市场，进入的时候，纯电汽车的行驶里程为300公里左右；退出的时候，纯电汽车已经达到了600公里。而且，比亚迪已经建立了从电池到芯片软硬件方案的全生态圈。生态圈经济卷积了成千上万的新能源合作伙伴，一个面向碳中和社会的友好企业生态，就在20年的时间之内，完全成熟了。

像王传福这样的企业家对于未来是敏感的，其从能量效能和能量链本质思考的视角，秉持了基础物理学的朴素技术思考。以科技为基础的未来企业，能够提供一种类似生态圈一样的适应性。王传福在一次会议上谈及对于技术和市场的理解。他说："比亚迪有技术鱼池，里面有各种各样的技术，芯片、电动车、轨道交通等都是鱼池里的大鱼。市场需要时，我们就捞一条出来。"

认为1%沙漠太阳能就能解决中国能源问题的王传福，是一个拥有巨大抱负的技术思想家，他说出了碳中和社会之中企业的新角色："企业家要善于在解决社会问题中发展自己，让自己和社会双赢。"复杂的新能源技术生态建设，对王传福来说，还在路上。人类还需要开发更加有成本竞争力的高密度储能系统，进入千家万户，无燃烧风险、无污染的可循环电池系统，实现"太阳能发电，在日光时间内储电于亿万汽车和居民"的技术方案。一旦所有的居民能够进行标准配置，所有的居家都成为去中心化的储能单元，智能互联网可以在储能单元之间进行调配和结算，则碳中和中国技术系统就会呼之欲出。

对于新电池，中国的技术原型已经在路上，战略级别新能源方案基于丰富元素，而不依赖锂等稀缺元素的电池系统，中国已经拥有了原创的整体技术产权。

美国技术思想家里夫金在《第三次工业革命》中的核心思想就能够变成一种可行的技术解决方案。碳中和社会的前景，在绿色技术的帮助之下，前途一片光明。思想家的社会构思在中国这片土地上率先落地，这是里夫金时刻关注中国的原因。里夫金在论述之中呼吁，**人类的生活应该更加注重中国的时辰理念，过一种"日出而作，日落而息"的"天人生活"，过低负债、注重心灵、无限循环的零碳生活。**

王传福作为中国企业家，深度理解中国的国情，衣食住行绿色化，是最大的社会问题，也是最大的社会发展机会。**碳中和文明必定是一个经过系统裁剪和定向技术研发创新的大未来，但企业家在思考问题的时候，解决的就是一个一个具体的问题。碳中和看似一个全球战略，但到了企业层面，就是一个有竞争力的产品。**

比亚迪建立了以新能源为核心技术的生态圈经济，志向就在改变人们的生活。人们生活改变了，国家战略层面也就改变了，王传福说："中国有72%的石油依靠进口，而且70%进口石油要通过南海运输。中国石油里，一年有70%用于交通，汽车消耗了中国石油的70%。从这三个70%可以看到，中国发展电动车比任何一个国家都有紧迫性，我们有责任通过技术来解决这个问题。"

在市场经济之中，企业家是推动事业的先锋。在碳中和社会之中，企业家同样会成为主动的担当者。中国人率先进入第五次生态革命，实现绿色生活，就是依靠王传福这样的企业家进行有目的的创新，并且主动担当，正如他说的一句话："**我们所做的一切都是为了绿色的梦想，说大了是为了地球，说小了是为了国家的环境，为了我们的下一代，为了我们孩子的健康。**"

中国将是人类第五次生态革命的引领者，正是因为中国人能够兼容天下，将一切异质文明的长处兼容并蓄。以中国为主的东方文明可以很容易包容西方文明创造的科技和技术成果，相对来说，西方很难从文化哲学层面全面理解中国的"天人合一"理念。

在执行层面，我们能够看到王传福专业的企业家的努力，这是一个观察视角，这是中国能够顺利进入生态文明阶段的底气。

3. 未来生态圈经济学：一起推倒"牛仔经济学"

基于效能扩张主义的西方经济学，被经济学家肯尼思·艾瓦特·博尔丁定义为"牛仔经济学"。后来他觉得"牛仔"这个词针对性太明显了，就将"牛仔经济学"改名为**"牧童经济学"**。名字变了，但内涵并没有改变。

"牛仔经济学"的本质就是西方文明在北美洲西部100多年开拓史中所秉持的核心理念，应和了**"哥伦布发现新大陆"**的全球叙事。而事实上，在美洲本来就有数千万印第安原住民。**在西方的话语里，通过无视印第安人是土地主人的事实，"抢夺"就变成了"发现"。**西方经济学家解释说，因为欧洲人无法在美洲找到一个谈判代表，正因为印第安人不能成为谈判者，所以**"美洲就变成了无主的土地"**。

在全球著名经济学家赫尔南多·索托的名著《资本的秘密》之中，用几万字说明了这些抢夺的资产通过联邦法律**"由黑转白"**的过程。这是资本的秘密，也是美国立国的秘密。

"哥伦布抢夺美洲"的事实，就是镇压印第安人的反抗，获得黄金和白银，然后和东方交易，换取东方文明生产的工业产品瓷器、丝绸和茶叶等。**荷兰和西班牙人的富足，建立在掠夺而来的金银基础之上。**

文明的发展史需要避讳，牛仔们"割耳朵和割头皮"的历史需要掩盖。"牛仔经济学"就祛除了历史暴力叙述，定义狭义化，指称为牧童经济。一个牧童在放牧的时候，他不会顾及作为私产的牛羊对于整个草场的破坏，只管自己的牛羊能够吃饱，根本就不会算自然的账。一种极端消费主义生活方式，通过过度消耗自然资源，造成巨大的垃圾山，并祸害弱势民族国家的子孙后代。

出生于埃及的著名经济学家萨米尔·阿明建立了**"西方中心—边缘"理论**。在《不平等的发展》这本著作之中，谈及西方中心主义话语"抢夺有理"论，殖民地的资源买办阶层和帝国更隐蔽的金融货币掠夺等。这就是"牛仔经济学"的本质，呼吁发展中国家构建自循环经济和内生经济。

审视历史，企业组织结构本质上遵循效率扩张原则，忽视了对人及自然环境的影响。鉴于自然环境无法表达其诉求，企业往往忽略了相应的制约，专注于自身的扩张，并将环境成本转嫁给社会。西方经济学主要聚焦于经济增长，未将人类与自然环境的可持续发展纳入其核心考量范围，而是将此责任归咎于政治家。因此，博尔丁毫不客气地评论说：**"凡是相信在这个有限的世界中能够持续实现指数增长的，要么是疯子，要么是经济学家。"**

"牛仔经济学"的现代版：数字资本主义、科技、环境与帝国的交织

日本学者柄谷行人提出，当工业资本发展至巅峰，将转向商业资本和借贷资本的原始积累方式。此时，进步不再依赖技术创新以创造差异，而是通过挖掘和利用现有差异来获取剩余价值。在人工智能领域，亦可观察到类似的发展趋势。人工智能的兴起催生了"数字资本主义"，该模式利用数字技术以追求资本的积累。数字资本主义结合了商业与工业的特点，通过数字技术提高成本效率，并支持大规模定制化生产。人工智能的发展依赖于多种因素，包括需要大量数据集进行训练。它缺乏真正的识别能力，并受到政治和社会结构的影响。人工智能产业的影响广泛，涉及资源需求。例如，锂资源的广泛使用支撑了其应用，但电池废弃物问题严重，锂资源供应的短缺也带来了风险。云计算作为人工智能的基础，同样依赖于地质物质，全球多个地区蕴藏着关键矿物资源。

理论家 Pankka 认为媒体是地球的延伸，计算技术将地球资源转化为基础设施，并依赖化石燃料。美国地质调查局的报告指出，多种矿物供应存在高风险，这影响了科技行业。稀土元素广泛应用于电子设备，但其开采过程常常伴随着地缘政治冲突和环境破坏。

科技行业的开采活动往往伴随着隐性成本，供应链的复杂性已成为资本主义体系的核心部分。一些企业利用现有机制掩盖事实，以实现其既定目标。深入研究计算系统矿物开采的源头，我们会发现一系列令人震惊的景象，包括酸性河流、荒芜的土地以及生物多样性的丧失。比如，印度尼西亚的锡矿，矿坑遍布各地，宛如墓地一般，埋葬了数百年来因采矿而丧生的工人。矿场无处不在，不仅存在于后院和森林中，还蔓延至道路旁和海滩上，形成了一片片废墟般的景象。

此外，人工智能的发展还涉及大量支撑性产业的破坏。例如，跨大西洋电缆的铺设导致了对古塔胶需求的激增，进而引发了大规模的森林砍伐。第一条电缆的铺设就消耗了大量古塔胶，导致约 90 万棵树被砍伐，最终使该树种面临灭绝的危机。这一事件揭示了技术、环境与资源之间的复杂关系。再如，人工智能的运行高度依赖矿物和电力资源，而其数据中心的能耗问题却常常被忽视。据预测，到 2040 年，科技行业的温室气体排放量将占全球总量的 14%。人工智能模型的训练过程能耗显著，自 2012 年以来，能耗年均增长已达 10 倍之多，对生态系统产生了深远的影响。

碳中和社会的本质就是给公司组织套上缰绳，通过资源使用代价支付的方式，建立一个对环境友好的经济组织，并且在此基础上建立**"生态圈经济学"**。这门新的经济学应该思考地球环境的反馈机制，而不仅仅思考人类的发展动机，并在价值比较的过程之中，重新塑造公司组织。

企业制衡企业："双碳"战略中的政府激励和转移支付

履约进行"双碳"战略的经济体，企业按照标准进入碳交易市场，通过转移支付，就可以获利。这是一种政策的引导机制。政府把企业温室气体排放量上限以排放配额的方式分配给每家企业。企业可将手中的排放额通过碳交易市场出售给其他企业。如果企业通过碳中和模式自行降低排放，就可以成为碳交易里的卖方，其他有碳排放需求的企业就需要花钱购买排放权。

我们可以回顾一些企业的碳交易的价值，电动车品牌特斯拉在2022年首次实现全年盈利。全年营收为315亿美元，归母净利润7.21亿美元。2020年特斯拉全年出售碳积分收入达到了15.8亿美元，是归母净利润的220%。

从全球支付情况来看，企业间的支付份额还比较少。政府在碳交易补贴之中占据更大的份额，给企业上缰绳是一个渐进的过程。聪明的企业已经研判了碳中和社会的趋势，主动变革比被动变革好。

这种就是将公司从"牛仔经济学"的狂野之中拉回到"**企业制衡企业**"的相互制约之中，设定了一个"**有限性的世界**"。牧童放牧需要相应的配额，这是从无限经济世界进入有限经济世界的转折点。企业之间的"**碳排放总量零和**"总比人与自然环境的毁灭进程要好很多。

碳中和社会只是人类重构自然关系的一部分。事实上，**我们今天的工业社会之中，关键商品已经不只是钢铁、石油这些少数商品了**。人类工业文明之中的关键商品已经达到了几千个品种，多种矿物材料和稀有元素都成为抢手货。大宗商品和稀缺元素的无限制使用，正在让发展成本变得高昂起来。

即使在新能源领域，我们也正在从一种稀缺转移到另一种稀缺，这似乎是发展的悖论。我们制作太阳能电池，需要用到的硅并不稀缺，但印制导线的材料是银，这是一种稀缺元素。

在高新技术领域，人类需要制造航空发动机，主体材料是钢铁，钢铁不稀缺，但金属铼却比钻石还要金贵。为了获得少量的金属铼，需要掀翻整个大山和矿场。

碳中和战略的实施必然会引出"**万物中和的发展概念**"，基于人类几千种不可或缺的关键商品构建循环经济。人类在关键需求领域，需要立足于已有的关键资源，实现无限循环使用，这就是中国建设生态文明的发展内核。在有限的资源面前，通过回收循环使用的方式，分散在纵向的时间轴上，让有限的游戏变成无限的游戏。

对中国经济而言，可持续发展一直是我们追求的战略目标。中国人在现代化的过程之中，在人类工业史上是一个迟到者。客观环境的限制让我们必须一边继续完成工业化，一边建设循环经济，并且走向生态文明，这是一种综合治理模式的挑战。

碳中和社会的建设在客观上对于中国未来的发展起到了制约作用，走向发达国家的路径变得十分陡峭。作为全球最大的石油进口国和煤炭消费国，**中国不仅不能走"牛仔经济学"的地理扩张和经济殖民道路，而且正在为碳能源的海上通道忧心不已。几代人的聪明才智和心血都耗在保卫能源通道的安全上，现在其依然是中国的最大战略困境之一。**中国需要以创新的方式破解这样的难题。海洋是通道，资源在大陆，"万物中和的概念"将打造一个独立的可持续发展的环境。全球化是锦上添花的事情，好上加好。

新能源技术需要的关键资源品种在增多，这些特殊材料同样经不起一次性消费。很多基础矿物会在二三十年内枯竭。以电动汽车为例，其使用的稀缺材料是传统汽车的 5 倍，太阳能发电对于稀缺材料种类的需求是同等容量燃气发电的 8 倍。如果中国不走循环经济道路，碳中和目标的实施推动矿物价格不断攀升，这可能引发对全球关键矿物资源的争夺。

以新能源技术系统为例。石油和煤炭都是一次性燃烧物质，后面的固碳进程就是一个更大的技术链条。**中国二氧化碳制造淀粉就是一种战略技术探索**，在后文之中会详细介绍。在锂电池和钠电池领域，虽然也用到很多不可再生的稀缺元素，但这些电池本身只是起到充放电的作用，**本身不会消失。因此需要建立庞大的逆向研发系统，将循环回收的产品重新变成原料。这些中介物质可以一直使用下去，每一个企业都要建立自己的循环系统。**在这些技术系统导入之后，需要财税和生态资本的支持。大量的国有资本转型为生态资本，中国在新能源和所有的工业门类之中都会找到自己的可持续的发展道路。

人类需要建立的美好社会，不是碳中和这么简单，而是几千个关键商品的中和循环。中国如何走向"万物中和"的可持续发展道路，最终还是前文所讲的，要一个一个解决技术问题。过去的技术体系主要集中在创造高性价比的产品上，未来，更大的技术系统将用来进行资源循环。

人在"万物中和"的世界里生活，会减少自己的负罪感，升起一种坦荡。消费基于新的发展伦理，"万物中和"的理念和消费主义的理念在一定程度上实现了调和。第五次生态革命并不是拼命压缩需求，在满足"美好生活"的同时，人类能够找到未来的千年之路。

4. 未来经济大循环：敢不敢让经济无限循环"不增长"

清华大学国情研究院院长胡鞍钢在早些年就提出中国经济规模超越了美国，这遭到国家统计局和学界的一致反对。争论中，**统计方法、总量和质量差距是主要的分歧点。**

事实上，**经济质量更加重要，但前提是要有数量基础。** 1936 年，中国的 GDP 是日本的 2.8 倍，但日本却可以小国挑战大国，让中国有了亡国的危险，打断了中国经济的民族资本发展的黄金十年。

其实，如果按照美国 GDP 的核算方式，中国的 GDP 已经超越了美国。在没有 GDP 这种经济基本算法之前，各国统计经济的方式主要就是看主导型工业品产出。现在 GDP 算法已经按照流通和消费模式计算，**这种基于资产流动的链式重复计算是否科学？** 只有天知道，或者说只是一种共识而已。共识来由的背后安插着一种规则，我们只不过被一种框架锁定了而已。经济本身就是一种叙事经济学。

从传统财务的统计学来观察，循环经济并不能带来 GDP 的增长。相反，**部分循环分享经济模式，在事实上降低了总体的经济产出。** 但是，建立在数字智能化基础上的**分享经济模式，是和碳中和社会友好的经济形式，通过数据资产的沉淀，形成了一个新的"价值增量空间"**。对生态文明而言，这是不可或缺的模式。

紫菜云基建物资产业互联网平台的生态圈实践

区域经济专家哈立东先生在进行实地考察时，观察到众多大型钢铁设备被遗弃在铁路旁和公路边，有的已经生锈，而有的则新涂上了油漆。这些设备是为特定的基础设施项目量身定制的，通常使用一次之后便被废弃。哈立东先生对这种资产的浪费现象感到困惑不解，但他也注意到有企业正在探索重新利用这些资源的可能性，这就是紫菜云产业互联网平台。这是一家专注于基础设施项目的AI大模型运营商，通过运用大数据和云计算等先进技术，对物资设备运营体系进行深度整合，开创了一个能够循环利用千万吨级基建物资、创造千亿经济价值的市场。2018年，紫菜云平台的创始人褚兴民向哈立东专家组展示了其激活闲置物资的策略。

第一步，盘活存量，唤醒"沉睡的财富"。紫菜云认识到，每年上千万吨闲置物资，是亟待唤醒的巨量"沉睡财富"。因为许多设备经过简单整修后还可以用于其他工程。他们以高于废铁处理的价格向基建单位买入废弃的非标设备（购买新设备约1万元/吨，作为废铁处理约1400元/吨，时价），对设备进行维修改装后再租赁给需要的基建施工单位，实现了多次周转使用。紫菜云公司根据基建工程在全国的施工情况，在北京、广州、杭州、武汉、西安等地设立了9个租赁修造基地，具有仓储、物流、加工改制等功能。他们通过在设备上安装有源射频芯片、一物一码、北斗定位，对设备运行状态实现实时监控、智能化故障预测和报警，300千米半径内物资租赁、回收再制造和运维服务，可在15天内转场就位。紫菜云公司提供的租赁业务较购买能够减少40%左右的支出，受到施工企业欢迎。

第二步，非标产品标准化，构建绿色循环模式。在盘活存量的同时，紫菜云意识到，造成基建设备不能循环使用的最大障碍就是非标准化。在基建设备制造和租赁过程中，他们发现，非标产品是可以标准化，或者可以部分标准化的。经过与施工单位的反复沟通论证、多次试验，在其主力产品挂篮领域，率先实现了突破，标准化率达到87%。以挂篮杆件为例，原本使用周期在6~8个月，若通过标准化制造、维修改造等方式进行循环利用，使用周期可延长至3~5年，使用次数增加至5次。每吨物资销售利润由1600元左右提升到1万元以上，效益提升6倍多。客户单次使用成本由每吨约5000元降低到2880元左右，降低42%以上。

在标准化成为可能之后，紫菜云又将经营模式进一步深化，推动基建设备模块化生产，把大的设备拆分成许多标准化的模块，到工地现场像积木一样组装起来即可，形成了"标准化设计→模块化生产→租赁经营→回收改造→再次租赁经营"的新模式。每个标准化模块可以重复使用8~9次，这对节能减排具有重大贡献，相当于每生产1万吨标准化的物资和设备，大约可少排放7万吨二氧化碳和20万吨二氧化硫。为了推广循环使用模式，他们采取一手托两家的做法，说服大型施工企业将闲置资产交其托管运营，说服设备制造企业将产品交其委托运营，利益分享，三方共赢。目前，紫菜云创新的运营管理模式成为行业典范。

第三步，平台赋能，延伸产业链条。紫菜云处在基建设备行业的上游和前端，对处在中游的基建施工企业影响力较弱。如果要扩大影响力，必须提供增值服务。公司运用物联网、大数据、人工智能等新一代信息技术，开发了"紫菜云"基建物资装备产业互联网平台。打通了研发、制造、运维、物流、营销、融资等环节，把基建施工企业由产品的被动接受者，转化为产品设计的灵感激发者和参与者，变单向流动为双向交互，延伸了产业链条，形成了"产业+互联网"解决方案。一是以标准为重心，实现智能化设计。建设智能研发平台，为在线设计师提供开放的设计环境，不断丰富标准化设计模块库，用户只要提供所需设备参数，平台就能进行自动匹配和参数优化，生成产品模型，大幅缩短了产品设计周期，提高了快速应对市场的能力。二是以用户为核心，实现自动化制造。以用户个性化需求和产品标准化设计，倒逼装备制造朝着自动化、柔性化方向转型，结合智能研发平台，解决行业长期以来自动化程度低、质量控制差、劳动强度大、粗放式生产等问题。生产周期大幅压缩，物流运输成本大幅下降，产品的精准度和适配度大幅提升。三是以数据为中心，实现全链条贯通。集聚物资装备存量、需求、项目、产供销及物流仓储等信息，在线连接产业链数据、设备运行参数与监控数据，形成大数据平台，实现多维信息的智能采集和精准匹配，解决行业信息透明度低、交互性差、获取成本高等问题。平台通过大数据分析计算，生成生产、运输、存储、维修、回收等最优方案，实现行业最佳协同效应。大量数据的积累和沉淀造就了平台智能化，成为紫菜云最宝贵的资源和核心竞争力。

值得一提的是，平台每运维100万吨物资，循环使用次数可提升至8次左右。这不仅能有效减少钢材消耗约700万吨，还能相应减少碳排放约1000万吨，从而创造出巨大的经济效益、环境效益和社会效益。

紫菜云物资银行

经济学家把货币功能分为三类：交换媒介、记账单位和价值储藏。中央银行将其分为狭义货币（M0、M1、M2）和广义货币（M3、M4、M5）。前者由现金和银行存款组成；后者则包括更广泛的资产，如机构存款和其他资产。

尽管中央银行主要监控现金和银行存款，货币作为价值储藏的功能却远超这些范畴。个人财富的积累不仅包括货币资产，如储蓄、国债、现金，也包括房地产、股票、债券、珠宝、汽车、金条和艺术品等非货币资产。**在广义货币的范畴内，M5包含了更多种类的资产。这些虽然未被中央银行直接定义为货币，但在财富管理和价值储藏方面扮演着重要角色。**

例如，在紫菜云平台上，所谓的"可变价格资产"，其价值会随着市场条件的变化而波动。这些资产主要源自基建项目中5%至10%的耗材，并且构成中央财政体系的一部分。尽管这些资产存在价格波动的风险，但它们共同构成了一个庞大的价值储藏体系。根据官方统计数据，中国闲置基建物资的价值高达1500亿。无论是官方货币还是可变价格资产，在国际层面上，它们都是价值储藏的重要组成部分。换言之，紫菜云平台可被视为一个"物资银行"。

过去30年，M3、M4和M5等资产的总值显著增长，达到170万亿至220万50亿美元，相当于全球GDP的4至5倍，其中房地产占据主要地位。资产价格的波动对经济有着深远的影响。经济学家警告说，资产价格的急剧下跌可能导致经济财富损失高达6%，在极端情况下损失可能更为严重。以OECD国家为例，GDP的1%相当于400亿美元，影响巨大。假设股市下跌50%，房价下跌35%，债券价格上升20%，整体资产价值将缩水25%，相当于GDP的125%。财富蒸发足以对经济造成重创，可能导致GDP下降7%。财富效应逐渐显现，可能在未来几年内影响经济，如货币供应减少、建筑业和投资大幅下降、消费萎缩等。在经济大萧条时期，这些因素影响显著，正如日本当年遭遇的那场"资本收益率崩溃式萧条"。**著名经济学家高连奎先生认为，"资本收益率崩溃式萧条"主要有四大特征：银行没钱赚，企业没钱用，民众没钱花，政府没税收。而这种情况就是滥用货币政策的结果。**面对这种经济困境，政府调整策略是必需的。比如，日本经济停滞和2007—2009年全球金融危机时，各国政府都增加了预算赤字、央行买债券等措施来刺激经济，避免更严重的经济萧条和社会动荡。政府这么做不是乱印钞票，而是为了恢复市场信心，促进货币流通，避免经济陷入恶性循环。在此背景下，发展循环经济就相当于在不增加成本的情况下增加了投资数量。因为循环经济通过提高资源效率和减少浪费，能够以较低的边际成本实现经济增长，从而在不增加额外投资的情况下，提高整体经济的产出和效率。

货币是交易的媒介，它的数量和流通速度决定了市场总需求和价格水平，用公式来表达即：

货币数量 × 流通速度 = 商品与服务数量 × 平均价格

货币数量论提倡，在经济衰退期间，政府应采取降低利率、激励银行放贷以及购买债券等措施来扩充货币供应，从而刺激市场活力。然而，必须留意，在商品供应充分的情况下，中央银行应适时回收过剩的货币，以避免恶性通货膨胀的发生。**公式的左边，紫菜云通过透明的数据驱动，提升了资产流动性，加快了货币流通，从而增加投资而不减少消费。公式的右边，AI 大模型全面应用于全周期基础设施建设，促进了工程环节的高效运作，提高人力每小时的服务数量与质量。于是，紫菜云平台便开辟出了新的价值增长点。**

单一的循环经济模式可能会导致传统年度 GDP 和工业统计数据的下降，但是平台化的循环经济则代表了未来的发展方向，供给侧和消费侧都可能出现产值缩减，但社会资本却有望增长。此时，人们的发展观念以及对数据经济价值的理解变得至关重要：当闲置经济发展为无限循环的消费经济，就会发展出新的价值增长点；每一家企业都需要建立智能化体系，和企业的智能系统相关联；企业不只是关心新产品的去向，还要关心自己的产品在哪些用户手里，企业就能够提供智能化的服务价值。**一件商品的全寿命价值最大化，是未来工业企业的战略新定位。**例如，即使只是一辆儿童推车，也可以安装大量的传感器，让父母能够了解孩子的实时情况。与此同时，一件产品也可以在软件迭代之中，实现价值不缩减。或是说，大量的智能服务能够带来大量的利润。因此，智能服务和产品全寿命迭代是企业未来的战略突破方向。此外，若花费 GDP 的 1% 来解决气候问题，就需要将 1% 的劳动力和 1% 的生产资本转型为气候友好型制造。这也为实现第四次分配奠定了基础。

5. 未来生态资本：从单一利润到公共福利资本

碳中和社会是一整个社会生态系统，落实到企业层面，其实就是一件事情。以前的企业，确实是以利润为核心的，而现在，企业却有了两个合一的战略目标：一边在创造利润；一边在创造社会资本。

在未来，每一家企业都是一个由企业资产、少数员工和用户构成的小生态社区。企业的经营也越来越注重社会价值，企业经营用户社区，在功能上就和社会价值应和了。尽管企业还有刚硬的利润和产值目标，但在处理相关问题的时候，不得不顾及社区的利益，维护好自己在社区中的声誉，建立更好的用户关系，并在和用户的持续互动之中获得更多的发展机会。

肯定有不少企业经营者会反对这样的经济模式，并且认为限制利润最大化的行为就是挡人财路。事实上是不是如此呢？**企业的生态社区如果能够形成一个协同共享的低碳社区，企业的利润可能就来自两个地方：一个是商品和服务带来的直接利润；一个是在碳减排行动之中获得的碳交易和财税补贴利润，或者在循环经济之中获得的利润。企业的收益并没有减少，它们通过参与社会低碳管理获得转移的利润，同样可以形成可持续的生存和发展能力。**

事实上，基于中国目前信息智能技术的发展阶段，只要决策层有决心，在技术层面建立颗粒度到达每一家企业，甚至每一个个人的碳普惠机制已经成熟了。这需要有一种全局性的顶层设计和政策安排，说一句白话，**就是谁减排，谁搞循环经济，就奖励谁，这同样是"企业制衡企业"战略的延伸。**

当然了，在实践之中，这种真金白银的利润转移，需要建立在一种"**去中心化的自动执行的公平**"之上。从技术系统上来说，区块链技术的第一大使用场景，可能不是企业发行的数字通证，而是"**可记录、可衡量、有收益、自动执行、没有人为黑箱**"的智能支付系统。在可以精确衡量个人碳排放的基础之上，基于个人账户和企业账户的结算系统会持续进行。

碳中和孪生世界

在实际执行过程之中，数字人民币、微信支付和支付宝系统在技术系统之上只需要向前一步，就能够构建碳中和社会的新支付系统。这些已经涉及十亿级用户的支付系统，可以担负起碳减排普惠支付的职能。由于企业的纪律性和高效执行能力，可以将中国的政府财税、闲置平台、碳交易市场、碳金融服务、生态圈服务生态，以及消费者个体统合到一个平台之上，通过智能合约串联起来，形成庞大的碳中和孪生世界。

而在全世界，从现实出发，可能中国会率先建立十亿级的用户的碳中和交易网络，形成一个顶级的生态圈经济体。

如果没有精确到个人和企业的低碳结算系统，我们就无法将第五次生态革命执行下去。这个概念就和"天人合一"理想一样，存在了几千年，但到了个人生活层面，还是我行我素，最终还是靠技术文明解决不了的问题。

在智能社会之中，信息技术系统和智能社会已经能够将能够链接的一切链接企业，提供实时数据，从而保证在约定的进程之中，和每一个人的直接利益挂钩。

在前文之中，笔者虽然一直强调生态圈伦理的力量，这虽然是一股强大的约束软力量，但**经济约束和激励都是"立竿见影"的**。形成伦理是百年千年的事情，形成经济激励，也许在几年之内，企业和个人的就会形成自觉的低碳生活习惯了。

世界级产业机会：中国建筑碳中和技术系统和个人碳普惠机制

我们首先来讨论一个有意思的话题。亿万富翁每一次私人飞行出行，一次性碳排放等于一个人普通出行碳排量的上万倍。这样的生活方式，是否可以进行碳排放结算，进行转移支付，实现碳排放的公平？或者他需要植树造林，进行相应的碳汇操作，在享受奢侈生活的同时，也需要承担相应的环境责任？

巨大的碳金融机制一旦形成，对于中国的数字人民币全球化就是一种利好。建立这样的公共资本，用于碳交易，这就是一个机制。每一个人头顶之上都会有一块大小不同的煤块，形成社会的新分配机制。公共资本会围绕着这个核心共识重新引导一种更加可持续的生活方式。我们在讨论这个问题的时候，必然会引出一个问题，基于碳中和时代的个体，其碳排放的责任和利益如何得以实现？

建立个人碳普惠机制，这是第五次生态革命的技术基础。人类活动会在碳普惠机制之上，进行一系列的自组织变革。人是生活在现实场景之中的，当人们在低碳生活指挥棒的指引之下，无数的绿色生态技术系统就会被引入各自的生活。人们对于绿色技术开始渴求的时候，在源头上就推动了供给侧的改革和创新。企业在绿色技术的研发上，会投入更多的资金，聚集更多的人才进行新技术的攻关。

城市建筑和乡村建筑是人们生活的主要庇护所，我们生长在一个技术主导的时代，碳普惠机制必然能够引导出一个绿色技术主导的新时代。办公大楼和民居从来都是人们个人资产的主要体现形式，绝大多数人并不拥有生产资料，但碳普惠机制从改变生活方式开始，对于绿色建筑形态正在产生影响，让人人成为能源生产者。

目前，民居和办公楼，甚至一些农业设施，都已变成绿色能源的分布式生产基地。拥有土地的农民和城市居民，只要拥有吸纳太阳能的空间，就能够成为新能源的生产者。"**通过发电赚钱**"的时代已经到来，这些普通的个体能够通过能源互联网，通过和智能系统的互动实现自动传输和自动结算。

"市场的指挥棒比十所大学带来的影响更大。"这样的话语指导人们要用市场化的方式解决问题。在未来二三十年，在建设碳中和社会的过程之中，会愈加凸显。碳中和生态圈经济和个体的生活方式相连，让所有的建筑都能够成为小型发电厂，总体上形成一个万亿传感器构成的能源智能网络，城市和乡村都能够成为巨大的太阳能发电站。比亚迪集团创始人的部分技术理想，能够在市场之中得以实现。

基于建筑的碳中和技术系统，一定会产生世界级的能源互联网服务和管理型公司。硅谷知名技术思想家**蒂姆·奥莱利**认为，在未来，在碳中和和气候协调领域，拥有21世纪最大的商业机会。**大众绿色居住和出行领域，必然会出现一批世界级的企业。这些企业既具备巨大的产品制造能力、研发能力，也能够将巨大的实时数据转变为聪明的人工智能，替代企业管理者实现对于巨大生态圈的跨时区实时管理。**在蒂姆·奥莱利看来，这些未来基于生态圈经济的平台企业，正是"打造全球脑"战略节点，绿色技术系统的超大规模生态集群，将集中体现在新能源的建筑之上。低碳和绿色建筑包含了绿色供热和制冷技术、储能技术、采光立体农业、超级保温材料等。人类整个制造业都可能会实现再造，这就是绿色技术对于未来普通人的影响。

同时，基于智能网络的生态圈企业，将无数的"能源小生产者"集成在一起，形成一种新的"社会福利资本"。即使在人工智能造成大量结构性的失业之后，人们依然能够在能源互联网及衍生领域找到一份简单闲适的差事。这些巨大的能源互联网公司能够从十亿去中心化发电建筑之中收集到电力能源和其他产出，这也许是人类未来最大的"工业互联网项目"。有人居住的建筑就是发电设施，在全球化的太阳能发电设施存在的空间里，存在着大量的农业机会和生态涵养机会。这些对于普通劳动者相对友好，这里也许就是里夫金的理想主义试验田。

中国人在沙漠之中大量建设光伏电站，由于光伏对于阳光的遮挡，降低了风速和温度，结果野草长出来了，过于繁盛，遮挡了电池板。中国新能源企业当然有办法，他们邀请附近的农户到光伏电站里放羊，羊吃掉了草，解决了技术难题，降低了成本，还获得了畜牧的收益。"光伏羊"就是里夫金在《零成本社会》中的一种理想实现形式。未来随着绿色产业的铺开，附带类似的生活方式会越来越多，**绿色就业和循环经济将成为中国人未来的主要工作方向之一**。

中国的能源互联网能够顾及贫民和大众，这是个人碳普惠机制的社会学意义。即使印度棚户区的贫民，也有机会成为太阳能电力生产者，并在碳交易中获益。全球数十亿人的生活可以进行重置，大量的能源住宅技术的使用，分布式的能源系统，需要大量的低技术含量的设施维护者。**大企业的碳汇操作需要雇佣大量的植树造林人员，这些都是绿色就业机会**。在今天看来，中国已经创造出了很多这样的机会。未来，世界上的大部分普通劳动者都可能在从事类似的工作。

个人碳普惠机制是面向未来的一种福利社会安排，尽管现在人们对于"福利社会"的可持续性产生怀疑，但面向未来的社会化生态圈企业，本质上就是替代政府做社会治理的功能。而政府在"自动执行的智能合约机制"之下，依然能够找到社会治理的生态圈企业的责任人。**这些社会化企业也是社会公平的稳定器**。

未来几十年，碳中和社会对于企业的绿色规则要求会越来越高。**在人工智能即将带来人口结构性失业的进程之中，绿色生活和收集循环技术系统是唯一能够提供超大规模就业的领域。**

第五次生态革命的核心问题，其实是分配问题。建立绿色社会当然是一件好事情，但也不能亏待人本身。人们对于"美好生活"的向往，是人性使然，机制有效还是无效，最终还是顺应人性本身。

旧经济学有四大基础要素：生产、分配、交换、消费。分配是几百年资本机制所没有解决，也难以解决的问题。**中国人提出"第三次分配"的世界级概念，但可惜，我们的媒介能力和叙事能力有限，并没有形成全球影响力。后面我提出的"第四次分配"，是一个极具前瞻性的概念，也是循环经济、分享经济和智能经济的主要表现形式。**

基于生态圈经济的生活价值观思考，"奢侈生活并不等于美好生活"。小约翰·柯布有一句话值得思考："在各种不同的文化中，幸福源于互相支持和互相服务，而不是对物品的占有和消费；幸福也可以来自自然之美、来自艺术和音乐、来自拥有丰富的知识、来自挑战自我，取得各种卓越的成就。"

第五次生态革命的未来，是一个商业资本和社会福利资本并列的时代。

商业资本虽然有天然的贪婪性，但在人性的驱动力领域，依然是无可替代的。 商业资本并不是消费资本，更多的是一种投资再生产的资本。普通人看待企业创始人的财富，都会有巨大的误解。中国京东商业互联网平台创始人刘强东曾经说："如果一个月没有应酬的话，自己的生活花费大概就在5000元（人民币）左右。"

市场经济和商业社会之中，商业资本依然拥有相对较高的执行效力。这是全社会应该珍视的行动能力，继续给予企业家足够的荣耀和舞台，对于未来社会的经济发展和社会富足，至关重要。

社会福利资本能够最大限度利用区块链智能合约技术，实现公平分配。至少在能源供给和循环经济领域，可以提供巨大的再分配机会。万亿数量级的碎账，只有人工智能低成本能够完成。市场经济的灵魂是竞争，社会福利资本并不妨碍竞争，也不反对消费主义，只是强调责任和权利的统一。

绿色循环再生领域的机会如此巨大，人类如何从无节制的消费主义时代转到独立创造、相互共益、资源循环的新的时代？主要的方式就是要进行新的算法，人类社会运行的基础算法需要改变。

人类社会应该隐没在地球的生命的丛林之内，和万物实现共生，而不是单向攫取，作为一个破坏者的角色出现。人类"技术抱负"应该和地球自然留下边界，在"人造自循环世界"里去实现幸福理想。

思考与练习

行业变革研讨：讨论当前环境大变革对机构带来的机遇与挑战，讨论这些变化对个人和组织的影响及应对策略。

中篇

万物中和重构经济动能，
百万亿"循环侧"战略

在此，笔者提出了一个"供给侧、需求侧"加"循环侧"的战略概念。在循环侧，我们可以将所有的产业称为"**再生产业**"。这是需要消耗大量能源的事情，这是人类工业文明的熵减问题，回到了问题的根本。人类的根本问题还是能源问题，解决能量来源的问题，才可以在技术领域重组物质，实现**碳中和及万物中和的理念**。

因此，推动碳中和社会是人类文明史上一项宏伟的整体协同工程，核心在于两方面：**首先是实现碳能源的替代**；**其次是基于新能源实现稀缺元素的循环利用**。这一过程要求我们具备跨学科的全局思维，需要领导者拥有跨学科的能力。它呼吁历史学家、技术科学家、社会学家、经济学家、伦理学家以及企业家等各界人士，从综合的视角出发，洞察产业机遇，同时识别技术风险和社会风险。只有那些能够把握整体边界的人，才能引领这场绿色技术革命。

第三章
未来循环侧战略：推进生态圈经济学

在技术工程领域，需要底层的智能技术设施。在笔者看来，这是融合了生态圈经济价值观的**生态圈经济互联网**。底层的基本规则之上再架构工业互联网和消费互联网，这就是生态圈经济的未来。多层次的生态圈经济孪生世界的诞生，是比元宇宙概念更加基础的概念。

产业链群和垂直产业的生态平台需要建立在共同的技术底座之上，这是人类面向未来百年的发展观基础上的基础设施。

旧经济学有四大基础要素：生产、分配、交换、消费。生态圈经济互联网，将循环经济、绿色供应链金融和万物中和的技术哲学作为经济学的新底座。大量的生态价值观和规则变成运行在底层的软件系统，这就构成了人类的生态文明的未来。软件正在吞噬世界，大概表达的就是这个内涵。碳中和文明的建设，需要在经济学基础上构建循环经济的大底盘。

1. 未来企业财富观的重构

笔者觉得碳中和社会对于中国的意义，是中国重塑经济游戏规则的机遇。我们过去的开放发展，建立在碳能源的基础之上，游戏规则是西方定的。在未来几十年，中国在碳中和规则之下面临着大宗商品的价格飞涨，战略资源变得越来越稀缺，囤货者绑定资本，待价而沽。**保持中高速增长已经变得愈加困难，这是事实，我们无法回避。**

中国实施的"供给侧"思维和战略，就是为了建设高质量的经济生态。巨大的规模加上高质量经济的引领，通过高质量经济产生的顶级品牌和技术产品挤掉发达国家在产业链顶端的地位。实际上，只要产业链生态有一部分在全球化，那么暴露在外的那一部分就会夺走大部分利润空间。高质量经济形势很好，**这依然不是中高速增长的战略保证。高科技和高质量产品，在世界经济份额之中依然过小，那是各个经济体的精髓部分，不是普适经济。**即使在号称高科技立国的美国，其高技术经济也只占15%左右，绝大部分经济还是传统的民生经济和服务经济。

我们总是提及人类命运共同体，事实上，我们在实践过程之中，需要建立很多全球性生态圈经济平台，上面有更多企业的链群结构，通过提供紧密或者松散的就业方式，让人能够在实际工作之中获得尊严。**共同体的本质是建立共同的链群结构，形成真正的经济来源，这些都是涉及个体的生存方式。**

未来是大生态圈企业说了算的时代，生产力和生产工具决定了个体的作为。这些战略企业在碳中和时代创造出更公平的生产关系，提供更好的劳动工具，这就是在提升每一个人的生命价值。

自主产业链的崛起和生态圈企业五力模型

对很多中小创业者而言，感觉现在开展小商业越来越难了，具体难在什么地方呢？我觉得最主要的原因，就是经济结构变了，一家小企业很难建立完全的价值闭环，其若干关键环节都掌握在平台企业或者上下游的产业链当中，经营者根本就控制不了经营的走向，中小企业没有定价权。

描述这样的现实，在于告诉企业事实，在分工精细化之后，每一个产业链都会产生出一个链长企业，通过链长企业实现全球优势资源的整合。也就是说，**现在有竞争力的企业，最小的管理单位就是一条产业链。**链长的本质工作就是将无数个链群中的核心优势整合起来，形成一个完整的解决方案。我们看到今天的腾讯企业生态圈，其实是由160家上市公司构成的庞大社会经济网络。这些企业已经形成了庞大的生态圈企业集群，在这个平台上，若干个产业链同时在顺利运行。

腾讯这样的企业，早就开始进行碳中和社会的布局了。他们在服务器机房之中，大规模使用绿色能源。但这种减碳的措施，并没有其作为未来碳中和社会信息基础设施贡献大。**在区块链技术领域，腾讯是中国国内技术研发领导者之一，在Web3.0（第三代互联网）领域也积极进行布局。**这种以价值管理为基础的互联网系统，和碳普惠机制结合起来，就能够形成生态圈经济互联网的雏形，担负起分布式能源互联网的综合管理功能。

安全保密的跨境支付模式是构建全球生态圈经济的基础工程，尽管这些企业都在做各种各样的尝试，找到可以进行全球布局的战略应用场景，其实并不容易。事实上，正如未来学家们的呼吁，能源互联网很可能是中国生态圈企业建立全球领导地位的主要方向。

现在在微信支付的一些功能之中，有些功能的价值其实被低估了。比如，生活服务选项之中，电力采购和煤气采购均可以在手机端完成支付，社交软件已经走出去很远，在做整个生活方式的场景支付。在未来某一个时间点，当碳中和结算和循环经济结算成为日常的时候，大众可能很自然地就接受了。

事实上，在用户端看到的任何功能都是简单的，但是要打通这个链条，需要极大的产业能力支撑，而这些正是中国人工业能力和工程能力的体现。

工业电力采购、民用电力耗费数据管理本来就是一个复杂系统，需要和支付系统打通。其实中国已经拥有了巨大的产业生态，超高压电网、中国拥有全球70%的太阳能电池板全产业链产能、数字人民币和全球基于碳普惠的支付平台，每一个技术基础设施都是一个小生态圈；小生态圈又在数十亿人生活和工作的数字智能平台基础上形成一个大生态圈。

在全球范围内，这些庞大的生态系统经济在价值链的持续加固、补充和强化过程中，将孕育出全球性的超级链长。这一新兴的社会企业家角色，鲜明地体现了时代的特征。基于能源互联网的超级链长将具备强大的社会管理和协同能力，成为全球民族国家中不可或缺的社会管理者之一。

生态圈企业的链长制模式预示着未来数十年经济组织的关键变革，企业家的角色将从单一的经济资源组织者转变为跨领域资源的组织者。例如，腾讯等企业参与社会管理，这一点已成不争的事实。

随着生态圈经济的蓬勃发展，自主产业链的崛起已成为不可逆转的趋势。2023 年中央企业负责人工作会议明确的导向，为链长制深化国有资本布局优化与结构调整提供了清晰的方向。这一方向得到了新一届国务院领导层的高度重视。推动国资布局优化与产业打造的核心，在于升级产业链融通共链行动。该行动旨在依托链主企业的强大引领作用，精准布局全国国资，构建科学且全面的产业发展蓝图。

在全球视野下，中国将充分发挥融通共链的独特优势，以国有企业为链主，在防务、政治、文化、科技、经贸、资源、供应链、数字、人才、交易、规则、标准等关键领域实现突破性进展，为国家安全与发展奠定坚实基础。同时，在能源、粮食、基因、数据、互联网、大宗商品、战略性资源、贸易通道、主权、金融等涉及国家安全的重大问题上，国有企业也将发挥链主作用，科学布局，确保国家利益的最大化，而非仅靠单一的自由市场调节。

在新动能塑造的进程中，国有企业将引领 5G 基建、特高压、高铁与轨交、新能源汽车产业链、数字科技、人工智能、工业互联网等新兴领域的发展，推动产业链条实现质的飞跃。链主企业将负责绘制全国性的产业图谱，深入研究本地产业生态，精准识别产业链中的不足与瓶颈，绘制科学合理的产业链构建路线图，并协调成员企业共同绘制招商引资地图，科学安排产业链工作计划。这会是产业链协同的大战略，也将是"先立后破"的关键所在。

在产业链运营过程中，链主企业将积极倡导并推动开放、平等、高标准的市场化准则的实施，确保所有企业均能在无歧视的环境中公平竞争。针对产业安全、信息安全、城市安全等敏感领域，链主企业将设定特殊规则与门槛，以保障产业链的稳定与安全。

此外，链主企业还将作为政府与产业链各环节的桥梁与纽带，上联政府政策导向，横联资本与科技资源，下联供应链与合作伙伴，外拓各类产业服务与促进机构。以"功成不必在我"的博大胸怀与长远眼光，积极促进产业集聚、产业链聚合与竞争力提升。通过组织各类产业链相关活动，如专题会、推介会、研讨会、论坛、峰会等，聚焦产业链发展中的难点与关键点问题，加速推进延链、补链、强链、拓链工作进程。同时，注重产业链上下游及周边生态的协同发展，畅通产业循环机制，共同推动产业实现强劲发展。

从单纯生态圈经济的视角来看，企业管理和生态圈管理的复杂度已经超越了个人能够掌控的范畴，必须进行数字智能化，否则根本就无法理解全局信息。上下游产业和产品的小生态串联构建；横向协同型产品生态；基于核心生存能力的内部产品生态管理；在生态圈垂直支链上做创新，打破产业链边界；面对消费和产品使用场景催生整个产业链的新生态。这些可以被统称为**生态圈企业五力模型**。

这是很多生态链上的中小企业一般管理和经营的内容，但在碳中和社会之中，小企业也有了基于自身和环境承载能力实现平衡发展的模式，在此基础上进行自我管理。**政府在环境和碳中和的社会责任领域，会将更多的治理执行流程让渡给生态圈企业。链主于是就有了进行全生态圈进行碳排放管理的责任，这是一系列标准和规则内嵌的机制。**规则都写在算法之中了，而政府的职能也将发生巨大的转变。这种转变，意味着裁判员和运动员的职能分离，打造更加有价值、有全局性和前瞻性的服务型政府和知识型政府。

企业越大，道德责任就越大，发展伦理和价值观就变得越发重要。政治、经济、社会和生态责任会一股脑儿添加到这些生态圈企业当中，生态圈企业在社会经济中的地位，已经超越了自己定义的作为一个"公司组织"的概念。实际上，腾讯这样的生态圈企业，已经是一个社会管理者；既是一个经济管理组织，也是一个社会管理组织。

生态圈企业的规模可能比很多主权国家的经济产值和社会影响力更大。事实上，在未来的生态圈经济之中，京东等企业确实已由原来的"链主"，变成了超级规模的"链长型企业"。

这就是链长制的未来。既是产业共同体的管理者，又是跨产业的产业路由器功能组织，协调生态圈中的各种资源，变成顺滑的金融支付流、生产流、仓储流通流和信息流。这些将改变经济的运行方式，让生态文明时代尽早到来。

当生态圈经济学成为经济学界一门显学的时候,企业财富观就会发生巨大的变化。这个变化笔者在前文之中已经描述过,这是一种自限性的经济发展模式,需要一种更加整体的视角。

在全球化的浪潮中,生态圈企业的链长制模式正逐步崛起,成为推动社会经济变革的重要力量。这一模式不仅深刻改变了企业家的角色定位,从单一经济资源的组织者转变为跨领域资源的整合者,更使部分企业如腾讯等,逐渐涉足并深刻影响社会管理领域,成为全球民族国家不可或缺的社会管理者之一。

从统一大市场的角度,市场从碎片式无序竞争发展到拥有有机结构的生态系统。这是一个漫长的自组织的演化进程。**以 AI 创业为代表的新一代创业者就像远古荒原上的猿人,谁能找到最佳的捕食对象,这些猿人群就会主动配合,形成多点机会,协同的效率比一般动物捕食效率要高很多。所以猿人注定要进化成为人类。**

在企业说生态圈之时,个别企业根本不知道自己的最佳效能体现在哪里,只有放在更大的产业链之中,才能够实现自己的最大价值。生态圈企业之中,必然会出现一种链主企业,刺破无序竞争这个层面。在数字智能化的基础之上,形成巨大的产业生态,产业生态的价值也决定了企业个体的价值。这是一种链接性的新财富形式,和传统入袋为安的财富形式完全不同。

在未来,中小企业会有一个清晰的认识,最大的财富不是在企业的账户里,而是在生态圈经济的数字链接的结构之中。生态链接才是真实的面向未来的财富机器。跨链竞争和跨链整合将来是任何一个企业管理者都要面对的问题。

关于生态圈链长型企业和新财富生态的认知

"生态财富"正在成为一种新的理念,"绿水青山就是金山银山"的本质就是一种人与人、人与自然财富观的重构。

我们需要探讨一个问题，就是生态圈链长企业的规模达到了"富可敌国"的现象。事实上，如果微软和苹果是一个独立国家的话，也是一个排名靠前的经济体了。看待这个事情的视角十分关键，需要消除大众对于财富的误解。这些链主企业聚集大量的社会财富，绝大多数都是社会经济再生产的公共资本，而不是企业高管们的私人消费资金。其名下的数字估值财富，更多是一种激励人干活的激励系统的一部分。社会依然需要企业家的创造性劳动，财富数字还是一种对于个人荣耀的肯定。某种程度上来说，这些财富和管理者个人消费没有多大的关系，只是说明了这个人能够整合多大的社会资源进行再生产。

著名经济学家熊彼特说："富人俱乐部就像一家旅馆，里面总是住满了客人，只是客人的名字总在变，有人离开，有人进来。"

这就是市场经济本来的样子，在社会治理结构之中，政府组织本身具备稳定性，大众生活具备稳定性需求，只有在企业层面，是方生方死的。生态圈企业也不例外，也将面临激烈的替代性竞争。竞争是市场经济的灵魂，企业家和富人无力守住巨大的财富，因此，财富就和流水一样，不会固定在一个企业之中。即使生态圈链主企业已经具备了巨大的规模，也会消亡。

碳中和社会的到来，成为一个自上而下的人类系统性目标。每一个生态圈经济之下的中小企业，不仅要做好自己企业内部的协同管理，提高分工效率，也需要接受链主企业的管理，执行链主制模式之下，这些参与链接构建企业生态圈的规则，碳中和必然会成为一种硬性的约束模式。

靠着链主的社会协同能力，在生态圈经济之中，通过智能化合约和自动执行的方式，来进行再分配。从生物学的一般规律来看，生命个体都会死亡，但是生态拥有自演化的多维度适应能力，因此生态不死。因此，企业运营本身，其实就是在生态圈之中不断迭代自己，形成生态上的优势物种。小企业其实也需要努力构建自己的小链主地位，就像人的血管一样，有些生态圈企业能够成为主导型血管，成为心脏肌肉的一部分，但大多数中小企业可以找到自己毛细血管的产业地位，在自己的垂直领域做到第一。工业的本质就是做产业细分链条的第一，这也是在生态文明发展的过程之中，小企业的主要出路。

我们还是要记住一句话：未来的财富不在企业里，而在产业细分链条构成的网络里。

2. 未来智能政府和生态圈经济的大融合

要解决可持续发展问题，就需要有效的经济管理政策来充分发挥其潜力。从全球范围来看，国家在制定产业政策时，常过分强调财富积累和科技赶超，忽视了产业发展基本规律，这对政策制定至关重要，关系到国家经济的健康水平。经济学家高连奎指出，产业政策主要有两种思路：一是通过外贸优势积累财富；二是发展高新技术以取得科技突破。但两者都有局限，可能导致经济陷入低端锁定或因缺乏配套而失败。因此，研究产业就需深入分析其城市背景。

城市是产业的摇篮、社会治理的基石，是技术创新和数字文明的发源地。数字技术正在改变城市生活和生产方式，重塑生产力和生产关系，进而构建一个全感知、全连接、全场景、全智能的智能政府，实现数字、物理和人类社会空间的深度融合，重构产业能力和城市价值体系，形成新的生态圈经济。智能政府转型推动数字经济、政府、文化、社会、生态文明的协同发展，成为生态 5.0 的关键和展示建设成效的重要窗口。智能政府与生态圈经济的融合将促进产业政策创新，确保经济管理政策有效，推动国家经济健康可持续发展。智能政府将实现高效资源分配和决策支持，促进产业多元化和升级，确保长期稳定增长。这种融合将为国家带来新的增长动力，推动社会全面进步。

数字上合：为治理体系和治理能力现代化插上腾飞的翅膀

胶州市大数据局局长尹成坤先生向我详尽地阐释了"数字上合"模式。在中央政府的领导下，胶州市正致力于在中国—上海合作组织地方经贸合作示范区的框架内，成为上合组织国家大数据合作创新的先行示范区。该市计划建立上合数字底座中心和云节点中心，目标是将示范区打造成为全国经贸合作的典范，并与各成员国以及"一带一路"合作伙伴共同探索发展策略。

借助大数据作为驱动力，胶州市构建了"数字党政，智治上合"的现代化治理架构。通过深化融合、统一标准和整合资源等策略，胶州市在数字治理领域取得了显著成果，有效促进了地方经贸合作与治理现代化的同步发展。

未来，社会发展问题无法简单地通过自由市场来解决。从2020年前后开始，各国政府都在致力于建立数字化战略，以推动超级智能社会的发展，并塑造具有强大竞争力的商业模式与产业生态。 政府必须专注于建立高效的科技架构、创新社会系统设计，并追求整体最优化。通过政企之间的合作，形成一个共生、自律、分散的体系，这也是"数字中国"战略的雏形。

位于山东青岛的凯能智能锅炉平台为我们提供了一个全新的社会化数据运营模式案例——通过锅炉连接仪表、管道等上下游资源，形成了一个创新的物联网体系，进行综合能源合同管理，实时调配能源运行，达到节能减排的效果。同时，以产业链的模式大规模输出，企业实现了非线性增长。目前，凯能智能锅炉平台不仅在中国运营，还在海外市场得到了广泛应用。董事长郭艳女士认为，构建一个能够统一操作多种服务的系统是实现各领域服务合作的理想方案。然而，鉴于现实中各服务专用系统已经普遍存在，并且整合成本较高，通过次级系统间的合作来实现自律分散型系统可能是一个更为现实可行的选择。**这种合作系统类似多种生物体的共生关系，可以称为"共生自律分散系统"。而这种系统之间的合作，必定需要地方政府的产业大脑来进行调配。**

从以上案例中，我们可以看出，政企之间合作构建"共生自律分散系统"，本质是探索一种新的产业领导方式，以应对全球变革和科技巨头的竞争。未来40年，我们将看到更多政府对气候变化进行干预的例子，而不是等待市场来承担领导作用。否则，我们可能会遭遇"公地悲剧"。这一概念由演化生物学家加雷特·哈丁于1968年提出，揭示了资源过度消耗和自利行为导致的负面效应。哈丁注意到，当人们在公共土地上放牧羊群时，会导致过度放牧和土地植被的破坏。这种悲剧在渔场、森林等资源中不断重演，表明在缺乏合作精神和追求个人利益的情况下，资源的枯竭和破坏似乎成为一种不可避免的结果，因此需要政府行动（例如税收）来解决问题。

为了顺利过渡到下一个高级文明阶段，人类必须从自然的角度审视自身存在的意义，并开展一场深入的讨论。尽管已有诸多文学作品探讨过这一议题，但尚未成为文明思想史上的重要里程碑。**在碳中和文明到来之前，我们需要"新老子""新孔子"这样的思想家，站在未来千年的高度，重新定义人与人、人与自然之间的内在联系。**在我们所处的时代，理应涌现众多伟大的思想家。然而，在经济学和社会学的领域中，充斥着太多的附和者和修补者。为了推动人类文明进入第二个轴心时代，时代呼唤着不拘一格的人才，因为文明正站在生存与毁灭的十字路口，迫切需要伟大思想家的引领。

讨论：文化决定论，人类道德具有不可发展性和自动化智能规则

经济的背后其实都是人性。"人性本善"和"人性本恶"的朴素讨论，在文明史上已经持续了几千年，到了今天还是跳不过去的底层问题。我们退出争论，换一个问题，从数千年之前开始争论，一直没有答案，说明了从某种程度上来说，这是个伪问题。但其背后，似乎隐藏着一个人类生物性的问题：人类的道德具有不可发展性。

在科幻小说《三体》和《混叠宇宙》中，都在底层讨论了这样的问题，科技发展了，人类的道德水平不见得会相应提高。2000年前的贵族豪门和现在的资本集团还是同一个道德水准。他们在今天还会主动推动灭绝人伦的战

争，以获得有限的自身利益。每次碰到资源危机，资本和权力集团的掠夺恶意就会被唤醒。人类因为自身存在的缺陷，无法走出自己潜意识存在的恶意世界。人类无法走出兵荒马乱和马尔萨斯陷阱的世界。

人类社会的制度设计者总是想寻找一种理想的制度体系来解决人类最大的问题。事实上，到今天为止，人类也没有找到完美的制度体系。国家结构也并不是理想结构，国家结构需要和一种另外的结构组合起来，形成一个二元制约相对理想的新结构。在本书之中，我们将生态圈经济和主权国家之间进行一个组合，认为数字智能技术的未来能够提供一个"文明的外智结构"。这个结构智能能够帮助大众代议制政府寻找到公正的"社会智能机器代理人"，管制不断突破边界的公司组织，通过将一切规则变成生态圈经济的制度基础。这样的构想来自邱伟的长篇科幻小说《混叠宇宙》。其中有一个"祖母计划"，这是一个占据光年级时空的超级网络生命体，拥有更多的幻想细节，谈及的内容就是人类对于理想社会制度的一种设定。在这样的设定之下，一种超凡的人格智能体隐藏在人类社会的幕后，按照人类总体母亲的视角实施社会治理。这一切普通人感受不到，却在背后技术世界里存在着。

现在在全球，区块链技术作为一种技术型制度构建体系，被私人资本用来做投机游戏，但技术思想家对于区块链技术还是寄予厚望，他们认为："区块链技术是22世纪的技术，只是偶然落入21世纪。"智能政府和生态圈经济中的"链长"在同样的一张数字智能网络之中，维护生态圈经济和个体的权利。

自动化智能规则和生态圈经济该如何定义？如果说人类工业数字化智能化是工业4.0，这样的历史进程在2035年实现的话，**那么在2050年，人类能够建立生态圈经济和自动化智能管理的社会，能够在更广泛的层面跳脱西方经济学的范畴，建立"政府—生态圈链长企业—公司组织—劳动者"的新治理网络。**事实上，带有无限循环和万物中和理念的工业革命，也许就是工业革命5.0。这不仅是技术革命，也是变革决心的体现。

回到微观世界，博厚医疗公司创始人阎红慧指出，鉴于亚洲地区人口老龄化的严峻形势，自动化智能技术与生态圈经济的发展应当被用来提高日常生活质量。老年人的自理生活能力受到多种因素的制约，包括中风、心脏疾病、跌倒导致的骨折等。这些往往与不健康的生活习惯或身体机能的衰退有关。老年人可以通过采取预防措施来应对这些挑战；同时，政府亦应致力于构建一个适宜老年人居住的"幸福百年"环境。生活中，家庭内部的意外事故已成为第六大死亡原因，每年因跌倒等意外导致的死亡人数居高不下。利用人工智能系统，可以实时监测老年人的摔倒或突发疾病情况，并迅速联系救护车服务，从而减少长期健康问题的风险，保障老年人的自理能力。这一微观世界的自动化智能应用，需要政府、企业以及整个生态系统的共同参与和努力。

我们在本章节谈及的其实是在碳中和社会之中，数字智能化社会对于人类社会两个最大组织结构的融合模式，以及二者之间的治理关系。**智能政府和生态圈经济的大融合，在推进碳中和文明的进程之中，找到了一种可靠的组织基础**。用大家能够懂得的话语，就是我们在碳中和文明和全面循环经济的生态文明的建设之中，找到了自觉的执行人。在笔者看来，从人类史的视角来看，奴隶主被封建领主取代，封建领主被资产阶级取代，资产阶级被新生态圈经济链主要部分取代，都是一种有组织的人推动的。

在碳中和与生态文明时代，我们需要引入新组织的力量，这些新组织代表了人类先进生产力的方向。

我们站在最大社会经济革命的边缘，但是绝大多数人却看不到。绝大部分参与碎片化竞争的企业，正在被生态圈经济卷入其中。智能政府在实施社会管理的过程之中，变得更加轻盈、目标集中和高效率。**智能政府管理"生态圈链主"，链主管理千千万万的公司**。这些千千万万的公司组织能够在碳中和规则和生态文明的规则之下开展商业活动，人类社会的经济形态将进入一个500年来的最大变革周期。

理论上，这些生态圈企业不是政府有意培养出来的，而是整个经济系统在新规则之下孵化出来的。**生态圈企业在某种程度上就是一种社会盖亚，人类集体智慧和共识的人工智能的诞生，会将人人关系、人与自然的关系统一思考，变成底层规则。**

正如苹果公司提出的2030碳中和目标，那么在产业生态圈之中所有的供应商和零售商都需要实现碳中和，这其实就是我们看得见的未来。

3. 未来经济动力系统的三重叠加：供给侧、需求侧、循环侧

碳中和社会的主要战略方向是为了应对环境危机，人类主动放弃碳能源技术系统，人类使用碳元素的方式，需要发生根本性的变革。碳元素是一种工业原料而不再是一种能源物质。更多的碳元素存量作为一种财富形式，留给人类子孙。

人类经济系统需要重构，我们需要重新构建经济学的底盘。在经济学领域有一句说法，只要一个人不断地念着"供给与需求"，就能够成为半个经济学家了。但碳中和社会的大目标定了，不仅会改变我们的经济，也会改变经济学本身。

"循环侧改革"是本书的书眼词语，也是带有未来学性质的一个词语。笔者希望这样的词语能够成为世界级的顶级概念。在顶级概念之下，人们能够改变发展观，从"有限经济模式"投身到"无限经济模式"的未来发展进程之中去。

尽管在翻看文献的时候，已经有许多学者阐述了"循环经济"的各种学说，但在当下的经济架构之中，循环经济概念没有能够被市场人理解。在市场实践过程之中，事实上还处于边缘地位。**科技精英和顶级创业者忽视了循环经济带来的巨大经济价值和社会价值。**以至于一般公众在观察循环经济的时候，会想到社会的边缘人士在无奈之下，做出贴补家用的旧物收集方式。但

循环经济在中国已经是数万亿的产业，已经拥有足够的战略发展空间。一切新事物都会萌芽，经历过程，从边缘变成中心。

循环经济发展总体环境不理想，原因当然很简单。在财富计量体系之中，循环经济在观念层面上被轻视了，按照旧的增长和扩张理论，如果封存一处矿场，就会影响一个地域的经济产值，影响为此建立的庞大的运输体系和分销体系。一荣俱荣的旧产业系统，面对变革是一件痛苦的事情。从人类历史上来看，伟大的变革时代，往往也是社会个体面临痛苦的时代。一项顶级战略，需要思考中小企业和个体对于痛苦的承受能力，并且在发展循环经济之中，帮助人们找到新的就业之路。

循环经济在全球大经济体之中，都是一种附属经济形态。"循环侧改革"这个概念需要进行扩张，让这个经济形态从供给侧经济之中独立出来，成为市场经济的独立门户的大系统。在概念层级上不再具备从属性，而和"供给和需求"一样，成为提供可持续发展的三个基础要素。在三要素的基础思维之下，经济学的一切系统都需要进行重新界定和思考，以一种"宇宙飞船空间里的物质系统循环"来建立新的经济系统。经济最终会脱离"扩张迷思"，进入"世代飞船思维"。财富体系在"循环侧改革"战略之下，需要进行重新计算。整体框架图示如下：

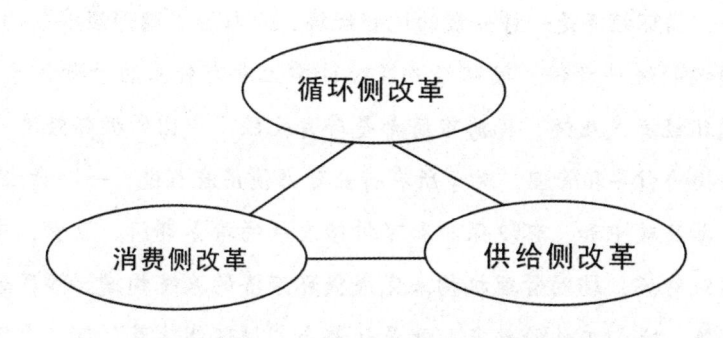

图3-1　建立供给、需求和循环为核心的新财富计算体系

"循环侧改革"的理念根植于"万物中和"的哲学，旨在构建一个涵盖当前及未来社会战略资源的清单。为了维持现代社会的运转和完整的工业产业

链，成千上万种资源的持续循环利用体系变得至关重要。因此，从国家战略、政策制定、金融与产业政策、生态圈企业以及中小企业等各个层面，都需要建立一个庞大的循环工业系统。每一个战略物资的循环再生过程，都构成了一个独立的技术微生态系统。构建数千种不同的循环技术生态，是一项庞大而复杂的工业技术工程。人类正从"采矿冶炼污染"的粗放式发展模式，逐步转向以"绿色循环再生"为核心理念的庞大工业体系。

我们还是轻视了"碳中和社会"带来的全局性社会影响。事实上，一旦碳中和发展框架进入中期阶段，"万物中和"的发展模式一定会被提出来。而且进入工业国家的发展进程，中国作为人均资源匮乏型的庞大经济体，率先推进"循环侧改革"，在可以预计的将来，为几亿人提供就业机会，这不仅仅是稳经济的未来，也是稳社会的未来。

为了让读者理解"循环侧改革"的必要性，在此，笔者概述一下中国循环经济的状况。

中国循环经济的碎片化市场需要形成庞大生态

从绝对值来看，中国的循环经济产值已经超越了 2 万亿人民币的规模，这是中国工程院院士徐匡迪在一次公共演讲过程之中提供的数据。由于统计口径的不同，**循环经济是一种分散的过程经济，是社会"隐形经济"的一部分**，很难有精确的统计数据。循环经济在统计学上没有独立的计量体系，因此，**中国的循环经济产业链，目前市场都是碎片化的**。中国的循环经济，需要一个统一机构的引导和管理，对于所有行业资源使用流程进行一个独立的统计，这是一个涉及碳中和、环境保护和可持续发展的跨界部门。至少，中国需要若干个顶级智库，辅助管理机构来完成循环经济的系统构建。涉及金融和若干产业政策。我们工作的起点，就是让整个"循环侧改革"有一个可以计量的起点。

小约翰·柯布在若干次对中国的访问当中，**每一次都建议中国的大学开设循环经济技术工程课程和培养生态文明人才**。在深入研究他的思想体系之后，笔者理解他的用意，他确实是希望人类生态文明能够在中国成为一种发展范式。一开始，还是从组织体系和人才体系入手，有一群锐意进取的生态文明领导者来解决具体问题。所以，在高校课程中，我们需深入研究各产业的工业技术流程，并在这些流程中探寻衍生物的循环再利用潜力。关键在于，每一个或几个主要原材料的回收，其系统技术能否实现跨产业链的连接，构建一个协调一致的工业生态系统。资源循环不仅需一系列原创研发，还需要中国人设计并制造出大量的"工作母机"。众多工程师从源头出发，设计出符合各自产业特点的资源循环生产线。通过不同产业间能量利用的协同效应，经过无数次细节上的迭代改进，那些制造机器并操作它们的人，才能全面掌握产业链上的知识，进而形成一个完整的人类"万物中和"的生态圈经济链条。在中国，我们不仅拥有完整的现代工业体系，成为全球产业链的重要一环，还能够构建一个更为强大的"万物中和"工业系统，减少对新生产原材料的依赖。在这样一个循环再生的体系中，我们能够建立起生态文明。

循环经济是高科技工业门类，循环经济在地理上的布局需要进行完整的规划和产业协调。政府部门和生态圈链主企业需要成为产业赋能中心，需要科学的财税体制来激励企业主动解决问题。本书的主题是生态圈经济，生态圈是一个由无数物种形成的高效能量运行体系，这是一种高起点的节约型经济。在回收生产线上，依然需要智能机器人来完成原材料的精细化分类。同时，需要科学设计，不能造成二次环境污染，使用绿色能源系统构建绿色循环经济，这是巨大的系统性技术挑战。

举例说明，再生纸产业是典型的市场调节的循环经济产业，但这个产业当中需要一种更加科学和节约化的技术系统。我国年废纸回收量达到6000万吨，相对于一年1.2亿吨的新纸年产量，在工业国家当中属于废纸回收率较低的国家，但回收率达到了50%。这已经是一个高循环率的产业了。

但再生纸产业仍然存在大量的落后技术产能，很多中小企业将收集来的纸张，经过泡浆，加工成为纸板和卫生纸等低档产品。根据纤维性质的不同，废纸需要经过精细化挑拣回收，可以经过若干次循环使用。简单加工工艺一次使用就毁灭了原料，没有发挥废纸的资源价值，并且带来严重的二次污染。在再生纸循环的过程之中，目前缺少生态圈链主的引领。这些回收再生企业，只是利用新纸浆和再生纸浆的价格差生产产品，并没有秉持循环经济理念，在整个产业链上并没有遵循"零排放"理念。对一个产业而言，这就是现状。

很多全球知名的纸浆企业已经建立生产体系之外的"碳汇体系"。这些企业会在资源地进行大量植树造林，将造林生长原材料和造纸一体化，构成"林浆纸"一体化系统。从某种程度上来说，这解决了部分碳中和的问题。

在纸浆企业运营的过程之中，我们能够分辨碳中和问题和循环经济的区别。事实上，这些企业在解决了碳中和问题的同时，并没有解决环境污染的问题。环境治理是综合体系，并非碳中和一个环境指标。碳中和和生态文明是两个不同的战略发展目标，碳中和是人类应对地球变暖的应急战略，而生态文明带来的循环经济其实包含了更多的人类对于可持续发展模式的要求。事实上，按照循环经济的要求，我们需要的是一个零排放和没有环境污染的再生纸循环系统。

这里就有一个管理事实，在一个产业当中，如果没有行业中的生态圈链主企业来进行产业生态协同，政府在监管的过程之中也十分吃力；没有被数字智能化生态囊括进来的一个碎片式工业产能，也缺少遵守生态圈经济规则的内在动力。

因此，这也验证了我们在前文之中的一些论断，数字智能化平台和生态圈链主企业是政府监管实现战略目标的最佳伙伴。

这样的具体案例分析，也让我们认识到，做大做强生态圈链主企业，其实是一个产业熵减的进程。生态圈链主企业知道如何让整个生态逐步演化，接受更多的创新涌现，这也是产业链金融健康发展的基础架构。

笔者从不同的统计口径得到的数据，中国整个循环经济的规模，大约在2万亿~4万亿之间。从整个GDP来看，整个循环经济仅占到当年产值的2%~3%。如此小的比例，在账面上很容易会被忽视。因此，这是一个经济战略爆发点，人类经济领域的本质，就是解决最大的问题。解决它，就会产生最大的商业机会，过去如此，未来也会如此。

"循环侧改革"在系统上改变了资产概念，消费、出口和投资是驱动经济发展的"三驾马车"。近年来，无论是中国还是其他经济体，比如日本，在投资拉动经济增长的过程之中，都出现边际效应递减的共同问题。已故的安倍晋三的"安倍经济学"，没有让经济变得更好，而是让经济变得更糟。

事实上，国家之间的竞赛方式以及霸权的存在，影响了人类新共识的达成。基于需求的供给侧经济也受到了非常大的制约，一流的好产品失去需求，也将失去继续向前的动力。也就是说，找到经济新动能，跳出 GDP 算法，重构资本和资产认证体系，旧模型很难找到经济增长点。

"循环侧改革"领域拥有巨大的机会，并且成为最大的未来趋势。本书的框架是三个："供给侧改革—消费侧改革—循环侧改革"形成一个完整的生态圈经济。人类从不断增加流量的"**大河经济**"转型到"**借助太阳能系统实现流量和循环净化的大湖经济**"。

循环经济将超量的污染废物变成了可以囤积的资源，这就是资源池，形成国家和企业的战略储备，这些都是可以进行金融运作的实物资产。人类做大"大湖经济"，可能需要投入百万亿美元，这是一个巨大的新资产池。**未来经济需要面对"锂佩克"类似的问题，面对上千种不同的稀缺资源，需要提前布局，减少经济的波动性。经济管理者在进行增量规划的时候，会减少不确定性。**

像中国这样的国家，一旦建立了主要战略资源的循环经济模式，经济发展进程就有了一定的超脱性。没有战略利益冲突，备战体系权重就会下降。在理论上，可以将更多的资源运用于探索人类生态文明更宏大的领域。循环经济推动的万物中和的工程实践能力，延长人类有限稀缺资源的使用寿命，或者无限循环实现资源的永久重复使用，并逐步让"北京共识"清晰起来。

碳中和只是人类走向循环经济的第一个生态文明里程碑。借助这个危机，让人类经济实现整体转型，需要世界级的领导能力。循环侧改革意味着每一家企业都能够找到自己的价值扩张的方式。

那么，我们谈及"循环侧改革"，不仅有利于中国经济发展矛盾的解决，也能够成为全球经济发展的典范，这决定了中国在生态文明面前使用技术的独特方式。阉割了"西方暴力经济学"中的暴力部分，最终成为人类第五次生态革命的引领者。

在当下，政府对于"循环侧改革"也有自己的内生动力。数字智能化社会对于普通劳动者并不友好，机器人正在大规模替代劳动者，这是可预见的将来。那么超量的丧失工作机会的人怎么办？在前文之中，笔者阐述过，循环侧改革可以对冲机器人自动化智能化带来的结构性失业。因此，防止这样的事情普遍发生，"循环侧改革"对于社会稳定和谐极其重要。

循环侧改革和全球主权国家政府的职能转变

"循环侧改革"让全球主权国家的政府找到了服务社会的主要机制，重新审视政府的社会环境和自然环境公平协调者的主导角色。为全球数字智能化生态跨越主权边境之后，找到政府组织更好地服务社会的方式。如何在无国界的充满不确定性的新世界里，保护普通人的生活稳定性，这是全球主权国家政府的难题。

在过去几十年里，全世界都在争议"大政府"和"小政府"的问题。在本质上，人们在讨论的问题，就是主权国家政府的功能已经落后于社会的发展，提供不了自己的战略治理的价值。不少发展中国家，已经失去了治理能力，被动接受霸权国家的"长臂管辖"，本地经济失去了独立发展的能力，找不到民众的幸福之路。

在20世纪90年代，威廉·莫格和詹姆斯·戴维森研究了主权国家在数字智能化社会充分发展之后，国家治理权力弱化的前景。他们认为，在数字智能化社会深入之后，主权国家的政府已经失去了管理社会的主要功能，变成了一个自肥型的组织形态。在今天看来，这是具有一定先锋性但批判过度的一整套观念体系，但对于最近20年的社会经济产生了深刻的影响，"去中心化"思想正在影响着社会架构的运行。

事实上，当我们从碳中和社会和循环经济的内在驱动力视角看待问题的时候，主权国家的生态治理责任在变大，直接参与经济扩张的责任在变小。主权国家政府需要抓住社会运行过程之中的最大问题，重新定位政府的价值和作用。显然，碳中和和生态文明，就是未来主权国家政府的主要责任，而领导一场更大的社会经济革命，更是政府的内在担当之路。

社会经济是一个复杂系统，生态圈经济更是一个超复杂系统。复杂系统具有不稳定性和不确定性的特征，因此，**生态圈链主企业往往是一个基于软件和算法的智慧型组织，能够在复杂变化中，借助数字化智能化网络，有一种"以万变应万变"的系统能力。**

数以万亿数量级的新能源账单，这种从十亿级去中心化新能源生产者手里采购电力，然后分发给用户，都是细碎微小的转账支付模式。基于太阳能和风能的实时转移支付，可能某一个地区这一天是下雨天，或者局部阴晴不定，这个地区就变成了新能源的采购者而不是输出者；而其他地域阳光和风力充沛，就成为实时的输出者。如此大规模的社会协同，就是"循环侧改革"需要工程技术系统攻关和创新的领域。而善于执行这样复杂系统任务的组织，并非政府组织，而是生态圈链主企业，进行整体的实时经济资源的调配。这是一个"天人合一"的技术生态系统，人类的发展观和理想就放置在一个完整的技术系统里了。

"循环侧改革"和超大规模就业

知名互联网思想家吴军对于人工智能的中景和远景，做出过一个论断："未来社会不是80/20的问题，而是98/2的问题，未来进取者的出路，努力成为2%的人。"少数人能够成为人工智能架构的设计者和操控者，大部分人的未来，稳定就业的前景会受到影响。

在实践之中，人工智能的发展，和"科技民主化的理想"鼓而呼者的预测其实背道而驰了。科技发展并不总是对某一个个体有利，毕竟，绝大多数的个体，并不接受科技震荡带来的不稳定生活。

维持社会稳定和就业是全球问题，如果大量的普通劳动者被人工智能取代，那么一定会带来巨大的社会问题。社会架构设计需要设计巨大的缓冲区，创造超大规模的就业机会，来对冲人工智能带来的系统性社会风险。

中国已经对此有了政策层面的思考，主要的思路也是大力发展"生态圈链主型企业"，同时促进"创业型企业"，创立更多的企业，促进更多就业。这些如美团一样的互联网平台企业，虽然在组织架构上，只是一个简单的移动互联网应用型企业，但能够驱动几十万普通人实现就业。而对于促进普通人就业的企业，就是对于社会系统友好的企业。理论上，这些企业就是在工业生产自动化之后，提供了社会稳定价值的稳定器。

"循环侧改革"具备极大的社会稳定器价值，万物中和的难点在于资源散落在社会的每一个角落。回收系统将是一个庞大的社会工程，涉及每一个人的生活。我们今天的"垃圾分类"只是庞大社会工程的前序曲，一切并未开始，或者刚刚开始。

每一种或者几种物资的回收都可能涉及一个完整的循环回收链条，纸张再生有纸张再生的生态圈企业，钢铁回收有完整的生态圈企业。稀缺元素，比如，锂和稀土元素的使用，在生产端就会嵌入物联网。这些多材料伴生的物质需要在系统再生的过程之中，进行科学的工艺设计，实现多资源的再生。无数的循环型工业会形成无数的中间衍生物，这些又能够成为下一个循环工业企业的原料。这种超大生态圈系统的建设，是逐步演化而来的，仅仅在循环经济之中建立"工业互联网"和线下端对端的系统，就是一个庞大的社会基础工程。

如果真的按照深度智能社会"98/2失业模型"，那么从逻辑上来讲，工业制造业经济将脱离劳动密集型企业的范畴。循环经济领域，将散落的物质资源重新聚集起来，需要永恒耗费巨大的人力物力。循环系统数字化智能化之后，中国将有无数的循环资源工厂，形成全球完整循环工业产业链，绿色技术系统将是中国"无尽的前沿"。

中国的未来，将主要的劳动力市场投入"循环侧改革"。在"循环侧改革"中，将建立"双链和双圈文明"，成为人类历史上第一个实现"资源供给和循环"中和的文明，并且完成文明的跃迁。循环侧的全产业链将能够提供一个增量的经济世界。

美国社会思想家詹姆斯·卡斯在其著作《有限与无限的游戏》中，提出了"有限游戏"和"无限游戏"的概念。**有限游戏基于规则和赛场，存在赢家，输赢分晓之后，游戏就结束了；无限游戏则是让游戏本身无限延续下去。在游戏中没有赢家，也没有输家，只有无限延续下去。**人类社会的经济需要进行无限游戏模式，中国经济不是要成为短暂的赢家，而是在无限的未来，为人类找到可持续的发展之路。

人类的经济发展模式一旦进入循环经济，并且维持采取系统行动的时候，也就意味着人类找到了永恒之路。我们对于 GDP 第一的算法可以进行保留，争第一就是一场有限游戏，它会限制人们的视野，让我们将自己的注意力用于紧盯着对手，而忘记了更加深远的未来之路，这不足取。

伟大女性蕾切尔·卡逊在其著作《寂静的春天》之中，表达了人类的杀虫剂对于环境和鸟类的危害，认识到人类的活动正在残害万物以及自己的未来。这部著作成为人类全球性环保思潮的起点，她也被誉为"人类的环保之母"。这是巨大的荣誉，**环境保护的观念一旦被提出，一直到人类文明的尽头，都会伴随人类的未来所有的历史进程，这就是无限游戏的价值。**

第一个在"循环侧改革"中成为历史中的标志性领军者，也将在人类史上名垂青史。他的理念和行动，将贯穿接下来的人类历史，也是另外一场无限游戏的开始。

"安居乐业"是永恒的人类理想，循环侧改革寻找到一个经济确定性的世界，将不确定的经济世界留给企业家，让他们继续创新，并且进行创造性破坏。这是一种对于经济的新探索。循环侧经济可以创造一个"超大体制"。所有的从业者可以被认为是"吃地球饭和国家饭"的人。这是一项永恒的事业，这是维护地球物种多样性的事业，一旦开始，就没有结束。

里夫金在一次演讲之中说："自然界没有所谓的增长，只有繁盛。自然界没有所谓的生产力，只有再生性。自然生态系统的力量来自其多样性，使其面临气候等事件更有韧性；多样性不够的话，就无法针对变化做出调整。"

人类生命是一个过程，想要一个诗意的栖居，人就应该自觉处理好人与万物的关系，"循环侧改革"就是为"万世开太平"的系统努力。

4. 未来增长新模式：循环就是增长，循环就是就业

当经济学领域想方设法进入一种数量游戏的时候，事实上也就催生了偏狭的"数量经济学"。请用数字说话，在某一些层面上是正确的，但放在"生态圈经济"的层面，就不一定正确了。笔者可以先通过一些问题的设定，来解释强势话语之下，人们对于经济发展观的曲解。

循环经济到底是一种消费升级，还是一种消费降级

为"产品使用价值周期"而制造，并没有成为商业界的一般理念。"用完即弃"的产品思维，在物质资源领域已经带来巨大的浪费和环境灾难。

今天，中国国家战略之中，已经提出了"实现经济高质量发展"的要求。很多人将其理解为高新技术经济，事实上，高新技术经济确实是中国经济的重要组成部分，这只是中国经济发展大系统中的一个方向。在更大的经济基本面上，我们需要脱离"不断加倍生产"的旧思维，将一般性产品制造业也通过生产设计者和用户的共同努力，让其成为"高质量产品"，优化产品的生命周期。这种新经济模式，也是高质量经济发展的主要方式。所谓的"快速消费品"市场，需要一种整体性的观念反思。

基于高质量产品的全周期发展模式来设计企业的发展模式，需要得到鼓励，不要毁坏制成品，应该成为一种共识。这就回到了一种新的经济形态，计算产品使用价值，并且将产品整个循环使用过程经过折算，计入新的GDP算法。我们如果从这个视角出发，就会发现，那些粗制滥造的工业企业事实上是在滥用社会资源。**即使一个普通产品的生产企业，也需要经过循环经济工业设计师的设计理念导入，提高产品和材料的耐用性，局部可迭代性，增加可修复性，增加产品全寿命周期的重复利用性；在材料的选择上，需要思考产品生命周期结束之后，材料的可再生性和循环可利用性。这种节约型经济生产方式，可以通过某种方式实现财税补贴，将粗放型企业的利润转移到循环经济流程之中。**

在传统的经济管理流程里，这样的经济运行方式，当然是无法实现的。但在数字化和智能化经济之中，一物一码的物联网系统能够将新的循环经济产业政策执行下去。在前文中，我们写到，在能源互联网的生态系统之中，天空一片乌云飘过的时候，系统就能够做出相应的调整。人类在循环经济发展进程之中，使用绿色能源导入巨大的算力，能够维系一个智慧系统的运行。

很多高质量产品在长期使用过程中，使用价值并不衰减，产品和材料不是被快速消费掉，变成垃圾和污染，而是将一种使用价值不断传递下去。这种传递过程的数字化过程，被记录下来，形成新循环经济折算体系，**形成一个高质量、低折旧的经济形态。**

所以，回到我们一开始提出的问题，**消费侧的循环经济到底是一种消费升级，还是一种消费降级？我们真正需要的经济是放弃旧的发展方式，在数量经济和高质量经济之间保持一个平衡，使用几分之一的原材料和几分之一的能源系统，就能够保持社会总使用价值不衰减。这就是绿色消费和高质量消费的要义。**

在前文中，笔者提到，如果按照旧的GDP折算模式，在账面上不好看。因此基于使用价值流通折换为货币的方式，依然能够保持名义GDP的继续增长，符合人们对于数量经济学的一般惯性理解。但是"换药不换汤"的新算

83

法，能够将经济体引导到实现碳中和、建设好生态文明，同时获得美好生活的价值追求。

"重新定义价值" 需要我们在经济活动之中，秉持一种 **"循环就是增长"** 的理念。放弃 **"快速生产—快速消费"** 的发展模型，而是建立 **"长寿命高质量品牌产品生产—维持高使用价值周期的产品消费—产品在使用不衰减的状态之下进行多次扭转—进行循环经济变成高质量原材料"** 的经济发展体系。一旦建立这样的经济发展体系，每一个环节都能够促进新的就业，让制成品使用价值最大化。人类在此基础上就重构了人与自然的关系。

在一定程度上，**基于"循环就是增长"的理念，可以改变人类整个生产文化和制造文化**。这本身就是从工业革命以来，很少有人涉足的领域。随着人文经济学逐步渗透到数量经济学之中，工业文化本身就需要改造。新制造业文化的内涵，需要 **"重新定义产品制造的价值观"**。

"真正的价值应取决于有限资源产生的使用价值和持续的时间，而不是它们所带来的产品和商业的数量，制造业一旦进行产品全寿命周期的系统构建，人类就能够找到工业文明的出路。" 这就是新工业文化和生态文明时代工业生产的核心理念。

"循环就是就业" 这样的理念，则需要重新定义生产关系。产品价值和生态价值需要放在一起思考，用 **"单一的效能思维"** 来看待劳动者，这是对于劳动者精神世界的漠视。工业经济和精细化分工正在让人失去对于生态圈经济这样整体论述的视角。因碳中和社会引发的 **"循环经济"** 则通过产生巨大的就业机会，**重构人类"生态圈经济、循环经济—劳动者—生产关系—劳动工具"链条**。

著名结构经济学理论创始人林毅夫在一次媒体访谈中说："（随着中国成为世界经济中心的历史进程继续展开），**中国的现象自然就是最重要的现象，能够解释中国现象的理论自然也是最重要的理论**。在这个过程中，中国必然会产生一批世界级的经济学家，我相信到时候中国的经济学研究会引领全球经济学的理论新思潮。"

同时，他也认为："未来中国经济增长最重要的驱动因素来自后来者和'换道超车'两种优势。"

人类发展的动力主要来自创新，系统性创新带来的结构改变才孕育着最大的经济机会。中国在"循环侧改革"进程中进行的经济基础结构创新行为，可以让中国经济，以及大多数的普通劳动者找到可持续的就业之路。

一旦新结构确定了，中国著名经济学家张维迎强调的"企业家自由创造精神"就能够在生态圈经济中，去自由创造，去创造超越规划者的"出人意料的更高级的经济形式"。

"循环就是就业"需要重新定义普通劳动者的生态价值

"循环就是增长"的理念，现在只能停留在小众经济学的领域。一个社会共识的形成，需要漫长的时间过程，但结构性失业却是可预见的未来。人工智能进步的速度几乎是指数式的，这是数字世界里的规律。大规模失业可能比政治家和未来学者预计得更早到来。

在生态圈经济学之中，劳动者有两个价值体系：一个是经济产品和经济服务的价值构成，这是一般的商业利润，经济学上很容易理解；还有一个价值体系，计算劳动者在循环经济的劳动过程之中，创造的生态价值，这是生态经济学的新领域。

现在的碳交易所在企业碳排放进程之中已经做了一些"碳排放交易"，这是一种对于生态价值和生产价值的双重确认。但这只是一个雏形，还没有形成数字智能化和生态圈链主企业共同构成的碳中和循环经济个人普惠系统，不仅能够实现企业和企业之间的碳交易和循环经济的交易支付，还能够精确到劳动者个人。一个人在循环经济之中产生的价值，照样能够得到自动化智能网络的实时支付，形成一个全社会的 DAO 组织结构。

在 20 世纪 70 年代中期，欧洲学者瓦尔特·施塔尔（Walter R. Stahel）和吉纳维芙·里德（Genevieve Reday）共同撰写了一份报告，题目叫《巧用人力代替能源过多耗费》。在这份报告之中，两位生态研究学者谈及"人类世"的问题。人类世对于地球长期生态平衡造成了巨大的破坏，并且认为人类已经到了大量使用自然资源的文明末期。**基于资源被利用数量和被购买数量这种裁剪过的"局域经济学"，不能够解决人类可持续发展的问题。**事实上，在那个时代，二位研究者只能提出"产品耐用复用制造"的理念，通过减少消耗来构建可持续的经济。

在当下的中国，信息社会和人工智能已经走出去很远。在构建"循环侧变革"的过程中，中国已经有了充分的市场实践。如果说，美团、饿了么这样的移动互联网企业已经实现了点对点的产品投递服务，那么在循环经济当中，参与的每一个个体劳动者也能够进行各种工业和消费资源的投送服务。这是笔者能够预见到的最大的未来社会的经济活动图景。

生态价值的计算是一个复杂系统，但在今天数字化智能化社会的加持之下，已经能够看到技术系统实现的曙光了。正如百度的植物分辨人工智能系统一样，人只要用手机为植物拍照就能够分辨出植物的种属。这样的技术终端，同样可以用于循环经济或资源再生生态之中，估值系统会实时帮助劳动者完成精细分类工作。

我们还是回到基础的物理熵系统来思考循环经济的运作体系。产品从工厂出来之后，散落到社会经济的各个角落。这是一个熵增的过程，需要极其庞大的收集服务，才能够将散落的产品重新归类进入循环工业链条。这是一个巨量分散型劳动过程。

循环侧经济的巨大价值创造能力，一方面在于实现了"万物中和"，为社会提供了可持续的内在动力；另一方面，大量 24 小时不停的机器人自动化工厂正在大量制造高质量的产品。工厂是产业资本集中的地方，也是耗能和耗费物质资源的核心环节。其转移出来的"机器人剩余价值"，能够在循环经济进行，对于分散在城市和乡村的循环经济劳动者提供报酬。这就是基于循环侧改革的第三、四次分配问题。

未来社会应该有这样的一个场景：一个已经退休，和企业组织已经失去紧密关系，但还从事废旧物资回收的老人，应该值得尊重，因为我们已经理解了未来经济的基本运营方式，知道最大的就业场景来源于哪里了。

那么，这样大的理念如何贯彻下去呢？还是按照生态圈经济的理念，在一些耗能高、对环境影响巨大的行业进行整合，依靠各自生态圈企业形成自己的循环生态，这些生态是建立在巨大的技术和工业设计的基础之上。**比如，建筑业，城市巨大的钢筋混凝土垃圾 90% 要变成新建筑的材料。仅仅在一个建筑行业，其循环经济产生的价值就是天文数字。**

相对于生态圈经济，"局域经济学"只会统计资源被利用和产品被购买的数字。这在统计学上很简单，这个简单的发展观，需要用更全面的计量方式实现，将完整的统计，变成数亿万亿次细碎的统计，将应用数据融合计算出来。

德国伍佰塔尔生态研究院创始人冯·魏斯扎克（Von Weizsäcker）曾经说："失业的将会以千瓦和吨来计算，而不是用人数来计算。"我们站在循环经济的立场，在他的基础上，重新组织一下语言，得出一个结论：**在循环经济当中，新就业的循环经济劳动者的再就业将以千瓦和吨来计算，通过生态圈智能化网络将巨大的循环经济财富分配出去，这就是一种循环经济的未来场景。**

5. 未来分配新模式：用循环经济解决第三次和第四次分配问题

我们的"双碳"战略已经成为国家的战略目标，已经成为未来社会经济的必然趋势。在碳中和战略实施过程之中，到 2050 年，中国将为这个目标的实现提供数百万亿的资金。中国的战略并不会止于碳中和战略，在碳中和战略基础上，建立全局性的生态文明才是最大的趋势。

从这个大局来看 21 世纪 30 年代的中美竞争，发现这不是最大的事情，只是短暂的概念纠结而已。中国经济不会陷入中美竞争的有限游戏，这个时代最大的事情，就是中国走向生态文明。而生态文明的两个战略落脚点：一个是碳中和社会；一个是"万物中和的循环经济"。并且在这个基础上重新组织全社会资源，建立一个可持续发展的绿色生态圈经济。如果从未来百年回头看，中国人正在这里，引领了一场如何使用技术的技术革命。

在中国，甚至全世界的企业，都可以在这次社会经济"换道超车"的过程之中，去找到属于自己在生态圈经济中的**主链、侧链或者支链机会**，或者叫**缝隙型机会**。

在任何一个循环经济领域，运用新算法和人工智能，都能够建立一个新的企业组织。这样的企业组织不同于现在的公司组织，而是建立在"国家政策算法—生态圈企业算法"这个"黑海生态战略"的基础上。

上文所提及的黑海生态战略，实为作者所用之比喻，其底层海水盐分浓度高，富含硫化物，构成了一种纯净的环境；而上层海水则生机勃勃，万物繁衍。在智能政府与生态圈链主企业共同参与社会治理的过程中，这一治理模式得到了遵循。政府融合民众意愿，制定透明规则。这些规则深植于生态圈链主企业的基础算法之中，确保社会的自动化与智能化运行。

以紫菜云为代表的循环经济生态，标志着这一转型的开端。过去，我们或许未能充分认识到存量经济的价值。当前，全球经济正经历从存量经济向无限循环消费经济的转变。企业越发重视产品全生命周期的价值，通过智能化服务与物联网技术提升产品价值。更为重要的是，紫菜云所引领的循环经济生态，还揭示了消费侧的一种新趋势——社会财富的一种新型分流方式。

法国经济学家托马斯·皮凯蒂研究了市场经济200年的历史，从资本与劳动两个维度探讨分配问题。然而，在数百页的著作中，他未能找到解决市场经济分配问题的答案。即便实施普惠福利政策，资本积累的速度依旧超过劳动价值的提升。因此，他最终寄望于全球统一的财税体系，以限制资本逃避税收的行为。资本的活跃性与社会的公平性，长期来看，总是会引发问题。

当前，中国正处于"两个一百年"奋斗目标的历史交汇点，"共同富裕"正全面推进。2021年8月17日，中央财经工作会议专门研究了促进共同富裕的策略，强调了"先富带动后富、帮助后富"，并提出建立初次分配、再分配、第三次分配协调配套的制度体系。鼓励高收入人群和企业更多地回报社会，形成中间大、两头小的橄榄形分配结构。归根结底，计划经济已不适应时代，自由市场经济亦存在诸多问题。传统经济学已无法完全解释当前的经济现象，中国必须探索出一条新的发展道路。因此，"先富"向"共富"的国策再次得到强调。税收、转移支付等再分配手段，以及以慈善捐赠为主的第三次分配，实际上是在现有财产上进行再分配，是共同富裕道路上的一个节点，应当还有更广阔的延展空间。因为社会主义的共同富裕并非依靠"等待、依赖、索取"来实现，关键在于劳动创造幸福。无论是个人的幸福还是社会的发展，都必须依靠劳动来实现。因此，实现共同富裕的主战场在于第四次分配。

为了实现第四次分配，**核心在于国家担任指导者的角色，而企业则需成为主要的执行者**。鉴于企业是推动社会发展的核心动力，它通过市场细分、竞争和创新的持续过程，能够引入新产品、创造就业机会以及引领新的生活方式，从而在根本上促进社会的前进。传统上，企业主要在以效率和竞争为核心的市场体系中运作，将市场竞争可能产生的负面效应转嫁给国家处理，而自身则很少承担起社会责任。然而，第四次分配的提出要求我们改变这一模式。企业不再仅仅追求效率和利润的最大化，而是转向基于社会原则的可持续价值创造，成为具有社会责任感的企业。这同样是企业随着时代演进而必须经历的转型。

基于道义精神的第三次分配和基于循环经济与生态价值的第四次分配

我们正处于急速变迁的时代，"黑天鹅"和"灰犀牛"事件频发的时代，新技术带来的创造性破坏如一粒沙尘。但是落到一个普通劳动者的头上，恰如一座大山。从蒸汽机革命开始，技术就在摧毁旧的工作机会，诞生新的工作机会。那些从旧产业中淘汰下来的人，其实已经湮没在历史里，大部分并没有适应新环境、找到新工作的机会。

在人工智能引领的技术革命面前，我们需要知道技术从来不会局限于技术本身。技术在市场之中应用的时候，具备强烈的社会学属性。**技术应用的背后代表了一群人生活的变迁，技术革命带来的颠覆性改变，往往需要一代人来慢慢消化，而对于被替代的一代人，代价大于利益。**

对于供给侧经济，财税政策和福利社会从来都是一把双刃剑。对繁荣社会来说，再生产创新的积极性更加重要，这是社会经济活力的源泉。资本话语鼓励消费主义，导致大面积负债。政府作为平衡者，事实上很难做到平衡。基于供给侧的道德自律，只能停留在一个慈善和捐助者的层面上。在整个经济体之中，从历史上来看，都是经济体之中比例极小的一部分。**供给侧的存量经济分配问题处理不好，很可能会挫伤整个经济系统的积极性。**

碳汇、物种保护、植树造林和水环境保护、防风治沙、循环经济资源的收集过程，提供大量稳定的低技术就业岗位，这恰恰是我们期待的未来。在前文中，我们已经开始期待一种大量稳定简单的工作内容了。一个普通的农民，同时也是一个可评估的生态涵养者。这是生态价值劳动者的工作，理应获得第四次分配的成果。

在循环经济框架下，**生态价值的第四次分配涉及引入一个"恒量"和"物质资产蓄水池"到经济系统**。一旦庞大的绿色循环工业系统建立，它将成为一种新的存量经济，供给侧经济将依赖循环侧经济来获取物质资源。自动化工厂创造的超额利润使得循环经济中的劳动者也能分享到"机器人剩余价值"的成果。此外，个人也可成为"循环"参与者，转变为"消费商"。传统消费是指直接购买商品的消费行为，这种行为往往导致消费者财富减少（因为他们不参与中间流通环节的财富分配）。相比之下，消费商通过自己的消费行为影响他人购买，从而产生财富收益。

我们接受不接受这样的一个社会经济，基于经济的基础材料的循环系统比生产系统更加庞大？这个循环系统的存在和传统经济学追求的单一效能不同。事实上，传统经济的成本更高，只是我们的传统经济学通过巧妙的计算，将成本转嫁给了自然。现在统一算账了，循环侧经济和供给侧经济的结合，应该是生态圈经济之中成本最低的方式，在系统逻辑上是讲得通的。

基于循环经济的第四次分配模式，并不依赖于人性本身飘忽的道德感觉，而应该是一种普遍的行动。经济发展需要附带计算环境成本，并且需要为环境成本买单。这些内在的要求，一样能够激发新一代创业者的创业热情，他们能够在循环侧领域做出更多的事情。

对循环经济的新一代创业者而言，需要有更加开放的思维。在旧经济和循环经济的观念矛盾之中，找到适合自己的机会。同时，需要有开放的心灵，看到生物多样性和好的环境就是自己追求的目标之一，不能成为一个单向度的人，知道自己做的是什么样的事情，这很重要。另外，做一件事，需要一种开放的意志，未来的生态圈创业者不是一个人唱独角戏，而是能够实现大家的共同利益，帮助其他人创造更加美好的生活。我们需要向下接纳，去理解那些在技术革命中苦苦挣扎的普通劳动者。给予其更稳定的工作机会，对大众来说就是最好的出路。在双层经济（创新和循环）之中，找到自己贡献社会的方式，让自己创业的企业成为生态文明大系统之下的有益组织。

思考与练习

思考：请从"循环侧"和"消费商"这两个维度上，探索能为企业带来非线性增长的创新思路。

第四章
未来能源技术战略：拥抱绿色技术创新主导的新时代

工程和金融的结合，是干大事业的基础，中国人喜欢说："集中力量办大事。"事实上就是两个关键资源的组合过程和组合效能。我们不得不承认一个事实，在碳中和社会中，所有的执行层面，最后都变成一个一个技术系统，也会变成一个一个工程。当前，由科学（包括生命科学、能源技术和数字技术等）驱动的转型将深刻改变我们的生产成果和生产方式，传统的增长模式将因此被取代。之前过分关注私有化和放松监管的增长模式已不再适用，因为它们无法确保提高生活水平和支撑公共服务所需的可持续增长速度。

德鲁克在谈及企业存在价值的时候，有一句话："**企业就是代表人类掌握某一种专门知识的组织。**"只是在现实之中，由于市场经济本身的缺陷，为一些功能模糊的组织提供了投机性的生存机会，因而很多企业违背了作为有益生态物种的基础定位。

人类已经进入科学技术主导的文明时代。在实践中，要去解决问题，就需要在基础科学发现的基础上，但如何创立创新经济，也需要建立在生态圈经济的产业链金融上。金融和技术需求的结合，有利于提升市场效率。在生态圈经济之中，我们依然需要强调资本的作用，促进企业之间的竞争。竞争是市场经济的根本驱动力，在未来也需要提供一种系统能力，来解决"知识生产"的问题。

1. 未来技术的变迁：技术要素在生态中的变化

知识与技术的运用构成了经济价值创造的核心，无论是在农业、工业，还是在后工业时代。尽管技术工具的创新显著提升了人们的生活标准，但自20世纪以来，技术体系的发展也带来了诸多复杂挑战。技术进步可以追溯到四个主要的浪潮。

第一波技术浪潮是工具的出现，人类发明了各种工具，如斧子、铲子、犁和刀，以提高体力劳动的效率。

第二波技术浪潮是机器的出现，蒸汽机、铁路以及纺织和钢铁工业带来了第一次工业革命。燃煤机器取代了体力劳动，生产力得到了迅猛发展。

第三波技术浪潮即第二次工业革命，标志着石油、内燃机以及石化产业的崛起，促进了制造业向系统化、自动化的生产模式的转型，并逐步取代了手工操作。汽车的自动生产线成为3.0先进制造技术的代表。德国社会学家尤尔根·哈贝马斯指出，这种工业系统的需求已经深入人们的日常生活与工作之中。在3.0技术的影响下，系统中心的理念愈发显著，关键的决策和算法由专业功能专家掌握，这导致普通用户感到难以改变基本的系统运行方式。比如，当用户在"自动客户服务"系统中往往需要反复提供相同的信息才能与真人客服建立联系，这就明显体现了系统中心主义的特征。

第四波是技术创新的浪潮。这一浪潮将信息和通信技术、可再生能源、智能电网和基于觉察力开发的社会技术融合在一起，使生产和使用更加以人为本。就像2.0机器通过能源改变了1.0工具的主导地位，3.0自动化系统通过数学算法的应用程序改变了2.0机器的主导地位一样，4.0技术正在逐渐改变以系统为中心的旧有技术。

眼下，又即将迎来第五波技术革命。**这是新兴的第五波浪潮，我们称之**

为"以人为本"的技术，**因为它聚焦于人类个体与集体的力量和感受，即觉醒的核心过程及其引发的行动**。在技术层面，合成生物学无疑是一个备受瞩目的领域。其快速发展得益于人工智能与量子计算等前沿技术的共同推动。合成生物学有望彻底重塑生物学领域，实现细胞的规模化生产与定制，进而在提升人类健康与福祉方面发挥重要作用。从战胜疾病、提高粮食产量、生产清洁能源、提供清洁用水到减少大气中的二氧化碳排放，随着生物学与工程学的深度融合，这些曾被视为遥远的目标正逐步变为现实。

利用纳米技术应对气候变化

三秀科技集团董事长孙道林先生向笔者介绍，纺织服装行业是气候变化的重要推手，其碳排放量占总量的8%，甚至超过了国际航班和海运的排放总和。纳米技术能够减少对化石燃料制成的合成纤维的依赖。比如，用聚酯纤维做T恤排放的碳是用棉花做T恤的两倍多。快时尚现象加剧了这个问题，因为每隔几周就推出新设计。现在，每年生产的服装相当于为每个人准备了20件新衣服，购买量比2000年增加了60%。衣服被丢弃前的穿着次数在减少，这意味着生产排放的增加。

随着中产阶层的扩展和消费水平的提升，经济结构需适应人口变化的大趋势。纳米科技为我们开辟了新的道路，这涉及在原子、分子甚至超分子层面上对材料进行操控。我们正在探讨如何制造出小至十亿分之一英寸的微粒，以创造更强大、更经济或更环保的材料。孙道林先生正专注于将纳米技术应用于可编程物质的开发。**这类先进材料能够对信号或传感器做出响应，进而改变其物理属性，例如形状、密度、电导率或光学特性**。由此，他创立了国内首个纳米纺织智能平台，该平台能够通过智能调控满足不同应用场景的需求。

孙道林表示，到2030年，我们可能无需根据季节更替更换衣物，因为同一件服装将能够适应各种温度，既能提供保暖也能实现散热，并且能够根据室外温度的变化改变颜色。纳米技术还有望通过提高能源效率，帮助我们避免2030年的气候临界点。高强度复合材料已应用于多种产品，有助于减少能源消耗。此外，纳米技术也能提升建筑的隔热性能，减少我们对不可再生资源的依赖。

可编程物质还可以作为通用零件使用。美国国防部高级研究计划局的一名项目经理说："未来，士兵的车后会有一个像油漆罐的东西，里面装满了各种大小、形状和功能的粒子。比如小型电脑、陶瓷、生物系统，以及任何用户可能需要的东西。"在战斗中，士兵需要特定工具时，只需向罐子发送信息，粒子就会自动组成所需工具。用完后，再把工具放回罐子，它就会自动分解成组件，重新组合成新的工具。可编程物质能使飞机在飞行条件变化时改变机翼形状、密度或灵活性，实现更节能。

纳米技术的应用将有助于减缓气候变化速度。纳米医学已成为诊断和治疗多种疾病的新领域。2018年，美国国家癌症研究基金会宣布，在向癌细胞精确输送药物方面取得突破。纳米技术能早期检测卵巢癌，当疾病影响到100个细胞时就能发现。纳米技术还为塑料提供廉价、可生物降解的替代品，避免微小颗粒污染渔业，防止伤害野生动物和食物链。

随着人类与机器、机器与机器之间联系的不断加深，我们面临一个关键问题：这一进程将把我们引向何方？真正的革命性变革并非源自云计算或更快速的数据处理能力，而是源于一种根本性的转变。这种转变不是简单地优化抽象系统功能，或者借用哈贝马斯的说法——"系统强制性需求"，而是转向构建一个共享的人类意识领域，培育全新的创新和创业精神。**这种从整体出发，撬动产业链变革的过程，我将之称为"心力革命"**。这不仅是对新兴产业创业者的重大考验，也是对社会意识形态的一场重大考验。正如拉古拉姆·拉扬所强调的，技术既是问题的起因，也是解决问题的手段，关键在于我们如何理智地利用它。

2. 未来智慧能源系统："能源去碳"是人类面向碳中和社会的关键变量

从技术层面来讲，人类的碳能源来源于地球生态圈对于太阳能的存储，煤炭等资源来自古老生物的沉化。从能量转化的视角来看，地球生态圈之所以生机盎然，原因就在于太阳不断在为地球表面提供能源。因此，就有专家说："太阳才是真正的生产力。"

在著名物理学家薛定谔的著作《生命是什么》从能量转化和秩序维系的角度，论述了人类和一切生命都是"**不断输入能量以维护分子秩序**"的超复杂分子机器。生命靠负熵为食，使用能量，让秩序维系下去，是一切生命的本能。**生命的本质是一种"极有秩序"的低熵状态**。这不仅从物理学视角提供了一种本质认知，也对我们正在发展的企业提供了一种运营的思路。做企业就是将所谓利润不断再投入形成低熵秩序的过程。因此，企业在本质上是没有利润的，利润都是给企业组织的续命钱。永久的资源和利润导入是企业维系生命的关键。从生态圈经济视角来看，本质也是如此。

用企业家马斯克的思考模式，以物理第一性原理来看待问题，能量来源是人类技术变革的根本问题，只有拥有可持续的能源技术系统，生态圈和人类社会才能够维系下去。**而廉价和永不枯竭的能源，则是人类的追求。中国人在绿色技术领域的努力已经持续了几十年，并正在逐步接近可持续的战略目标。**

显然，无论是煤炭还是石油、天然气，都是一次性能源。这已经成为现代社会关键能源商品和关键原材料，人类的能源产业、金属工业和有机化学合成产业等这些基础工业，都建立在这些关键商品之上，而现代经济的所有关键商品储量都是有限的，在过去几百年的碳能源使用过程之中，那些最好开采的石油和煤炭正处于枯竭的境地。

我们面临着优质资源即将枯竭的未来，虽然"页岩油"这些技术系统还在研发之中，甚至在深海海底进行数公里钻探。随着这些高难度的石油开采行为，人类使用石化能源的成本和50年前相比，实际价格已经增长了4倍。

因此，对于中国工业化进程而言，"能源去碳"和"廉价可持续的能源系统"比其他经济体更加迫切。在世界的大经济体之中，中国在新能源领域的战略领导和行动力已经取得了领先地位。这些产业，已经形成了庞大的产业的生态。

中国光伏产业和风能产业生态圈绿色技术系统的发展与展望

人们在谈论经济的时候，谈论的其实是产业。在谈论产业的时候，谈的是产业生态。在谈及产业生态的时候，谈论的是产业链上的有雄心的企业家、关键节点上的技术、关键工业产能、在能源领域实现"新能源制造新能源战略循环"，实现整体规模效应，让全人类的太阳能产业达到廉价能源的水平。这是产业生态圈新旧形成替代的关键。

一个总体的目标正在实现进程之中。在20年前，新能源研究机构预测每10年，未来太阳能电池产业将会下降一半，依然需要大量的技术补贴才能维系产业的生存基础。但事实上，当中国在新能源战略框架之下，通过建设一个完整的战略生态圈产业经济，实现了价值跃升。在过去10年里，太阳能电池板的出厂费用已经下降了80%。从"循环侧改革"的新视角来看，这是了不起的成就。

庞大的生态圈经济显示了一种威力，中国在太阳能光伏领域的绝大多数技术环节和制造环节都实现了完整生态经济的构建。中国在世界太阳能光伏产业中，已经处于绝对的优势地位。在全价值链上，各个技术环节都占据了超过75%的份额。

同时，也回到了本章开头提到的"产业金融和工程技术的结合"这样的生态圈链主企业的治理思路。在全球大型太阳能基础设施的投资中，60%的战略投资来自中国，资本是中国光伏产业发展的加速器。

在光伏产业中，中国的领先地位是通过大规模战略投资实现的。在产业链上的所有环节，从研发到光伏电厂的构建，已经形成了完整的产业构建。从某种程度上来说，通过观察，**我们通过对于光伏产业链的认知，能够让人理解全产业链和生态圈经济的巨大威力，在价格市场，这已经构成了一场替代性的革命。**

和化石能源相比，太阳能光伏产业目前还处于单价下降的通道之中，但两个产业会不会面对一种"死亡交叉"，这还要看政治层面的战略决心和生态圈链主企业的战略决心。改变人类的能源结构，是无数技术思想家的梦想，也是无数工程师的梦想。

所谓战略决心，就是笃定人类绿色能源替代的未来。在构建生态圈经济的进程中，产业的领导者需要对抗发展过程中的金融波动性，这就是产业政策和生态圈链主企业的定力所在。在绿色经济这个层面上，已经远远超越了"利润模型"思考这个范畴。

在过去十几年的发展进程中，在光伏产业链上的企业，面临着巨大的短期市值波动和产品价格波动。很多企业和企业家都起起伏伏，但对于整个太阳能光伏产业来说，却有着巨大的时代进步。如果未来30年确实是"碳中和社会"，那么所有的战略投入都是值得的，而且有超额回报的。

从企业层面来说，我们在光伏产业中看到一批优秀的企业家。尽管从个人奋斗来说，这些光伏领域的企业家个人身家起伏，变化无常，但探索者和创新者在奋斗过程中的贡献是有巨大价值的。中国光伏产业中的一个重要的启示，就是在国家新能源政策的战略支持下，企业家群体和国家战略相向而行。而最终的战略的执行必然落实到"纯粹市场主导"的这群企业家身上。施正荣、苗连生、李仙德、靳保芳、朱共山等企业家共同构建了世界级光伏产业生态圈。

在"循环侧改革"尚未成为全球经济共识的时候，企业家已经提前20年完成了一些战略行动。如果没有在新能源领域这群企业家构建的庞大领先的产业生态，我们则会在建设"碳中和社会"这个大战略的时候，就失去了战略支柱，因此，在建设面向未来的绿色战略产业的过程中，还是需要依赖企业家的。

在中国光伏产业生态生长的过程中，我们看到了一个生态圈经济的发展规律，每一个企业在产业链上都会根据自己的比较优势，贡献自己的独特价值，占据生态圈经济中的独特生态位。一些原本掌握在发达国家手中的核心技术，也陆续通过具体企业实现进口替代，并完成了技术超越。伴随着产业生态知识的不断积累，整个生态链形成了无数个精深的技术链条和知识正反馈链条，这是整个生态圈经济不断进步的主要原因。

完整的生态能够产生强大的自适应能力，即使在企业"利润模型"的约束下，也总有企业通过创新突破瓶颈，升级技术，升级运营模式，扩大到全球市场，从而让中国企业在光伏产业生态圈中占据主导性的地位。

在风能发电领域，中国整个风能产业生态圈也同样取得了长足进步。中国的"双碳"战略已经给出了目标，在2060年，非化石能源要占到整个能源系统的80%以上，风能和太阳能占据总经济发电量的一半以上。作为新能源的一个战略支柱产业，风能生态圈同样是中国新能源中的主要战略技术生态。在这里，涉及更加基础的工业形态，对于中国的机械工业和金属冶炼工业的进步提供了新的应用场景。这对于维系更加基础的机械工业生态圈有利，关联产业都会受益。

如果说太阳能生态圈相对来说是一个独立的生态圈经济，风能经济对于其他战略产业的战略依赖则加强，这是无数新材料产业和金属加工产业的机会。现在，风能和太阳能光伏之间存在一种互补性的竞合关系，但总体来说，光伏技术系统进步更加快速。在中国，目前一年的风电发电量大约在1万亿千瓦时。从统计数据来看，占据电力能源电量的9%。和2030中国风电比例达到26%相比，具有巨大的发展空间。这意味着，在未来的一段时间，中国将有20%的发电量来自整个风电生态圈。这仅仅是中国风电市场的规模，全球风电场建设会比中国慢一些，但也是充满机会的市场，对于在技术工程之中奋斗的业界人士，也具有光明的未来。

对于风电而言，其生态圈产业链将更加分散，即可以建设庞大的风电场，中国大西部就是世界上风能资源最为丰富的"能源之谷"。新疆、内蒙古和甘肃等地，能够提供巨量能源。一旦能源系统解决了，形成能源谷地，那么西部荒原就会变成很多新产业的基地，尤其是"循环侧经济"的战略重镇。这些地区，风电设施的值守领域，会产生大量的就业机会。大量的重工机械企业需要建立新的生态。类似于三一重工梁稳根这样的企业家，进行战略分析，让企业成为风电生态圈经济中重要角色。

陆上风电和海上风电还有很多的技术需要克服，风电设备需要提高效能，除了巨大的风电场建设，也需要建设更加分散的风光能源小型综合系统，以适应去中心化能源互联网的未来。

相对来说，风电能源可以形成完全的循环经济，在使用过程中，大部分机械部件均能够使用循环再生的材料，按照循环经济的思维进行产品再设计。按照业界专家的估计，未来30年，风电系统的价格还有大约35%的下降空间。这和火电相比，还是巨大的价格潜力。在生态上，只有当风电电价大幅度低于火电系统时，才会出现大规模的替代。毕竟，利润模型才是维持碳中和生态圈经济的战略核心。保持领先的市场竞争能力是保险战略，财政估护只是一种临时策略，总有结束的时候，企业独立行走最安全。

从产业生态圈竞争的角度来看，现在的碳系能源系统，已经是一个完全成熟的系统。中国在碳能源替代过程之中，也提供了无数的自我迭代机会。在过渡期，尽量提高燃煤使用效率，在技术领域，也已经不断提升效能接近临界值。

关于绿色能源技术的未来，我们回到问题的本质，都是旧的技术系统被更迭，新的技术思想和技术思维成为主导，在表现上就是效率的提升。

在组织企业家赴欧洲进行商业考察的过程中，笔者观察到互联网技术与太阳能、风能供电的电网正日益紧密地结合，展现前所未有的巨大潜力。无论是住宅所有者、企业实体、社区组织、农业生产者、非营利机构，还是政府机关，均在积极采纳这些先进的能源技术，以期获得清洁且可持续的电力资源。过剩的绿色电力得以通过电网实现无缝对接与共享，进而提升能源利用的效率。北欧的能源市场为此提供了一个卓越的范例，它允许各国每日进行电力交易，以平衡供需关系。通过跨国电网，各国能够有效地整合和调度水电、风电等可再生能源。例如，在丹麦风力强劲时，会将多余的电力输送到挪威；风力减弱时，丹麦又可以从挪威购买电力。这种灵活的电力交易使得电力系统更加适应变化，更加灵活，使丹麦等国家能够更高效地利用风能，接纳更多的风电。此外，跨国电力互联还能应对风力发电机组因强风而停转的问题。例如，当丹麦的风力发电机组停转时，可能会突然减少2000多兆瓦的电力输出，影响到德国的电力供应。然而，通过高效的电网系统，可以调节各国的电力供需，确保受影响国家的电力供应保持稳定。未来的智慧能源系统，能够将传统能源体系和新能源体系进行综合联网，通过消费端和生产端复杂的平衡调节来维系整个新能源网络的稳定性，如图3-2。

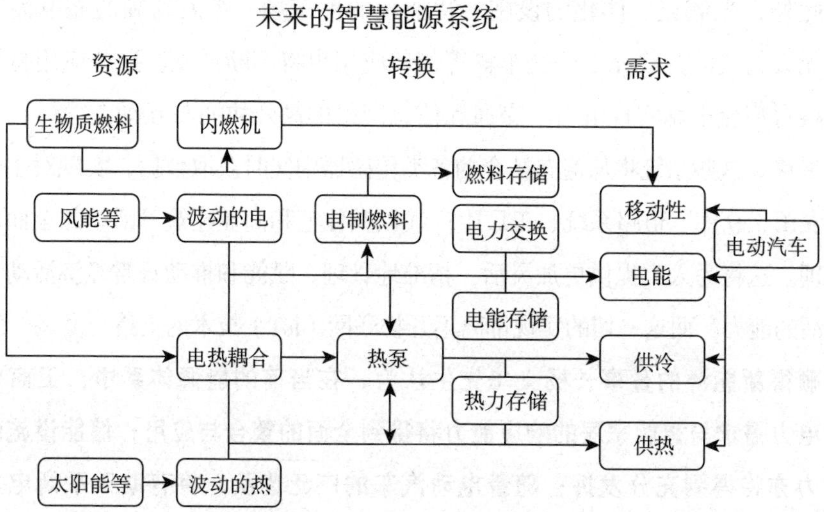

未来的智慧能源系统

图3-2 未来的智慧能源系统

智能电网系统正在引领能源领域的革命，它巧妙地结合了大数据、尖端分析技术和智能算法，实现了可再生能源的高效整合。如德国，巧妙地利用31个抽水蓄能电站，成功驯服了风能和太阳能的"野性"，确保了电力供应的稳定与可靠。2019年，德国甚至实现了约73太瓦时的电力净出口，这无疑是绿色能源共享的一大胜利。

德国计划在2030年前让可再生能源在电力供应中的占比达到一半，而到了2050年，这一比例更是要攀升至80%。这不仅仅是能源结构的转型，更是对互联网思维在能源领域应用的深刻实践。

想象一下，未来的电力互联网、通信互联网以及数字化移动、物流网络将紧密交织，共同编织出一张由太阳能和风力发电驱动的电动及燃料电池交通工具的物流互联网。这些交通工具将在公路、铁路、水上、空中等各个交通领域大显身手，通过大数据分析和智能算法实现高效、智能的调度与管理。

而这三个互联网之间的数据流和分析结果将实现无缝共享，共同推动流体网络算法的发展。这一算法将使得通信、绿色电力发电、储能、输配以及零排放自动运输等功能实现同步、协同工作，从而构建一个高效、智能、绿色的城市能源体系。

此外，光储充一体化的设施、智能化的停车场、无人驾驶的充电停车场以及无人驾驶的无线充电公交车辆等创新应用也将不断涌现。这些应用将通过三网融合型变电站实现电力、交通和信息网络的高效协同与互动。

最终，这些系统将从遍布社会的各类传感器中实时获取数据，实现对生态系统、农田、仓库、道路系统、工厂生产线以及住宅和商业建筑等活动的全面监控与管理。这将为人类提供更加灵活、精准地管理、赋能和推动日常经济活动和社会生活的能力。而这一切的实现都离不开物联网（IoT）技术的支持与发展。

顺得新能源的董事长杨义华先生认为，在当前的能源体系中，工商业用户的电力需求与智能家居的响应能力将得到全面的整合与应用；储能设施的调节潜力亦将得到充分发挥；随着电动汽车的广泛普及，将有助于平衡电力负荷的波动；燃气冷热电联产系统将提供灵活的调峰支持。加之各种储热储冷技术的运用，峰谷调节的能力将得到显著增强。

不难看出，所有的新能源技术的进展，都需要回归效能的核心点。因此，构建经济效益显著的新型能源体系，才是实现"能源去碳"以及碳中和社会目标的关键变量。

值得注意的是在能源技术应用领域。中国正在开发熔盐反应堆技术，并已经启用了钍元素。钍是一种具有巨大潜力的能源，其使用期限可长达 10 万年。1 千克钍释放的能量相当于 400 万千克煤炭，新型反应堆的设计已经将能源利用效率提升至接近 100%，钍作为熔盐反应堆的一部分使用起来更为高效，并有助于减轻核废料处理的问题。此外，钍在 300 年后会转变成无害物质，从安全和清洁的角度来看，钍能源无疑是历史上最优秀的能源形式之一。

另外，核聚变被视为终极能源解决方案，目前受到全球政府和企业的重视。其燃料为氢，包括稳定氢、重氢氘和超重氢氚。氘和氚在核聚变中结合生成氦和一个高速中子，释放出巨大能量，遵循质能方程 $E=mc^2$。核聚变使用的是宇宙中最常见的元素，且产生的废物是无害的氦气。核聚变燃料效率极高，是煤炭的 1000 万倍，且其废物可安全利用。

3. 未来绿色技术系统：完成最大跨度的技术整合

生态圈经济在生态技术系统领域，需要完成人类史上最大的融合，这是现在技术从业者能够看得到的技术中景和技术远景。笔者喜欢从宏观的视角看待大场景，也更愿意从企业的视角去看待未来的创业机会。在绿色能源替代的过程之中，哪一个经济体能够完成这个最大的跨界技术整合，谁就能够获得未来发展的主动权。

我们观察整个新能源系统的战略产业生态，就会发现很多技术生态都在同时竞合，不光是竞争关系，也是合作关系，这和传统商业的零和竞争有很大的区别。

在生态圈经济之中，彼此作为竞争对手的企业，也可能相互进行专利授权，维系整个生态。这种生态圈的竞合模式中，企业和企业之间能够在巨大社会工程之下合作赢利，这就是竞合经济必然出现新组织的主要原因。

生态圈经济的边界是模糊的，作为具体的企业，其产品和竞争对手的产品会被整合到一定的技术生态当中去。这些多层次的竞争者，包括现在的大国之间、地缘政治竞争者之间、生态圈企业之间，以及技术公司之间，全部转变为竞合关系。

从人类技术生态发展的进程来看，技术被超大规模整合形成一个类似于完整生态的进程，是人类阻止不了的。 即使美国、英国等北约国家将"北溪管道"变成历史谜案，也阻止不了技术大融合的进程。同样，我们今天看到美国对于中国芯片技术的狙击行动，在15年之后再回头看，只是人类技术发展史上一个小小的逆流而已，唯有用竞合性创新去进行再一次引领。然而，美国在全球化技术生态之中，通过政治分化手段拆散全球技术生态的方式，只会推迟整个人类文明向上跃迁的时间点。可能，这股歪风也会冲击新能源市场，人类在总体实现碳中和社会的总目标，要被推迟很多年。

美国真正要做的事情是在量子计算领域继续发力，领先中国一个身位，引领下一次革命，而不是在成熟生态技术领域继续纠缠。纠缠意味着停顿，而技术一旦被发明，就有一种"被传播被广泛使用"的内在愿望，这是底层思维方式问题。

因此，中国新一代的企业创业者，"有限竞争、多元竞合和跨界整合"将成为未来创业者的底层思维。在一个技术文明主导的时代，企业存在的价值，就是用自己掌握的一部分知识资产，汇入整个技术之海中去。没有一个企业是可以单独存在的，在技术系统之中，企业彼此依存，最终形成一个技术生态圈。**在一个技术生态圈之中，任何单独的顶级技术，都需要积极融入生态，这是技术时代创业的底层准则。**

企业在发展一项技术的时候，需要记住企业圈的一句普适的忠告：**技术是用来培育市场的，独立的技术需要放到庞大技术生态之中进行孵化生长，才是技术生命力的表现。** 我们观察产业价值的时候，发现了日本在氢能源技术生态中的尴尬之处，这是值得我们思考的新能源战略失败的案例。

日本在氢能源系统中的失败和中国氢能产业的崛起

在技术思想家的思考里，技术是一种有动力的弯曲前行超有机体，和人类本有的内在好奇心结合在一起。技术就在驱使着人类不断地去发现，去和技术实现共生。这种共生能够实现"技术超有机体"和人类的共赢。因此，技术在诞生的那一刻，就需要立即需要置入最大的技术生态中。一项技术系统会有自己的生命力，一旦被阻碍，技术就会往另外的方向发展。

因此，企业家马斯克在2014年做了一个令人震惊的决定，将特斯拉的技术专利全部免费，免费供业界使用。作为当时的电动车领导者，他的做法和独特的思维路径，很多商业人士不理解，**其实这就是生态圈企业典型的思维方式。技术需要最大的开放性，才能够获得在产业生态上的标准治理的机会，**让多元化多层次的资源统合起来。独乐乐不如众乐乐。事实上，特斯拉在新能源汽车领域已经建立了庞大的技术生态。

日本在氢能源技术生态上的封闭生态，既反映了日本在具体技术领域的研发潜力，也反映了其在构建全球顶级战略生态领域的缺失。这种本土市场狭小，但又秉持"既要又要"的矛盾战略性就凸显出来。

在面对中国比亚迪新能源汽车和美国特斯拉的战略竞争，日本氢能源的代表企业丰田则全面押注氢能源。日本企业垄断了35%的战略专利，但日本在推行"氢能社会"的进程中，一直有一种吃独食的心态，企图以领先的技术专利池来整合全球市场，进行新能源车标准的制订。

技术生态最忌讳的事实就是自给自足。事实上，笔者认为，新能源生态是人类历史上最大的发展模式转型，涉及的战略资源是日本这样的经济体远远不能把控的。氢能源只是中介能源物质，需要巨大的风电系统和太阳能系统进行电力生产，而日本缺少这样世界级的能源生态圈经济，一个社会没有大规模制氢的能力，而基于石化能源的制氢路径更是对环境极不友好。

当丰田汽车领导者意识到新能源车全球标准将是电池车的时候，基于"氢能社会"的新能源理想就不得不放弃了。**技术未来是无序的，只有最大的技术生态标准才是生态圈链主企业的生存基石。**因此，当日本在急切想要走出去的时候，却发现，拥有最大消费市场的中国和美国以及欧盟，对日本"氢能生态"都采取了规避的态度。电池技术在过去 20 年里取得了重要突破，成本大幅下降，大众已经具备消费能力。日本用"举国体制"推行的氢能战略，离大众消费还很远，从 1973 年就开始的长远战略规划就此信心丧失了。

时势不等人，用技术坐等发财，但疏于与中国生态发展战略真诚结合，失去了历史上最大的氢能源替换战略的时代。这个战略整合的时间点本应该在 20 世纪 90 年代就该开始了。事实上，谁拥有最大的消费市场，谁就有最大的生态话语权。

在特定市场推广新技术的过程中，成本常常处于较高水平，这体现了技术经济与工业经济的固有属性。对日本而言，高昂的氢气生产成本似乎构成了一项难以逾越的挑战。然而，在拥有广阔市场的中国，康普锐斯氢能公司成功地打破了这一僵局。在董事长尹智的领导下，团队创新性地研发了撬装式加氢站，并通过数字氢链平台整合了产业链的上下游，构建了完整的产业链生态，从而控制了边际成本，实现了将氢能成本降低至与天然气相当的水平。

硅谷著名技术思想家凯文·凯利在《技术想要什么》这一著作中，用了一种极具诗性的语言概括了技术的未来："**工业文明的内涵和外延就是无处不在的全球交流。**"

中国深度理解技术文明的特点，按照技术规律进行慎重选择，依托自己存在的庞大市场生态，选择任何技术生态都绕不过去的战略技术节点，构建自己的战略优势。并且在可预见的将来，形成全球性的生态技术标准。其中，中国特高压电力传输网络，就是一个典型的技术生态案例。

中国超高压传输电网的全球生态价值

全球太阳能资源主要集中在全球沙漠和临近赤道区域。由于太阳能系统的昼夜性，庞大的系统需要"均匀"铺设在全球带状区域。如果人类想要整体进入"太阳能时代"，首先需要的技术系统，就是超远距离的电力传输。而在太阳能和风能全球化时代，电力资源的跨洲际传输，是人类绝对绕不过去的关键技术，而且，这还是解决"碳中和战略"的核心问题。

分布式能源需要和特高压这种全球生态母技术连接起来，形成全球性的能源互联网。这超越了当时特高压技术领军者的思维，再次验证了技术一旦进入生态圈，就会产生意想不到的爆发效应。

事实上，技术生态在一开始，完全是一个"无中生有"的过程，按照领军者刘振亚的说法，这是在"无标准、无经验、无设备"基础上，在看不清未来的情况下，做的模糊性决策。领军者的直觉非常重要，刘振亚感受到超远距离低损耗电力传输将是一种未来型的技术生态。因为领军者多年笃定的坚持，向上说服，向下推广，阐明价值和战略紧迫性，聚集力量搞创新，特高压才逐步克服技术障碍，解决了一个一个问题。现在，回过头来看，中国人在面对"双碳"战略的时候，就多了一份从容，面对未来，就有系统应对的能力。

这种特高压技术就是一种完全贴合新能源时代的能源互联网核心技术生态。借助这样的巨大的输电网络，中国实现了"西电东送、北电南供、水火互济、风光互补"。数字化和智能化技术完全融入，使得中国的太阳能系统和风力系统这些间歇性能源系统能够无障碍进入国家电网。这给了未来中国人在碳中和社会建设中的底气，成为中国的大国重器。

中国电力传输正在将所有的发电主体整合在一张网中。事实上，一个巨大的能源生态圈经济已经形成了，能源互联网在中国已经成型。对领军者刘振亚来说，这是人生理想，一个学者型的企业家，原央企的领军者，知道做成一件大事，需要整合全社会的力量，这需要花费领军者及整个领导团队巨大的心力。按照刘振亚的说法："伤痕累累。"由于反对声音过大，特高压投资数度被迫延迟。

对生态圈链主企业来说，领军者的生命状态更可能是一种"伤痕累累"的状态。生态圈经济天然要求这样的领军者在人类的整个知识体系中完成最大跨度的人际连接，通过创造"结构洞"的方式，实现异质资源的连接，形成新的有机体。作为创新者，其心智中的全景构思无法跟别人说起，因此，企业家注定是终身焦虑的状态。特高压这件事情没有全面落实之前，也曾经遭到大规模的质疑。创新者知道，质疑可能是必需的进程，领军者需要在矛盾之中前行。人们视野不同，提供看问题的角度也不同。

但刘振亚等企业家的作为，印证了一个事实，中国的央企中，拥有大量具有战略视野的企业家。在构建生态圈经济的进程中，具备对于大目标的战略耐性，用一代人的时间来完成一件事情。办成一件大事，主动的作为者事实上遇到的困难更大。

特高压电网是在一片空白地上形成的战略生态，这意味着，中国人从一开始就是带着解决中国和人类电力领域的大问题去的，在经济发展规律上，谁能够解决最大的问题，谁就拥有最大的机会，也必将在人类技术史上留下一个里程碑。当每一个部件、每一行代码、每一块芯片都来自中国电力工程师团队的时候，这就意味着中国能够掌握生态链上的所有知识。这种对于全局技术系统的把握能力就是生态圈经济时代的核心能力，它会自动生成中国标准，在这样的领域里，不仅有中国创造，更是中国引领。

有人总是在说马斯克这一类企业家的"原创精神"，事实上在中国，像刘振亚这样的企业家同样拥有世界一流的首创精神。**但中国人有谦逊和深藏身与名的传统。**事实上，作为能源互联网的关键技术节点，在中国电力市场获得完整的解决方案之后，其技术生态正在向着全球拓展。这与生态圈经济一旦形成，就会完成全域覆盖的"内在欲望"相关。

中国特高压输电网络对于中国最近20年的发展提供了战略支撑作用，确实很少人会去算这样的一笔账，中国的能源分布和中国的经济中心是分离的，这是中国的资源禀赋决定的。事实上，只要看一下数据就会明白，中国的水能资源主要分布在西南部，占了80%。同样，80%—90%的可开发风能和太阳能也在中国的国土西北部。在碳能源时代，需要巨大的运力才能够将煤炭通过铁路运出来。运输本身就是耗能的事情，中国76%的煤炭蕴藏在西北部地区。但七成以上的电力消费却在沿海工业区之中。这个战略矛盾形成的最大问题，需要有人担当去解决这些问题。几千公里的电力传输，不仅仅能够解决现在的问题，也是未来国家工业竞争力的核心所在。因为，一切发展，说到底，能源为王。

当然，生态圈链主企业的形成，最初还是依靠个人领导力，对于完成一件前人没有做过的事情有强烈的内在动力，这就是企业家精神的本质。对于领军者刘振亚来说，在2000年前后，他就发现了中国能源结构的巨大问题。那种哪里需要电力，就在哪里建电厂的点状思维，与中国自然的资源禀赋背道而驰。点状思维能够解决短期问题，但在战略层面，矛盾都积累下来了。

刘振亚的构思里，那是一个网络架构思维，全国的电力传输需要用一张网来解决问题，实现网络连接关键能源节点的思考，在全国自由配置电力，让电网运力来替代火车铁轨。能源网络可以将不同的资源禀赋的地区连接起来，彼此经济都能够更好地发展。这就是发挥了中国各地区的比较优势，这就是"天人合一"的网络化思维模式。

在生态圈经济之中，特高压电网产生的环境保护价值超越了人们的预期，这就是生态圈经济的魅力所在。一种出人意料的好上加好，连带性地解决了更大的社会问题。中国近十年以来，大城市的空气环境有了巨大的改变，这里面其实就有特高压电网的价值贡献。2000年的时候，长江沿线，每30公里就分布一座火力发电厂。当时，二氧化硫这种有害气体排放量是全国平均水平的20多倍，而今天，这些分布式的传统火电厂早已经关停，全国特高压电网已经实现了在地电力资源的远程输送，等待全球能源网时代的到来。

现在国家和企业在西部原野大力发展新能源基础设施，正是源于前人在特高压电力网络方面已经做了巨大的努力，中国的新能源战略正在不断良性扩张，基础技术系统起到了核心推动作用，结构建设向来都是更难的事情。

依托庞大的中国市场应用生态，中国的特高压电网正在成为全球能源互联网的骨干技术系统。现在，离休的刘振亚已经是全球能源互联网发展合作组织主席。企业家正在一种NGO（非政府组织）之中，在跨越大洲的全球能源网络中，发挥着技术思想家的新角色。特高压电网对于全球碳中和环境治理的价值，正在面临着一场大暴发。

联合国秘书长古特雷斯说："中国特高压技术对可再生能源发展至关重要，全球能源互联网是实现人类可持续发展的核心和全球包容性增长的关键。"

在2050年回顾现实，我们在建成全球能源互联网的时候，不能忘了这群在逆境中前行的特高压电力传输网络的奠基者。他们是人类文明向上飞跃的推动者。如果说，什么是中国故事，刘振亚这一群新技术生态领导者就是中国故事。

完成最大跨度的技术整合，意味着建设生态圈经济，需要保持最大的知识和技术开放性，我们需要认识这种天然的要求。年轻一代创业者成为旗手，改变旧的能源格局，需要全世界的任何一个角落去寻找，通过再组合，通过应用生态验证，找到自己的独特之路。

人有发展技术的欲望，正是这种欲望的驱使，技术就像生命体一样和人类一起走向未来。技术经济的本质是寻找，生态圈经济的技术本质是建立无数种不同的技术组合，实现一种解决方案。

生态圈经济框架之中，需要卷积全社会的资源，构成一个"超有机体"。我们之前总是在谈自由市场的效率，事实上，自由市场在形成超复杂的生态结构的时候，需要来自全社会资源的超大规模协同。这种协同，需要整个经济体所有不同组织形态中具备企业家精神的人实现主动担当，才能进入创新增益循环的正反馈。

因此，我们认为在生态圈经济范畴内，企业家和具备企业家精神的人，分布于所有的人类组织形态当中，政府中有企业家精神的人和生态圈企业中具备企业家精神的人，是实现社会创新的"双响炮"。

4. 未来经济中的生态圈金融战略

人类在发展技术的过程中，技术投资是非常重要的核心要素，在技术文明的未来，我们需要重新认识资本的力量。

在前文中，笔者已经提及碳中和社会和循环经济的本质。事实上，碳中和社会的建设，就是在重新架构经济，在这种新架构中重新建立流动性。从技术思维来看，一切经济架构的本质就是不同技术组合形成的技术。我们的时代是技术文明时代，一切都离不开技术思考，因此，**技术思维是普适性的思维，我们确实处于一个理工时代**。

如果说生态圈经济是未来主导性的经济形式，碳中和和循环经济是未来经济的约束性边界，在边界内就是有效资源的高效流动，而金融是人类资源极致的流动形式，没有实体世界的资源能够比金融货币的流动更快。**金融就是决策，投资行为和资金撤出的行为，使用人工智能的话，只需要几秒钟的时间就能够完成这样的一个交易**。

因此，在生态圈经济中，金融依然是整个生态文明的血液。不同的是，生态圈金融是一个颗粒度精细到每一个人、每一个企业的智能化金融体系。这是中国当代金融思想家的理想模式，传统银行不改变，生态圈金融模式就会改变银行。

传统金融、产融模式和生态圈链主企业金融治理

传统金融企业的成长必须遵循其行业固有的规律，尤其是金融领域所特有的高波动性和高风险性。经过数百年的演进，众多金融机构已构建起完善的机制以规避和转移风险。银行的运作往往与经济周期同步，而投资活动则倾向于逆经济周期而动。企业家与金融机构的互动，可比喻为与狼共舞。长期与金融资本打交道的企业家，不被资本所左右的可能性极低。然而，若一位经验丰富的企业家始终将其金融活动限定在产业金融的框架内，便能谨慎行事，确保其产业和企业稳健前行。正所谓：**天真的企业家被资本控制，成熟的企业家控制资本**。基于对产业金融价值的深入分析，我们得出了一些基本的见解。

金融是经济的核心。经济体的发展与金融产业紧密相连，金融产业的发

达程度直接影响经济的流动性。一个流动性强的经济体通常更健康。确保经济体具有良好的流动性是金融产业的主要社会功能，其他产业无法替代。

回顾历史，20世纪30年代初，全球经济陷入低谷，而中国又遭遇"九一八"事变，国内经济遭遇重创。美国推出的《购银法案》，更是让中国白银大量外流，加剧了国内的通货紧缩。为了应对这一危机，国民党实施了币制改革，发行了新纸币，并尝试与英镑挂钩，意图稳定货币。然而，这一举动却意外地触动了日本的神经，担心其在中国的经济地位受到威胁，最终引发了全面的侵华战争。这场战争深深伤害了中国人民，也让全球格局有了翻天覆地的变化。二战时期，欧洲和亚洲的战火连绵不断，德国和意大利的参战更是让局势变得更加扑朔迷离。而美国，凭借它雄厚的经济实力，通过发行大量国债来支持战争，经济也借此机会蓬勃发展。战争结束后，美国建立了以联合国、美元和核武器为支柱的霸权体系，成为世界的"领导者"。这些历史事件都在提醒我们，经济政策的制订必须慎之又慎，因为一个小小的决策，都可能像多米诺骨牌一样，引发一系列连锁反应，甚至可能触发战争。

一个国家若要在技术进步的浪潮中迅速崛起，将创新成果转化为强大的生产力，就必须掌握高效募集创新资本的密钥。这一能力不仅是技术转化的催化剂，更是国家间经济竞争的新战场。国家的竞争力，愈发体现在其吸引并有效运用这些创新资本上。创新资本总量的多寡，直接映射了国家在未来经济版图中的位置。

我们已深刻认识到，"创新资本募集能力"与"创新资本总量"已成为衡量国家经济活力的核心标尺。但问题的核心远不止于此，关键在于如何解锁这一能力，让资金从沉睡中苏醒，精准流向创新的热土。

以美国与中国为例，虽前者经济总量庞大，货币地位显赫，但在特定时期，中国的创投资金总规模却能后来居上。这揭示了一个重要事实：**资金的数量固然重要，但其流动的方向与效率才是决定胜负的关键**。只有当资金如活水般滋养着创业创新的田野，才能孕育推动经济高质量发展的累累硕果。反之，若资金偏离正轨，过度集中于投机炒作，则只会催生泡沫，而非实质

性的经济繁荣。

如今，随着碳中和理念的深入人心，一种全新的金融模式正在兴起——生态圈金融。在这种模式下，生态圈中的链主企业扮演着至关重要的角色。他们需要深入了解链群内企业的真实需求，进行战略评估，并依据产业规律来配置金融资源。这种以经济学理想金融模型为指导的运作方式，正引领着金融行业向更加高效、可持续的方向发展。

从微观视角审视，以海尔集团为例，其展现了一种典型的生态圈经济模式。海尔所推行的"链群合约"，本质上是一种产业与金融相结合的模式。通过将链群合约中的员工视作独立的小微企业，我们能够更明确地描绘未来生态圈金融治理模式的框架。

在这一生态圈内，企业无须依据年度报告向资本市场公开信息，公众投资者亦不会轻易撤资。企业得以安心规划其长期发展战略。尤其在循环经济领域，若企业能与政府深入合作，获得特许经营权，便能专注于研发和产品创新。这种深入发展的策略，常见于那些成功融合产业与金融模式的企业。能够创造自身优势，实现产业超越的金融模式，即为好模式。而传统企业在重大战略投资方面，往往成效缓慢。

长远来看，在中国新能源领域，国家电网等战略性企业有望转型为世界级的生态圈企业。它们将在分布式能源、碳交易结算、第三次分配以及推动能源互联网技术生态自我迭代等领域，引领数百万家企业和数十亿人口，实现精准服务。这些企业在过往的电力服务过程中已构建了庞大的服务网络，能够为生态圈内的企业提供全面服务。这种横向整合模式，也能使国家银行与生态圈企业合作，提升服务能力。同时，基于对生态圈知识的深刻理解，进行跨周期的战略项目投资，这或许就是未来生态圈链主企业金融治理的主要途径。

我们会产生一个问题，什么是生态圈金融模式？什么样的模式代表一种健康的生态金融力量？事实上，在巨大的生态圈经济之中，一定有无数"专精特新"的技术型企业，在做原创性创新和应用创新。对于这些创新项目的评估和投资，代表了整个生态圈经济的未来。未来的竞争还是存在的，最小的竞争单位就是一条价值链，思考的基本单元也决定了这些生态圈金融的行为模式。

生态圈一旦倾覆，意味着成千上万的企业将失去生存的根基，因此，理论上，生态圈金融应该思考整个价值链的技术的跃升。在这方面，应该比传统的金融投资机构更加有效率。由于生态圈经济是一种优质资源的耦合关系，产业链条上的竞争挤压效应会推动企业去做创新。

中国的电网最终还有一个统一的问题。目前有三个生态圈，最终需要融合到一个生态圈之中去。这里就有一个战略视野的问题。最终，**能够无障碍形成洲际电力传输的网络将会胜出，这只是时间的问题。**而中国电力管理机构是变革最为激烈的行业部门，经历了燃料工业部、水利电力部、能源部、电力部、电监会、能源局等多次变革。这种变革的速度，说明了整个行业一直处于创新和适应的状态。

大量的产业企业家手中拥有强大的产业金融工具，能够通过产业投资的行为，增强这个经济体的价值链的生态扩张能力，企业敢于重仓战略方向，长期坚持事业的方向，做自己擅长的事情。这些企业家会成为价值链的管理者，基于生态圈上的投资基金会自觉地走向产业金融，以产业的发展规律为基准，来确定产业投资的周期。这是在几十年的全球金融教训的基础上总结出来的产业金融思想。

有了生态圈金融的支撑，创新者就处于一个生态的架构之上，往往在一边应用，一边做研发，研发活动在生态网络之中，可以直面需求，联系实践的研发活动可以不走弯路，实现效率提升。

中国国内，比较典型的是产业金融的思想家黄奇帆。在产业金融的战略设计上面，黄奇帆主张集中力量办大事，一个企业做不了大事，可以让民营企业、国有企业和产业基金一起来做一件大事。这种超大规模协同的产业金融理论，对于中国未来金融产业的发展，笔者觉得是一个更加科学的发展方向，也就是生态圈金融的治理模式。

不管我们是欢迎还是反对，**我们都需要在"生态圈之中进行创业和再创业"**；同时，传统的金融服务机构都要和产业链上的生态圈管理者进行战略合作，二者在生态圈经济之中能够实现一种有机金融的新结构。以产业规律来替代金融规律，未来的生态圈金融，对于创业企业的影响很大。创业企业的成功率那么低，我们创业的时候需要结构化，一开始就需要和价值链上的企业进行战略协作，特别是和产业金融系统的合作。每一个产业金融系统的背后都有完善的发展因素，这是创业企业所需要的资源。这能够大大地提高创业企业的生存概率。

5. 未来生态技术构建周期和人类实时使用太阳能的战略困境

人类之所以使用煤炭、石油和天然气，本质上就是在使用远古时代存储的太阳能，将古老的能量通过燃烧释放出来。**如果人类能够实时使用全球太阳能，那么就替代了碳能源的使用，全球的能源互联网能够解决这样的一个问题**。但问题出在人类自己的身上，人类到目前为止，缺失全球地缘统一的动力，由于各个国家资源禀赋不同，对于碳中和社会建设的总目标反应也不一样。

因此，实施全球实时的太阳能能源系统，辅以风能系统，则人类就能够解决碳中和的问题。中国人提供了"全球能源互联网"的构思，这样宏伟战略构想就是"一极一道战略"，北极圈的风能和赤道附近区域的太阳能能够帮助人类整体走出能源困境。这个全球多个分布式新能源中心和星罗棋布的分布式新能源设施形成的全球能源网络，事实上连接着人类未来的命运和历史进程。

人类整体安全感的缺失拖累"一极一道战略"的实施

人类对于自身安全的需求大于经济发展的需求，也大于对于碳中和社的环保需求，人类社会形成的国家政体，彼此设防，局部冲突也会发起对于基础设施的打击。这种非经济领域的人类行为，也会影响着人类碳中和社会的建设，并且让一部分人对于人类的总体未来采取了悲观的态度。

世界是普遍联系的世界，现在的跨国公司和其他企业跨国风险分析已经包括政治、经济、信用和文化环境的整体分析。在跨境投资领域，已经出现了投资意愿减退的情况。

作为全球经济第一大国，美国霸权已经不再提供整体的安全，而是基于自身利益，进行系统分化，成为局部战争的直接发起者和间接发起者。**构建力量和拆台力量在碳中和社会的争夺，是当今全球经济的主要战略矛盾。**

在人类缺少整体的政治稳定性和整体安全承诺的情况下，建立整体的碳中和社会只能从一些致力进取的大国开始。人类大国协同在全球性能源互联网的进程之中，建立能源互联网的安全承诺十分重要。毕竟，全球能源互联网的投资者都是企业。企业在面临私有财产安全的情境之下，出现投资收缩，这是可以理解的。稳定的政治经济环境，可预测的稳定性，是建立能源互联网和大生态经济圈的前置条件。

中国的新能源领军者一直在推进全球新能源领域的合作，国家领导者也在不同场合倡导全球合作，推进"一极（北极圈）一道（赤道附近）战略"。

太阳是人类真正的能量来源，光能和风能都来自太阳光热，因此，能源互联网是全球政治家解决的问题，人类需要一种铁律和共同的政治承诺，才能够维护好全球能源互联网。而在此后，"一极一道战略"才能够得以实施，推进北极圈周边的风能资源的开发；同时推动赤道及附近地区的太阳能集中开发。二者都是地球上阳光和风能集中的地方，只要进行集中式开发，变成全球工程，才能体现价值，最大的全球工程，能够提供可持续的全球就业机会。

"碳中和战略"之中隐含着全球合作的内在要求，这不是技术层面能够解决的问题，因此需要达成一种全国共识。全球性的技术标准需要一种开放整合性，建立全球性的新能源公共基础设施，这就是全球性的碳中和平台。全球政治家需要开辟稳定的"一极一道政治弧"，为新能源企业进军新能源丰富地区提供安全承诺和财产保护承诺。

人类的顶级新能源工程需要"有效经济"和"有为政府"的集合，毕竟生态圈经济体是人类社会中最大的组织形式。一个生态圈经济体往往由若干个平台经济整合而成，每一个平台经济上，会有成千上万家企业。这种类似于"价值星系"的大结构体，需要来自于政治层面的战略支持。巨大的基础设施建设，还是要发挥市场和企业家的核心作用。

在全球构建稳定的投资环境和提供生态圈的战略安全，这是一种稀缺的公共产品，在中国这样的超大规模的经济体中，这是把握未来的。

在前文中，我们阐述过新能源给予中国的战略机会，中国需要在新能源领域支持世界级的企业家参与。这些具有内在超越精神的人，是成就全球能源互联网的关键环节。只有企业家才有生命的紧迫感，愿意投身到一种"将不可能变成可能"的新事业中去。

"一极一道战略"本身就是一个巨大的技术生态，一项技术有没有生命力，需要置入应用生态中，运用巨大产能来实现低成本应用。这样的过程，最重要的能力，就是提前做好技术架构的前期规划能力。"一极一道战略"需要极大的耐心来培养生态，中国人在"碳中和时代"拥有这样的战略机会。

生态圈经济基于一种系统论，需要最大规模来凝聚社会共识，在巨大的结构性矛盾之中，化解矛盾，和颜劝说，鼓励所有的建设性的意见，让"反对派"也成为重要的参与者。在一个观念相互竞争的体系之中，找到最大共识的能力，考验着后现代的生态领导者。在争论中拍板，不耽误生态圈经济建设的窗口期，这是领导者的价值所在。

一个完整的技术生态圈的构建经验

政治家和企业家结合，在某种程度上能够解决顶层技术架构的问题。中国的高铁技术生态、特高压电力生态、太阳能电池板技术生态、风能电机全产业链生态，均来自中国自主的技术架构的建立，并且融合人类在技术领域创造的一切成果，这就是中国的经验。

先从中国本地化开始，用大周期思维来培养技术生态圈，一开始必然经过"吃力不讨好"的阶段。这个周期短则 10 年，长则有二三十年，一开始都是"负利润"，需要长期的战略投入。领导者需要有坚定的意志，能够顶住资本市场短期的逐利渴望和各方的压力。

现在一个企业处于生态圈的下游，不主动构建的话，其本质都是在给别人培养生态。在别人的平台上"跑着的"具体产品，一旦遇到地缘政治风险，在战略上就处于被动地位。一旦被人"卡脖子"，生态脱钩，带来的损失则以万亿计。作为一个生态圈经济的使用者而不是一个生态圈的创建者，一个小价值链一旦被整合到更大的生态圈中，事实上将很难挣脱生态系统。

在中国构建自己的技术生态圈过程中，生态运作在经过一段时间之后，就会形成自己的正反馈阶段。随着人才、技术自身的迭代、工程在实践中的应用等，形成一种不断增强的知识流；同时，如果能够秉持更加开放的态度，还可以从其他的生态圈领域获得中下游的技术，集成在系统之中，一起参与迭代。这不是一种单向的力量，而是系统自组织和自运行的结果。企业家和技术天才在其中具备重要的价值，生态圈中的标志性的事件，往往都是这群人创造出来的。生态圈经济的价值最终是为了效率和发掘人的创造力。

一个生态圈经济跑得越久，生命力就越发旺盛，这就是生态的规律。因此，不仅仅在新能源领域要将生态圈竞争纳入视野，对于大部分工业领域，都需要引入生态圈经济的思维。在战略竞争中，互联网思想家凯文·凯利发表了一篇短文《公司终殆 城市不死》。所有的公司都会死亡，但是容纳公司的城市不死，因为城市本身就是一种生态，生态中永远都会有"疯子"出现。这些疯子指的就是企业家群体和其他创新者群体，让创造者自由创造是生态圈经济的精髓。

生态圈领导力有时候是超越利润追求的，任何创新的事情都有心智的本质，因此，生态圈经济需要有事业心的人来领导，这些领导者往往具备韧性。因此，生态圈经济的整个生长周期中，韧性也是非常必要的特质。

第四章 未来能源技术战略：拥抱绿色技术创新主导的新时代

舆论引导能力是生态圈经济的关键领域，我们的经济已经进入心智时代。一个技术体系的胜出，并不仅仅决定在技术系统先进性本身，而是在舆论和共识层能够拥有最大的认同性。

在构建人类总体的新能源工程的过程中，团结人心是事业基础，从一个小企业的运作到整个"一极一道战略"这种世界级的未来工程，本质上都在凝聚人心。队伍不散，卷积的社会经济资源越来越多，就有希望。

再构建一个生态需要战略决心，知识从实验室到样品，从样品到产品，产品获得用户大规模正反馈形成循环优化的闭环，生态是建不起来的。生态是自组织体系，内部含有无数的协作网络和现场积累下来的潜知识。

一个成熟的生态圈经济，根本就没有捷径可以走。在竞争者全局性的专利布局面前，突破的方式很少，事事过手，才能够积累全局知识体系，这种启示非常重要。

如果想要构建一个生态圈经济，想要在成熟系统内实现全面超越，是不太可能的事情。在人类的经济史上，几乎找不到可以借鉴的成功案例。想要超越，就需要另起炉灶，实现"换道超车"。我们需要企业家精神，原因就在于企业家不会在竞争者设定的战场进行战斗，而是开创一个新的战场，将对手引导到自己的战场里。这是从古到今，人类多层次竞争领域中的精髓。拥抱可以改变的新领域，确立自己的新标准。

就如一场汽车新能源革命，我们很难在燃油车领域进行超越，但新能源汽车就是中国设定的新战场，我们在电动化变革领域取得了领先地位。德日这些燃油车制造强国在这个领域里要和我们竞争，就放弃了自己的百年优势。

因为中国的新能源汽车已经形成了庞大的生态型标准体系，技术标准才是企业家最大的舞台，无规无矩的创新需要变成有规有矩的技术创新体系，在一定程度上可以压制竞争者的反扑。

人类实时利用太阳能解决能源问题，人类的生产系统需要和植物光合作用时间一样，适应自然的规律。我们不能改造自然，在大部分产业运行的过程之中，需要遵循这样的基本准则。

人类巨大的太阳能电池板矩阵分布在全球近赤道的沙漠之中，分布式的生产工厂和循环经济的回收生产大量使用智能机器人。让机器人适应新能源的昼夜性，只是程序设定的问题，这在适应性上毫无困难。今天的人类当然不适应这样的工业生产方式，但智能机器可以适应。人类可以在其他的时间段发挥自己的创造力，构建更好的生活方式。

6. 未来生态技术瓶颈：储能是人类进入循环经济的瓶颈

对于人类能源互联网的未来，如果说在整个技术生态上还有巨大瓶颈的话，这个瓶颈就在储能领域。中国的储能方案正在碳能源的替代进程之中，逐步形成了规模产业，如果说碳中和社会的到来还有瓶颈的话，瓶颈就在储能领域。

能源安全是一个国家的根本安全形态，巨大工业系统的稳态运行是所有政经层面都头痛的问题。一个能够构建能源安全的生态圈经济，这个经济体就能够保持一种超然的姿态。对于国际海洋航道的变迁，对于谁是海洋霸权的问题，大概也不会这么敏感。

全球工业资本需要一个稳定安全的战略运营环境，这是一个全方位的战略安全保障。而能源安全则是基石，能源通道和政治上的战略性阻断，对于一个经济体的打击，可能比战争损失还要巨大。蓄能技术生态的建设，是中国面向未来的基石工程。可以这么说，这是和新能源技术体系一样重要的战略部署。

抽水电站和中国人的新能源储能努力

人类开发新能源和存储新能源，在技术路径上有几个选择，但从可持续的新能源系统来看，必须发展和间隙能源匹配的储能系统，实现削峰填谷的稳衡态供电。

人类储能的基石技术其实很简单，就是将水抽到高处，聚集势能。在电网需要补电的时候，释放势能为动能，推动发电机将储存的能量释放出来，实现电网能量的均衡分布，实现绿色能源的可持续生产。

将水作为储能介质，是人类能够找到的超大规模储能模式。这种物理储能的方式将水作为储能介质，对于环境是友好绿色的，和电化学储能技术相比，电化学电池在使用寿命上有巨大的局限性，需要很长的循环经济生态链进行循环再生。一般电化学电池在使用2000~5000次之后，就会发生储能衰减的情况。电化学电池能复杂的制造工艺和回收流程均非常复杂，而且，从技术前景上来说，电化学的单位储能技术领域很难实现指数式的储能革命。若要建立巨大的储能设施，就需要建立庞大的储能电站。

每一个抽水蓄能电站的建设，初始投资都比较大，但这样的绿色能源投资，涉及好几代人的未来。业界的数据表明，**抽水蓄能电站的使用寿命能够稳定运行50年到100年，而能源效率达到了72%~80%**，这是一个很高的储能效率。由于寿命超长，因此可以在纵向的时间线上摊薄成本，成为人类可以预见的未来，最为经济的储能技术生态。

抽水蓄能电站的好处在于，这是一系列成熟技术的组合系统，只需要建设两个海拔不同的水库，用成熟的水电设备就能够解决人类史上的难题。事实上，据近年数据，抽水蓄能系统在全球已经拥有了2亿千瓦的装机容量，占据全球储能总规模的94%。在此方向上进行战略投资，不存在战略风险，只是投资巨大，这些资金，也是中国碳中和社会建设的必要投入。

按照中国的新能源战略规划，2035年我国抽水蓄能装机规模将达3亿千瓦。这就意味着在未来10年左右，中国一国的储能建设将超过全世界的一半，这是巨大的战略投资机会。

中国的特高压电网的建设，为中国的抽水蓄能电站的建设提供了远程支持的能力。中国是一个山地为主的国家，在中国的西南和能源所在地的若干山脉中，拥有千米海拔位差条件的山地较多。这些地域均有条件建立世界级的蓄水抽水电站，河流的自然流量和雨水也成为绿色抽水储能的盟友，汇合起来，和中国的太阳能、风能系统形成一个稳态的能源系统。

这些战略投资者都是国家电网和电力集团，现在在中国，抽水蓄能电站已经加快了建设进程，国家也有了庞大的中景和远景规划。这对于工程人来说，提供了巨大的就业机会，也提供了环境维护的工作机会，环境整治和新型乡村生活方式结合起来，能够提供更加理想的休闲生活环境。

构建以新能源为主体的新型电力系统，需要一种总体的战略支撑。作为中国抽水蓄能电站的领军者之一，中国电力建设集团有限公司董事长丁焰章说："抽水蓄能可为大规模、高比例、基地化新能源发展提供灵活调节能力，是电力系统不可或缺的稳定器，是全球公认的配套风、光等新能源开发最有效的手段。"

在中国的"双碳"战略的进程中，丁焰章认为，在碳能源和绿色新能源的替代过程中，采用一种并行的过渡期，关键在于"先立后破"。蓄能生态技术既可以成为火电产业的稳定器，也可以成为未来新能源主导生态的稳定器，解决太阳能和风能的间歇性问题。

从这些战略工程的实施来看，我们能够在生态文明的建设之中，看到**央企在中国社会经济的价值**。这些涉及大周期的生态转型的战略工程，都是央企在做。这些产业架构的建立，需要思考百年的战略发展。因此，我们需要从生态文明的视角重新看待央企在社会架构构建中的战略价值。那些短期能够盈利的高度竞争的生态技术领域，民营企业来运作，则更加适合。

在里夫金的《零成本社会》这本著作中，谈及一种分布式的能源系统。这些分散在地球表面的"个人电厂"通过进入能源互联网，进行能源交易，而其中的战略瓶颈就是储能问题。现在，中国人正在努力解决这个问题。

即使在能源互联网的建设中，不同经济体之间也有跟自己的自然禀赋结合的机会，形成不同的技术方案。中国的生态文明技术方案可能和其他经济体不同。按照中国的思维方式，一方水土养一方人，善于利用自己的比较优势，就能够建立中国的总体可持续的未来之路。

事实上，抽水蓄能电站的价值在于和大工业体系的结合，制造业在运行过程中，一般都会有巨大的能源需求；而人类在交通领域的储能方案，则需要在电化学能源领域取得更多的突破。

目前，人类在锂电池为主要动力电池领域遇到了巨大的资源瓶颈，这需要用"万物中和"的循环经济来解决；同时，在新技术的前沿，中国一些企业已经在布局，寻找地球的丰富元素为基础材料，构建更加持续的自主电化学能源系统。

锂资源和钠电池，中国的新能源安全

人类目前探明的锂资源储量主要在南美，从全球地缘政治的情况来看，这是属于美国"门罗主义"的范畴。这是个旧概念，美国资本在南美的深耕已经达到了半个世纪，**一旦这些锂资源企业在美国上市，美国事实上就会拥有"长臂管辖"的权力。**对于战略资源，通过跨国公司的资本进行金融争夺，这是可以预期的事情。

全球65%的可探明锂资源分布在智利、玻利维亚和阿根廷的盐湖之中，产量也占到了全球年产量的三成。作为电动汽车领域的核心资源，美国战略界已经有建立"锂美元"的锚定战略，积极促使三国建立锂机制，通过NGO（非政府组织）进行舆论渗透，进行各个击破，让三国恶性竞争，并在未来实现资本掌控。这对于中国来说，确实需要谨慎应对，毕竟，全球已经探明的锂资源储量只有8900万吨。

事实上，锂资源已经成为继石油和天然气之后的战略物资。在新能源战略资源领域，"资源民族主义"色彩也越来越显现。这对于中国的全球稀缺资源供应链来说，确实会受到影响。因此，在电化学储能领域，中国的企业方案是综合的。笔者总结一下，实现电化学电池资源的供应链安全，一共有三条路径可以走。**第一条路径，企业在全球积极参与锂资源的竞标，争取在源**

头上获得锂资源；第二条路径，主要新能源技术企业积极布局规避锂资源的新技术电池，从可持续发展的视角来寻找替代品，其中钠电池就是另外一种战略电池技术系统；第三条路径，中国企业已经着力在循环经济领域做锂电池的回收循环工作，正在布局锂电池整个物质资源的绿色回收技术研发，实现中国人自己的锂资源的循环；同时，也在构建全球性的锂电池回收再生生态，从二手锂资源实现资源循环，并在再生过程之中，形成可持续的锂资源储备。

第一条路径，在与南美三国的合作过程中，中国的赣锋锂业、天齐锂业、宁德时代、融合能源技术（Fusion Enertech）公司、特变电工及中信国安集团、紫金矿业、比亚迪公司都在主动布局。入股这些国家的锂资源矿业公司，有些合作并不顺利，在一些项目上，遭到了跨国环保NGO举牌反对。这样的正常合作背后，体现了美国的抓手动作，以环保为由打乱合作秩序，而且动作非常细腻，达到了门到门、人到人的精细渗透。美国借助NGO资助，企图进行锂资源战略阻断的企图已经显现了，力图将中国从美国的供应链别除出去。中国企业在积极竞标的过程中，也促使中国企业在获得锂资源的进程中保持谨慎的态度。至少到目前为止，锂资源的供应尚不成问题。中国企业正在提供绿色开采技术，结合当地企业进行资源开发。

第二条路径，就是以钠电池和其他电池技术替代锂资源。

在中国，以宁德时代和中科海钠为代表，将中国的钠电池技术带入可以实用的水平，这是很了不起的一种技术成就。**宁德时代通过多年的努力，在布局锂电池生态的同时，也是做"先立后破"的战略，通过对钠电池的实用化来逐步实现对有限锂资源的替代。**

在技术路径上，宁德时代通过不断地优化正极材料，不断进行改性，使得钠离子电池能量密度达到了160Wh/kg，安全不爆。在常温之下充电一刻钟就可以达到电量的80%，循环寿命达到了锂电池的一倍，达到4500次，低温性能也超越了以往的锂电池。在性能上，已经可以比肩磷酸铁锂电池。

在技术生态上，宁德时代这样的企业还在努力改进正极材料，同时也进行大规模的生产应用，形成新的技术生态布局。大规模生产不仅可以培养生态，也可以大幅度降低成本，从目前来看，钠离子电池的市场价格预计会比锂离子电池便宜一半。

这就是钠电池的中国故事，也是中国走向碳中和社会大潮中的一个浪花。

第三条路径是基于循环经济的思考，中国技术团队正在进行绿色技术的研发，将全球回收的锂离子电池进行资源再生。如何让开采、加工和再生过程实现无污染，这里同样需要庞大的技术生态的支持。至少在目前，基于全流程的再生技术领域，还需要更多的战略投入。

在湖北阳新县投资落地的 5000 吨锂电池再生项目，是一个标志性的事件。基于大规模资源再生项目的探索，需要产学研整个系统进行对接。在再生工程实践中，每一个细节需要进行知识迭代，将污染物变成可用的资源，最终形成一个完整的技术生态。

而这一切，正是中国"循环侧改革"进程的先导项目，类似于在产业上的结构再造。此后，**宁德时代在锂循环领域完成了一个里程碑式的投资。这是一笔 238 亿元人民币的战略投资，内容涵盖了 50 万吨废旧锂电池的材料回收和再生项目。**从电池垃圾变成锂再生的资源，这种电池回收网络将会建立起来。在中国的一些人口集中的社区中，都会出现锂电池的回收网络，一些小微企业可以在电池的回收过程中获利。一旦被并入数字化智能化网络，这些小企业和个人不仅能够获得回收电池的利润，也能够获得碳中和转移支付的收益。

而锂电回收网络正在建设中，目前，据有关数据，全国已经建立的分布式的动力电池回收网点达到了 15000 个，事实上，循环再生已经变成了一个完整的商业场景。一个典型的汽车废旧电池，价格已经从几百元增值到了上万元。循环侧正在变成经济的另一只翅膀，循环经济是一种盈利活动。而对于太阳能电池板等资源回收，同样会形成垂直的循环再生系统，变成有利可图的商业活动。

关注锂资源的再生体系，将为中国的"循环侧改革"提供实验价值，中国现在的锂动力电池将达到60万吨,此后将迅速增加到500万吨。如果能够建立全球回收网络,那么,中国再生的电池资源将突破1000万吨。

在"循环侧改革"当中,回收再生系统的背后,促进了中国战略稀缺资源的循环。以往,我们看到供给侧的全国乃至全球的商品销售网络,而这样的销售网络正在被互联网所取代,成为全国仓储网络和配送系统的一部分,消费者很多消费行为都依赖于网络解决。**未来在循环侧,人们会看到一种现象,在每一个社区和工业企业,都会有垂直的资源回收网络,将无数散落的零星资源集中起来,送到资源再生生产线。**锂资源的循环再生为普通劳动者提供了长期稳定的工作机会。

解决人类的储能问题,是一个一个技术问题,技术成海,这就是未来。技术经济是一种求真求精确性的工程师文化,依赖于真正信仰技术解决问题的企业和企业家。

7. 未来生活方式:用新技术文明的思维重构生存哲学

我们在谈及生态圈经济的时候,总是在谈论顶级的生态圈经济该如何运作。**事实上,一些边缘的、常被忽视的创新,可以带来一场生活革命,给全球人类的生活带来更好的改变。未来很多中小企业的机会也在这里,发展出一个对社会有价值的应用创新。**

到目前为止,人类工业化人口已经达到20亿人左右,人类无法让全球80亿人全部实现工业化。**按照人工智能和工业智能化自动化的发展速度,即使这些已经进入工业化社会的20亿人,大部分人也将逐步退出工业生活,这是可预期的未来。超级工业生态之中,人会越来越少。就像巨大的宇航工业,可能只是涉及的直接就业就在百万级别。**

因此,**在碳中和社会建设的过程中,如何为其他的60亿~70亿人构建一种富足安静的生活方式，这是全球商业领域的巨大机会。

绿色技术设计应该成为一种底层思维，创新者需要和具备前景的生态技术工程技术结合起来，发展出成本低而对普通大众有高度价值的事情。**让普通大众在边远的生活环境之下，也能够提供绿色电力、干净安全的饮水、连接世界的互联网和元宇宙、可再生的资源应用体系，这些都是绿色生活的未来。**

绿色智能城市的未来是一个全球技术生态圈；绿色的小镇和村落也是全球绿色技术的一个生态圈。在这些巨大的生态圈技术系统之中找到自己的位置，在一个点上解决一个具体的问题，就能够带来给10亿人的生活带来巨大的改变。

徐清东与他的中国式绿色生活理念

徐清东，金佰特城市生命数字厨房（KCL）的创始人，在中国乃至全球推行的生活哲学，恰与当今时代所倡导的以时间轴为核心的高质量循环发展理念不谋而合。他匠心独运，缔造了"金佰特城市生活厨房循环生态模式"，影响着传统烹饪与餐饮业的每一个环节。

在这个模式下，智能厨具经过人工智能的精心调教，已经掌握了数千种菜肴的烹饪秘诀，实现了从下单订购到新鲜食材采购的自动化流程，显著缩短了整个行业的运作周期。同时，厨房内的热能通过生物质发酵的巧妙转化，变成了热电，再次为厨房的运作提供了绿色动力，与传统的电力相结合，形成了智能微电网，实现了能源的高效利用和能量转换。进而，城市建筑群构成了一个共生的生态系统，其中每个部分都能做出智能化反应。这种嵌入式智能和生态流动性将蔓延至街道、商场乃至整个城镇。技术与环境的融合，使得互动性和适应性成为环境的固有特性。在这里，"城市生命"的概念指的是有机体集合创造并适应自己的环境。在自然界中，每个生物既是其他生物环境的一部分，也是自己故事的主角。同样，智能机器也将在这一舞台上展开它们的共同进化。

然而，徐清东的目标远不止于此。他正以更加宏大的笔触，绘制一幅生态科技城的蓝图。眼下，**在这个全球化的舞台上，以"95后"为代表的奢华游牧者的崛起成为不可忽视的现象。他们追求的是一种自由、多元且高品质的生活方式，而生态科技城正是这一梦想的完美载体。**这里将汇聚来自世界各地的精英与才俊，他们带着各自的智慧与激情，共同推动商业与科技的创新发展。城市是个开放的系统。一条商业街的店铺不知换了多少代，但是"城市"的商业越来越发达。**徐清东认为，所有的企业要想踏准时代节拍，要想能够跟上时代，最重要的一个前提，就是要进化成一个符合自然规律的新生态。**

从商业模式来说，未来生态科技城项目以产业生态为基石，通过全产业链的整合与协同，构建了一个集技术研发、产品创新、市场推广于一体的绿色科技生态圈。在这个生态圈中，公共组织、教育机构与企业如同三块不可或缺的拼图，紧密合作，共同推动商业方向的创新与发展。而这一切的背后，是一个开放且流动的社会环境所提供的强大支撑。

徐清东的理念是"回归本质"，他把城市生活看成一种"生命循环哲学"，认为"循环往复，就是人生"。在一个安静诗意的环境中，读书体悟，完成对人类生命价值的深层意义的理解，并把这种理解变成环境，传承下去。在居住的"循环诗学"中，不仅能够找到精神文化的"永恒"，也能够在物质资源中找到材料的印证，徐清东阐述道："城市的演变不应仅局限于地域的扩张，更需顺应时间的脉络不断前行。"那些铸就城市灵魂的元素，在人类未来的历史长河中，应尽可能地延续其生命力，长久地存在于世。

衣食住行是人类的主体生活主题，而且是永恒的主题。人需要解决人与环境的问题，而且在解决人与环境问题的时候，需要再一次地思考自然。在徐清东的"循环往复"思考之中，是一辈人一辈人在一个宜人的环境中降生，直到这一辈人的死亡，以至于生活是一辈又一辈人的往复。**工业革命之后的人类，经过了精细的分工阶段，人成为工业社会的部件，因此，生活环境的构建，在本质上就是4个字：重返自然。**

在叙述徐清东的故事时，笔者实际上是在阐述一种绿色技术系统应当遵循的理念。我们并不缺乏优秀的理念，但在喧嚣的现代社会中，需要的是耐心去发掘并推广这些理念。城市作为人类能源消耗的主要场所，生活理念是一个将人文与科技紧密结合的领域。诸如"在环境中的个体如何生活，以及生活中的个体如何创造一个良好的环境"这样的议题，应当成为每位企业家关注的问题。在日常生活中，绿色技术能够使每个人成为碳循环的参与者，实现分布式零碳生活。基于循环再生的思维，甚至可以使偏远地区的创业者成为零碳创业者。以下，笔者将通过案例进一步阐释。

一种太阳能集水装置可以解决全世界22亿人的安全饮水问题

人类活动区域之中，城市资源集中，可以进行系统设计，但散落在海岛和荒漠中的小群体如何构建绿色生活，却一直是一个问题。而在思考问题的时候，发现人类事实上早就有了这些技术，工业设计师只是缺少一种"技术组合"而已。

一种简单的技术装置被设计师设计出来，这个装置叫作 Water Seer：将一个容器埋入两米深的土里，通过地上部分小型立轴式风叶驱动风扇叶片，向地下两米深处吹送含水空气（即使在撒哈拉中心地区，空气中也含有一定比例的水分）。利用温差，实现空气的水汽冷凝，可以产水。地表温度高的地方，产水效率也高。即使在沙漠地区，也能够产生安全的饮用水。一个装置一天可以产生40升左右的饮用水，从而解决沙漠地区和缺少安全水源的地区的饮用水问题。

为了对不同环境有更强的适应能力，可以进行不同的技术配置。装置中配备了主动收集装置，利用办公室饮水机中的制冷半导体模块、电池组和太阳能电池板结合，或者微型风电提供电力，实现全天候取水，为非洲、撒哈拉以南非洲、南亚和拉丁美洲大量非城市居民提供安全饮用水。而在全球，目前有22亿人无法获得安全的饮水。

对于这样的装置，还需要进一步研发，实现超长寿命大规模低成本化应用，成为人类离散型社区的标准技术。人类的创想、生态文明的思维需要和中国超大规模的制造业结合起来，真正成为一项绿色时代的普惠技术。

人类在"循环侧改革"仅仅处于点状的实验阶段，过去几百年的工业化进程，人类总是忙于制造，而忽视了再生。人类在几百年的工业化进程中，几亿人耗费的矿物，比人类历史上几千年在地球上生活的人类都多。人类为了获得稀有金属，需要大量开采固体矿石，然后利用化学方法对于矿石进行处理，每一年产生100亿吨含有重金属的次生物，是人类产生的最大的废物流，这样的生产方式需要绿色技术的改造。

这些都是超越碳中和社会的问题，回到徐清东的思考，**我们人类走出了自然，现在如何返回自然，这是个大问题。**徐清东的思想里，城市里的所有材料都可以在另外一个地方再生。如果泛化他的概念，我们觉得每一块从矿山里挖出来的矿石，其衍生物和稀有金属都需要再生，这是一个庞大的社会技术工程，涉及每一个人的生活方式变革。

人类在化工冶炼进程中，目前的知识架构是不完整的，工业架构也是不完整的，从生态文明的技术完整性来看，只是完成了一半。在前文中，我们已经说过，如果将这些矿产冶炼带来的污染再治理好，人类的全球GDP增长就是一个负数。这是传统经济学不敢面对的问题，但现在真的要面对了。

技术不能被资本深度牵制，技术应该服务于最大多数人的生活，一种生活方式配套一种道德勇气，需要当下就去做决断。比如说，我们现在大量生产太阳能电池，在十几年二十年之后，我们需要将每一块电池板收集起来，将其中的砷化镓、碲、银、晶体硅、铅、镉再一次循环出来。这些放到大自然之中就是一种有毒物质，进入循环工业就是一种资源。

循环工业的第一价值就是减少开矿的进程，减少强酸强碱提取过程，实现资源循环。第二价值就是不让这些物质不经治理就直接进入环境，从而对于人类长久健康产生影响。在构建循环工业的过程中，需要大量培养理工人才,打提前量,进行材料回收的研发,让人类在追逐新能源的过程,不再陷入稀缺材料的短缺中。

在循环侧经济中,是该思考"终身雇佣制"的时候了

从人类学视角,而不是从经济学的视角来看问题,未来经济体和国家提供的社会架构,并不是无限发展和无限增长,而是在思考人类总体到达增长极限之后,该怎么办的问题。这大概还是回到让人好好活下去的问题。

人类的预期寿命在不断增长,人类社会总体进入老龄化社会也是可以预期的事情了。著名管理学家德鲁克在人生职业生涯的设计上,就有关于"上半生职业"和"下半生职业"的思考。人类的稳定职业周期越来越短,这是人类生活面临的最大挑战。一生在几个甚至十几个半生不熟的工作中,耗费了自己的大半生的光阴,既没有成为"专业人",也没有找到自己的工作成就。

"帮人找活干"是全球国家政府的永恒问题。我们的时代,碰到的都是"人换机器"的问题,我们需要找到"机器换人"的领域。因此,说循环经济是人类学的问题,恰恰是人类社会经济权力的分布图发生了变化。循环经济能够提供超稳定的职业生涯,从人类的中长期来看,维系人类本身的世代更替,需要有足够稳定的生活方式,动荡的生活方式不利于维系稳定的生育率。

循环经济让青壮年和老人都能够找到自己的职业,而且并不需要离开自己的城市和社区通过微小的材料回收点,就能够建立起比快递业更大的更持续的回收智能网络。

采矿业带来的环境影响巨大,以第三代半导体材料镓为例,需要在50吨矿物之中才能够提炼1公斤的镓。但在器件回收上,经过精细分类之后,通过在可再生含镓器件中重新进行提取镓就变得容易多了。以稀土为例,一吨稀土的提取矿物的过程需要耗费200吨的水,还需要使用大量的强酸。次生物之中会释放大量的游离重金属,这些污泥物难以处理。而随着精密电子工业的发展,对于稀缺金属的需求会越来越大。借助物联网技术,对于器件进行编号回收，能够减少整体的社会污染。因此，循环经济中的环保价值具备终身价值。

"终身雇佣制"并不是人为的设计，而是循环经济的职业稳定性决定的。"万物中和"循环工业一旦建立，就永远也不会停止，将成为人类普通人就业的"最大水库"。人类大部分的聪明才智，都将投入循环经济之中。再去理解徐清东"循环往复，就是人生"这句话，我们就能够理解循环经济"安人"的道理，这是一种以人为本的哲学。

碳能源是人类的第一大污染产业，采矿业是世界的第二大污染产业。由此类推，所有的工业门类都会进入一种新的世界里，这是对于西方经济学的超越，也是对于未来的期许。

思考与练习

请描述未来3~5年的愿景，包括个人成长、职业发展和社会贡献，希望创造的核心内容（可能是特定项目、技能提升或社会影响）。

下篇

生态圈经济管理和共益组织的未来

当"碳中和社会"到来的时候，社会经济的主要行动者还是"有行动力的企业组织"。但这个企业组织，和我们过去看到的普通公司组织有很大的不同。每一个新的企业组织都是社会资源的整合者，并且在供给侧和循环侧经济中占据一个有利的生态位。

20世纪的管理学革命极大地促进了生产力发展，人以什么样的方式组织起来，采用什么样的激励机制和约束机制，都要建立一种新的管理结构。新管理学建立在"消费侧、供给侧和循环侧"形成三元框架的管理学，本质上属于未来。笔者只能在逻辑和技术文明的演化规律上进行推导，未来就存在于现实的蛛丝马迹之中。

第五章
未来产业发展战略：生态圈经济中的企业运营和管理

人类的顶级经济生态应该是**生态经济**，但能够主动构建的架构是**生态圈经济**。这是一种上下位的关系，生态圈经济提供了外部的整体约束条件。

生态圈链主企业主要思考"循环侧经济"和"供给侧经济"的问题，但在市场之中，以客户为中心具有一定的局限性，我们必须将用户价值放到第一位，这样的思维方式体现了一个企业运营的本质。

关于未来的企业如何进行管理的问题，需要抱持一个原则，不管是在循环侧还是在供给侧，都要面对不同的用户，将自己的才智调动起来，满足用户的需要。在生态圈经济中，供需双方都建立在一个智能化的平台上，遵守共同的管理准则。

未来的企业家不能跳出这个准则。在碳中和和循环经济的高级阶段，全球生态圈经济体都会执行"生态一票否决制"。现在觉得是高位的事情，未来这就是底线，生态文明将延续性和继承性看得比扩张更重要，这些都会变成现实。不过，这一切都建立在公平透明的全局数据之上，这就是未来的生态圈管理。

1. 未来产业生态和黑海生态战略

提到黑海生态战略，管理者可能会想起"红海战略"和"蓝海战略"等。在前言中，笔者对于黑海生态战略做了一个介绍。黑海地理环境特殊，在绝大部分深海区域，几乎没有生态存在；而在浅滩浅海地带，却成为世界最为

第五章　未来产业发展战略：生态圈经济中的企业运营和管理

丰富的物种繁荣地域之一。

因此，**在这样的生态启发之下，企业应该在主导产业基础上形成"主导产业+"的概念，利用自己的产业链和知识优势，建立智能数字一体化的平台，让产业链上的更多企业在这里实现共同发展，向产业链上的其他企业提供增值服务。这些进入平台的企业先行进入黑海的浅滩区域，在这里可以得到全产业链的战略赋能。**

游离于平台的单一产业链上的企业，往往综合竞争能力较弱，而具备自己的单一能力，这就和黑海深海之中的少数幸存物种一样。这些游离型企业一旦接入生态，就能够确定自身的核心优势，将单项能力整合到系统生态之中，形成一个和产业平台紧密关联，但不影响企业开放性的经营活动。

之前，处于主导地位的产业链链主企业想要整合整个价值链，是一个高成本的体系。随着数字智能化领域的底层技术协同能力强化，现在一些龙头企业已经将打造数字智能化平台作为企业未来运营架构的基础部分。在中国制造业品牌中，海尔的卡奥斯平台是典型的案例，企业已经投入足够的资源和技术，打造符合产业链需求的智能数字化平台，使其能够满足合作企业的各种需求。

张瑞敏先生的生态思维："黑海战略"、卡奥斯平台和赋能企业

"黑海战略"这个概念在中国最早是由海尔张瑞敏先生提出来的。他在多年之前，已经意识到了企业要从"产品竞争过渡到生态竞争"。在他的眼里，"黑海"则象征着充满未知的互联网世界，他认为要在未知的数字世界里，找到水草丰美的新领地，建立庞大的物联网生态，然后将海尔置入其中。因此，"黑海战略"被选择作为张瑞敏所倡导的数字化转型战略的名称。其战略目的就是在新领地里接受演化的力量和涌现的行为，让其卡奥斯平台成为企业创新物种的孵化平台。该海域的生态系统中不同种类的动植物会在局部区域内高度聚集，形成丰富的生态群落。笔者特意在"黑海战略"中间加上"生态"一词，以凸显其特殊性的概念创新，但实质还是张瑞敏先生的理念。

在"黑海生态战略"的构思之中,颇有道家思想的精髓。卡奥斯平台事实上正在转变为一种"自然",它是一个基于云计算、大数据和人工智能等技术构建的数字化生态系统,旨在通过统一管理和共享海尔生态系统内的各种资源,在全场景中为客户提供优质的产品和服务。

海尔生物是海尔集团旗下的医疗健康事业板块,现在也成为数字智能化平台的一个新生态。海尔生物成功地将其他行业的数字化服务模式引入了医护市场,并逐渐推广医疗云、健康管理等功能。还通过收购和并购方式增强其在医疗行业的影响力。实事上,海尔生物的业绩非常出色,也从正面回应了产业平台的实践价值。

在生态平台上,海尔生物与其他工业品牌联手,在人工智能、大数据、机器视觉等方面进行探索,利用制造资源转向现代医疗科技领域,建立全数字化、数据化的医疗生态圈。海尔生物进一步打通了医疗设备、患者、医生、医院等各个环节,在大数据支持下实现了从临床前到临床后的全流程咨询、服务、管理、算法开发与应用。总体而言,海尔生物借助于数字智能化平台的开放性和创新性,在医疗行业内探索和构建数字化生态系统,为用户提供了更优质和个性化的医疗服务。

黑海生态战略核心内容是提供广泛、高价值的服务附加值,并建立用户、员工、合作伙伴之间的长期稳定关系,进而形成基于物联网技术的平台型企业。从理论上讲,黑海生态战略基于场景、消费者需求和共生体系构建数字化生态系统,提供用户全周期的内容和服务。将商业模式从单项产品延伸至包括产品设计、开发、市场销售、服务支持整个过程,从而打造良好的品牌效应和存活能力。

传统制造业往往具有复杂的业务线,数字化带来了智能制造、数字化转型等方面的赋能,优化了生产流程和提升了企业管理水平,进而提高了产品质量和生产效率。

低碳作为平台的智能化平台目标之一,智能化的能源系统能够实现低碳制造,实现在全流程之中实现数字低碳,精确计算能源消耗,并在平台上逐

第五章　未来产业发展战略：生态圈经济中的企业运营和管理

步实现全平台能源管理，引入绿色能源系统，建立低碳平台。

集群效能的主要目标就是提高效率、降低成本，建立低碳和低能耗的生态群体。作为卡奥斯平台的集成管理方，一旦在国家政策层面推行"低碳战略"，并且要求平台承诺"碳中和时间表"，则这个平台可以在整个价值链上转变为低碳平台，就像苹果价值链要求所有平台协作企业在2030年实现碳中和目标一样。我们也可以认为，作为数字智能化平台的卡奥斯，就是一个碳群经济在制造业等各领域的探索实践。

卡奥斯数字智能化平台，作为海尔在数字化浪潮中精心构建的生态系统基石，承载着实现其生态战略华丽转身的重要使命。该平台**深度聚焦于通过全方位的场景互联互通与资源高效整合，携手各方力量共同塑造一个繁荣的物联网生态平台**。它致力于在瞬息万变的市场环境中保持敏捷，不断激发创新活力，旨在推动产品、服务及用户体验向全面智能化迈进。尤为值得一提的是，**低碳环保的理念已深深植根于卡奥斯平台的核心价值之中**。

海尔的每一步行动，都深刻展现了他们对城市、生态系统与新质生产力之间错综复杂关系的深刻洞察与前瞻思考。他们敏锐地捕捉到生活中的每一次脉动，尤其是工厂、新能源、交通网络及现代工业设施等基础设施领域的变革趋势。卡奥斯平台正是在这样的背景下应运而生，它不仅是应对社会成本攀升与日益严峻环境挑战（如二氧化碳排放量激增）的利器，更是推动可持续发展的关键力量。

同时，我们看海尔，不能从管理学角度看；还深刻认识到，生产力的发展并非孤立存在，它受到诸如家庭结构变化（如小型化趋势加剧、人口老龄化等）等社会经济因素的深刻影响。这些变化不仅重塑了社会经济结构，也对生产力布局提出了更高要求。因此，海尔在推动智能化的同时，也致力于寻找平衡发展之道，确保技术进步与社会、环境的和谐共生。

2. 未来国家创业者：生态圈经济中的企业如何创业

摆在我们的面前的商业现实是一个接近于零利润的环境，通过全球商品贸易和价格变化的现实，企业正在受到典型的结构挤压。由于资源端好开采的原材料已经被开采完了，资源获得的代价越来越大；同时，在消费侧，由于企业本身没有足够的定价权，平台采购的成本越来越贴近企业的成本线，这些商业现实，从传统增长思维来判断，这些企业在某种程度上正在变成事实上的社会福利企业。而且，作为一个单独存在的企业，很难改变现实。**这就是全球当下的创业环境，一般消费品行业没有几个企业能够做一个"反常者"，大部分都无法摆脱"利润像刀片一样薄的命运"。即使像海尔这样的全球家电巨头，也一样遵循着两头挤压的价格趋势。在成熟市场里，全球数字化竞争的本质，其实没有什么特别的，就是赤裸裸的价格竞争。**

可以这么说，这是一个简单创业并且发财故事逐步消失的时代。增长和扩张只在局部结构体系之中发生，不会出现大面积的普惠式创业成功的事情了。原因很简单，使用昂贵页岩油（高成本资源）的经济，创业成为高门槛和结构性的事情了。

一个典型的生态圈创业者需要如何行动？笔者认为在生态圈经济结构之中进行生态位创业的时代已经到来。扩张和增长思维在我们这个时代是否还可取？事实上，在当下和未来，**很多企业的成功，都是依赖于所在生态版图的扩张**，如果不是生态圈之中的链主企业，只能转化问题：一只小鸟寻找整个鸟群的问题，一只蜜蜂归入整个蜂群的问题。

现在的生产场景，是一个理工和数学构成的时代，这是技术文明在全球崛起的主要标志。数学变得越来越重要，整个生态圈经济，在本质上就是一个超大的知识圈和知识链，拥有知识的团队驱动着一个大科学工程链条。这个趋势在可以预计的未来不会改变。

我们所说的循环侧经济的大发展，也是大科学工程的产物。

生态圈的产融模式将成为创业者的加速器，回到金融和资本投资的本质，就是起到一种加速器的功能。这些生态圈产融不会投资竞争已经白热化的领域，在有限的市场里，由于总体消费购买力的限制因素，未来几十年，人们会看到消费侧经济中，这种资本白热化争夺的退潮。就如现在一个数字平台，争夺一个用户的成本已经达到了400多元人民币。而且，这样的成本还会不断增加，最终，作为消费端的成本也会压向创业者。**新消费只是对于旧消费结构的破坏，并没有创造出更多的就业机会和更多的经济价值**。在经济发展的总盘子里，这不是增长因素。

智能数字化平台只是瞬间加剧了竞争，但并没有提供巨大的经济增量。增量是消费侧规模的扩张，过度竞争也可以缩小经济规模本身。供给侧总体价格指数缩水，最终传递给消费侧，影响收入，消费侧也会缩小。虽然如此，平台还是需要继续进化，这是数字世界的规律决定的，我们鼓励这种进化。

创业价值本质上都是人定的，定义价值仅仅是一种观念。循环经济领域的创业机会就是如此，留给大部分普通劳动者的未来就是更多从循环侧经济中去寻找机会。一旦国家和全球主要经济体确立转型，无数中小创业者就可以在某几种基础材料循环领域找到自己的生态位。**每种稀缺材料循环链，都可能会构成一个全球性的循环生态圈**。笔者觉得，中国人应该率先在这个新领域进行战略布局。循环侧经济现在还处于被主流经济学歧视的地位，在观念领域里，主流经济看不到，才是一种战略机会。

循环是一种事业思维，在本质上并不是扩张思维，因此，这些创业者可能会在创立新的组织形态，以超越一般的公司股东概念。

而对于想要做大事业的企业家来说，其挑战是前所未有的。我们可以观察一下平台数字化时代的典型创业方式，在数字化早期，都存在一个短暂的红利期。现在的数字化创业者的创业方式，就是在一个平台吃红利，然后跳到下一个平台吃红利。机会总是存在的，但存在的机会都是短暂的。一旦在不同红利期跳跃出现了问题，就会陷入我们所说的"零利润"的局面，进入一种商业上的常态。

数字智能化时代有一种常态，就是消费者和生产者在信息上是对称的。在对称环境之中如何经营企业，是这代企业家的难题，一切环节都会变得透明，所以再想借助信息不对称进行获利的机会很少，可能一个机会只有几个月的窗口期；在金融市场，这样的投资机会可能只有10秒钟。

而对于**少数能够实现巨大增长的企业家而言，这个企业家需要有一种决心，去解决人类到目前还没有解决的问题**。如果说在生态圈经济时代有什么创业哲学，这就是创业哲学，**原创型、突破型的经济形态，需要成为自己事业的主导部分**。

但这不是纯粹创新的概念，**任何创新和技术革命，都是新旧技术体系的融合，而不是纯粹创新的产物。在革命性的产品和生态之中，使用10%的新技术，也就是一种原创经济。这是一种完整的创新方法论。**

布莱恩·阿瑟是研究人类技术史的经济学家。在他的论断中有一句话值得重视："**技术即经济。**"他将技术本身的演化进程看成是一种有规律的类似于生物的行为。

在技术思想家的眼睛里，技术就等于金钱，传统的经济学家和创业者的眼睛里只看到利润，没有看到利润的本质，**经济其实在一种新的技术组合里**。本质上，我们再去看生态文明和碳中和，或者整个循环经济的时候。在技术范式领域，这就是一个新的技术组合。因此，未来的企业家，留给这些"为创造而生"的人，这就是一条主要的道路。

让我们再来回顾一下经济史。随着数字智能化进程越来越具备个人的颗粒度，社会权力者想要半路进行拦截财富，已经变得越来越困难。一个不创造核心价值的经济体，很难在中长期维持下去。一个不能主动创造知识，而仅仅借助外来知识输入的企业组织，在中长期进程中，必然进入停滞的状态。

其实，强势货币和配套的金融范式永远是和技术经济紧密捆绑在一起的，新的创业家需要建立一种对于技术的信仰。在这种信仰下，敢于去做技术研

第五章　未来产业发展战略：生态圈经济中的企业运营和管理

发，深度思考技术的意义，确立自己的技术优势。

技术经济是人类百万亿美元产值的基础，也是硅谷和深圳这些科学中心的立足根基。在生态文明阶段重新认识技术经济，也具备同样的意义，生态文明依然是一个更为强大的技术文明，因此，未来的企业家，往往是具备企业家精神的科学思维者。

碳中和社会的技术创新，"向未知要财富"的核聚变研发

人类的下一次工业革命，必然伴随着一场能源革命。其中，有一项一直在路上，但是离实际应用还远的技术，就是核聚变能源。人类制造氢弹，只是一种武器，只是一种瞬间的爆炸。可控的核聚变技术，是人类在碳中和社会中的"终结技术"。

如果可控核聚变经过实验工程运行，迭代到可稳定运行的可控核聚变电厂，这就意味着风能和太阳能这些用普通物理和化学方法，经过复杂制程得到的低密度能量体系利用模式的淘汰。核聚变是一项超级技术，可以改变人类经济的基本生态，人类资源的相对贫乏，事实上是能源利用能力的欠缺。这一项技术的未来，让我们这个时代转变为人类史上的"过渡时代"。

在生态圈经济之中，对于一种战略技术，我们可以找到一种叫"国家创业者"的新组织形态，可控核聚变的技术挑战，已经超越了任何一个企业所能够承受的能力。国家创业者没有短期盈利的压力，因此可以帮助解决一些人类面临的战略难题。对于可控核聚变的研究也是如此，全球主要国家都动用了军事科研、大学实验室和国家实验室，龙头国有大企业以及私营企业等所有能够组织起来的力量，来面对一个不确定性的研究。

这项技术系统，从苏联在20世纪开始建立第一个实验装置，已经过去了70年。人类数以千亿的财富在这样的实验装置里耗费掉，因为所有国家创业者都认识到，可控核聚变不是一项技术系统，而是人类社会本身。在能源和工业领域是一场革命，在生态创造力领域也是一场革命，借助可控核聚变技术系统，建立清洁能源系统和清洁工业系统，人类能够建立和自然的一种和

谐关系。

"向未知要财富"是一种面向未来的行动哲学。中国有这样的一批企业家，美国也有这样的一批企业家。他们是现实经济的破界者，这和很多普通创业者去剥削普通劳动力的有限博弈型的经济形态完全不同，这是一种弱势创业者的文化。在生态圈经济中，与灌木夺取小草的一些阳光雨露是一样的事情。那些研究战略技术的公司，本质上就是在技术领域重建游戏规则，在**技术经济的新大陆重新构建经济本身**。现在可以明确地预言，人类无穷无尽的财富就蕴藏在可控核聚变的未来中，但只有成为"人类英雄"的企业家，才敢于用自己的人生在这样的领域里下注，**一代人填进去不够，需要好几代人将一生填进去**。

2021年12月，中国核聚变托卡马克装置，实现了1,056秒的连续高温等离子体运行。在当时，这创造了一项人类聚变能源的纪录。正是因为中国人的努力，人类离可控核聚变实验电厂之间，缩短了一大段距离。而实验发电厂的规划已经在规划之中了，人类期待着点亮这一颗"人造太阳"。

未来的国家创业者和战略创业者，其内在价值已经转移到"人类贡献"这样的宏大领域。对于生态圈和生态圈的贡献，才是这些创新者的精神安置的乐园。

可控核聚变是人类碳中和社会的根本性解决方案，在事业还没有展开确定性之前，整个巨大的知识生态就已经进入无可借鉴、无可追随的探索者姿态。这使得未来的创业者都变成一种事实上的"孤勇者"，其核心动力来自内心，而不是企业成熟系统之间的价格战争。

生产率竞争者和超越者之间，在面对未来的艰难选择的时候，有人会选择难而正确的事情，敢于面对风险和失败，即使留下失败的知识路径，也是一种有益的探索。宽容创新者是一个社会能够持续发展的关键文化。

人类在科学道路上留下的果实已经越来越少了，未来的技术经济都是大投入、大产出的技术领域；在经济领域也是如此，**轻巧易得的利润已经越来**

越少了，高难度的果实都处于高端，而技术顶端和固有利润在内在结构上又高度关联。

如果说一个企业家从一开始就思考一项做大做强的事业，**首先就需要确立自己企业的知识优势，并在知识优势基础上转变为一种核心技术和产品优势**。在这样的基础上，汇集更多的技术企业，形成一个技术生态，再小的技术生态，也有继续进化的动力。

企业家要做的第二件事情，也是贯穿事业始终的事情，就是不断进行"找圈—找链—找位"的流程。不是创业者自己有多大的本事，而是本身在一开始就骑上了千里马。

在社会之中，真正理解技术价值的人，在商业圈之中，也注定是少数派，但革新也永远属于少数派。最大的困难就是最大的机会，迎难而上的企业家和顺水行走的企业家，都是社会经济的一道风景线。

好在对于绝大多数创业者而言，循环时代就要来了，在循环经济中去找到一个构建中小企业的机会，这是可以预期的事情。**下一代的创业者在面对未来的时候，要么创新，要么循环，这些都是能够创造财富的领域。**

3. 未来组织新形态：公司组织、DAO、Web3.0 生态智能组织

在 2050 年，当我们回望今天的社会经济，会觉得今天这些人碰到的所谓迷茫，都是历史的一个小漩涡而已。

公司这个组织形态具有极强的生命力，这种"所有权"经济概念延续了至少上万年的时间，发展为一种保护资产及资产增值的组织形式，这就是公司。**公司存在的哲学，人们以构建私产为生存的第一要义，因此，"股东主义"就是公司组织的底层动力。**

作为物质稀缺时代的组织形式，公司就是一种结盟扩张市场、挤压和消

灭竞争对手的组织形态。竞争是促进经济创新的终极手段。建立在"稀缺经济学"基础上的创新，企业组织就是通过不断实现资源新组合，来建立相对的垄断优势，保证公司组织在某一段时间内取得竞争优势。

在过去，管理的核心观念发生了几次比较大的翻转，最终转变为**"以客户为核心的心智竞争"**上来，并且流行了大约30年。现在，以客户心智为中心的公司战略定位也出现了问题。原因在于过度关注市场和客户的需求细节，就湮灭了颠覆式创新，或者在应对用户过程之中，耗费了过多的精力，将企业创新的基本职能忘记了。

"以客户为中心"在现实管理过程之中，很容易变成"客户主义"。事实上，当一个公司发现市场上的竞争对手满足客户的方案的时候，需要构建的系统就是要用更有竞争力的方案来替代之。但大部分公司则沿用了过去30年营销主义的思维模式，结果是什么事情都做对了，但被更有革命性的竞争对手替代了。

公司在数字智能化时代，管理不要泯灭创新，已经成为管理学界的共识。很多大公司都开始反思自己在过度关注客户的过程之中，尽量做一些风险小的模式创新，而不敢去做一些风险更大的替代性技术创新。这是营销战略支配之下的战略管理缺陷。

公司是顺应人性的一种组织形态，人们对于私产的狂热追求可能已经作为一个基因片段嵌入整个基因组里。因此，我们在今天已经看到了庞大公司组织的组织进化，其中，海尔公司的内部创客制和卡奥斯数字智能化平台就是一种面向生态圈经济的管理探索。

一个公司向生态圈经济转型，首先就是想着去解放人。那些守成者可以待在原地不动，兢兢业业完成流程工作，但对于创新者来讲，需要用另外一套模式，将人从固定的流程之中解放出来，实现人尽其才的管理目的。仔细想一下，**企业的创新本质上还是在人的身上，如何激发个体，在公司平台上进行再创业，这就是现在管理学探索的主要方向。**

第五章　未来产业发展战略：生态圈经济中的企业运营和管理

海尔集团生态圈构建：从内部创业到链群合约

　　传统工业企业强调的整体划一，制造出符合一流质量标准的成熟产品，但一个工业企业已经无法面对更大生态圈经济的挤压式竞争，全球数字化平台对于海尔这样的领先的家电品牌同样造成巨大的战略压力。压制产品价格，随着利润的收窄，海尔一方面要聚焦主业，但在另一个方面，激活人、解放人成为管理的核心要义，找到内部具备企业家精神的人，让这些人在主业的关键技术侧链上做成的创新，让员工成为创业者。企业设立专业的资源部门，对这些已经做成事的人给予战略级别的支持，让这些新企业成为海尔的战略增长点。这是中国大企业的一次管理架构的探索和远征。具备企业家精神的创业者凤毛麟角，海尔也在外部市场寻找全球创新的亮点，在全球寻找关键人才和年轻企业家这些战略层面的稀缺资源。

　　从一家企业转变为一个生态圈，将企业的稳态运营的底层价值观转变为动态平衡的"量子价值观"，企业需要引入"全员参与、全员共治"的模式，发挥每一个员工的主动性。这种主动性正是创业者的主要特质，那些拥有恒心和技术，又拥有主动精神的人，需要被发现，逐步成为理解海尔文化，但又能够引导创新的人。在海尔内外部组建团队，成立独立的经营单元，这些独立的团队可以创造出超越性的成果，而这正是海尔内部创客制的一些思考，由此也形成了一个世界级的管理概念：链群合约。

　　在生态圈经济之内，领导者必须承认自己的局限性，已经部分失去了做模糊决策的能力，管理在成熟流程增效领域是有效的。比如，让一个清洁工工作效率提高20%，能够找到激励方法和监督方法。但是在生态思维领域，好东西是自发产生的，是在一种混沌状态自组织生发出来的美好事物。这不能依赖于"牛顿的机械观"，而是在充分激发个体创造力之后，让这些人在一起自由组合。通过一种创新的"临界态"，让海尔内外部体系之中，不断出现创新涌现的情况，这是一种管理核心价值观的变革。我们还需要继续观察海尔的管理创新之路。海尔一旦在海尔生态之中创立了一个拥有巨大价值的新企业，这就是海尔对于整个管理学的贡献。

从生态圈经济的视角来看待数字智能化卡奥斯平台,这是一种产业互联网平台。这就意味着海尔在生态结构的顶端开始发力,**在数字空间里构建一个"产业大脑"来协调整个生态圈的大小事情,在企业家管理的上位,建立一种开放式的资源生态**。我们也可以这样认为,卡奥斯平台是建立在数字空间的一座城市,整个城市会有不断的移民进入,带着各种各样的资源,在生态圈之中寻找自己的位置。从这个视角来看,这是在数字智能化世界里再造一个海尔,在企业的上位构建了一个更为庞大的产业生态,一种产业数字化的孪生世界,实现了全流程、全链路和全场景数字化。这意味着所有在平台上跑动的企业都能够产生海量的数据,通过这样的数据,成千上万家接入平台的企业都能够成为数据企业,整个企业体系就变成了一个巨大的生态有机体。

最大的机会可能在企业的外部发生,或者已经发生。巨大生态圈经济的价值在于,这生成了一种机制,就是对于"创新价值的快速捕捉"。海尔从一个家电制造和销售的企业转变为一个"创新资源和客户价值的捕捉者",寻找外部具备企业家精神的团队和已经初成的项目,进行赋能投资和价值链赋能。**满足一个人成为资产所有者的内在追求,这就是在激发人性的创造力,无恒产,无恒心。**

链群合约和卡奥斯平台,是海尔管理系统的变革体现。这种"一内一外"的整体发展哲学的变革,体现了中国管理在21世纪的探索性和适应性。作为一个以制造业立国的国家,工业企业需要一种升级转型之路。事实上,卡奥斯平台已经让海尔成为一家生态圈经济中链主企业,将"企业家创新精神"机会捕捉的机制内化到卡奥斯平台的程序之中,这是平台的精髓所在。

海尔已经开展零碳企业的构建工作,卡奥斯平台也正在进行全生态链的碳管理。这是面向未来的事情,作为和环境友好的架构,已经在战略落地的路上了。

市场经济的本质是竞争,竞争的本质来源于资源的稀缺性。博弈产生了无数的人间悲喜剧，但市场经济本身也面临着技术的巨大挑战。这种挑战就在不远的将来发生，而能源革命，将人类推到另外一个陌生的新世界。

从稍微科幻一点的角度来看，以核聚变能源为动力源的经济，理论上，这是一个无限能源，无限能源之上可以构建无限财富。合法的财富真的达到了丰富的程度，就像江水和沙漠里的沙子一样，让个体囤积财富变得没有意义。**因此，在技术先驱所构想的未来经济蓝图中，使用权已凌驾于所有权之上。人类成为地球这一宏伟舞台上的临时租客，无须再为那些非必需品而积累囤积。共享经济，作为一种新兴的经济模式，正引领着一种低碳环保、资源高效利用的生活方式。**

在过去几十万年的历史进程之中，经济本身也受到了怀疑。在技术上解决了能源问题和环境问题之后，人类在生产领域可能会逐步退出，智能机器和智能自动化工业按需生产，提供人们的普遍需求满足。那么，人本身的价值体现在什么地方呢？

笔者认为，核聚变等无限能源扩展之后，类似于DAO这样的全球一体化的组织形态才会发展起来，成为和公司组织一样普遍的组织形态。

DAO和Web3.0生态智能组织

研究管理的人现在面对着一个流行趋势，大家在认识到复杂组织的时候，会引入一种生物思维。美国企业家奥瑞·布莱福曼和罗德·贝克斯特朗一起，发展出了一种"海星式组织"的概念，谈及的是互联网时代的组织架构。二人也是公益项目的负责人，在经营企业同时在运作非营利组织的过程中，**发现了一种多中心化和去中心化的组织形态。这种组织没有特别一个权力中心，但资源在多中心网络之中自由流动，是一个动态不断自我优化的网络。**他们做了一个比喻，如果拧掉了蜘蛛的脑袋，蜘蛛就死了，但如果扯掉海星的一只脚，海星会长出新腿，被扯掉的脚也会成长为一个完整的海星。

公司组织是方生方死的，在不确定性的时代，独立创业的公司只有1%能够发展成为有正常运营能力的中小企业，在生态圈之中的创业行为可以大大增加生存的概率。**未来的商业组织，肯定会更具生命力，或者说打造不死的组织代表了人类的愿望。人类创造一个组织，最终将自己的人生装进去，而不是被组织越绑越紧，最后失去人之为人的东西。**人类在解决一般生活需求的领域，正在经历着暂时的短缺，而逐步从生存的恐惧本身转化为对于精神领域的更高追求，商业组织会在营利和非营利领域找到一个平衡点。

DAO 是比"海星式组织"概念更现实的组织形态，现在只是露出了小小的萌芽。在两个企业家发展概念的时候，区块链技术还没有像今天受到人们的普遍关注。区块链作为重新链接人与人之间关系的算法系统，使用一种机器信任来构建一种组织形态，这种组织形态可以是营利组织，也可以是非营利组织。

之前，全球性的非公司组织，没有一种基于底层的协作机制，信任是极大的运营成本。现在，区块链在某种程度上已经解决了这样的问题，彻底解决陌生人协作的经济理想已经变成了现实。组织底层基于加密算法和机器执行，具备高度的稳定性、效能性、全球协作型的 DAO 形态也在发展之中。

在技术思想家的眼里，一切都可以归纳为技术，人类的组织形态也是一种技术体系，公司组织由于复式记账方式的普及才能够存在；同样 DAO 因为区块链技术的存在而获得存在的可能性。

DAO 并不是无限的营利组织，应该是基于个人价值创造的组织形态，涉及人的尊严和生命价值的问题，做最好的自己，解放的是个人约束的问题。在后公司时代，人需要一种组织结构来证明自己，这是基于人性的需求。因此，当下很多声称自己为 DAO 的人，将这样的组织形态变成所谓裂变营销的工具、数字通证的发行工具，都是对于这个组织形态初衷的背离。

本书讨论了在生态圈经济有限的边界里建立组织，笔者在前文之中提到了数以十亿计的协作平台，基于碳中和的价值计算和社会福利的发放，最终需要进入一个可以进行追溯的机制当中去，监督算法机制可以几个小时完成整个网络交易的监测，维持网络底层的公平性。

循环经济侧的可能会产生最大规模的 DAO 形态，这种去中心化和多中心

第五章 未来产业发展战略：生态圈经济中的企业运营和管理

化的组织形态，依据算法完成价值分配。福利社会的一些价值衡量体系也会使用 DAO 系统进行协同，社会服务机构和民间的服务组织也会使用 DAO 的结构。这样的组织架构，既可以成为营利的组织，也可以成为非营利的组织新形态。

可能在未来某一天，很多主权国家会和《公司法》一样出台《DAO 法》，建立全球统一的标准。组织雇佣关系和非雇佣关系如何处理，需要协同。而现在，谈及组织的全球标准还为之过早，多中心和去中心化智能协同战略、智能生态标准都会诞生。数字化监管能够实现标准化、透明化，在碰触法律的问题上，政府监管还会继续发挥强大作用。

说完了 DAO，我们再来看另外一个"新生产者的形态"，这就是 Web3.0 生态的未来。笔者在循环侧改革的章节里，预测了人类普通劳动者在未来，可能最大的就业场景就是循环经济和万物中和的系统之中。Web3.0 生态则建立了一个有数据归属的互联网，在大部分人被排除出实体生产系统之后，人还有一种角色存在，就是数据生产者。人的一切行为，都是数据生产者，数字智能化平台想要数据，就要付费。数据生产同样是无限领域，一流人工智能和创作者合作，自动生成的可体验的元宇宙，起到现实之中收费站的功能。因此，创造高质量的数据，对于很多人来说，也是创业就业渠道。我们今天小看这个领域，未来却是主导型体系。

我们说人工智能的本质基于大数据，大数据的生产者是每一个人。既然人工智能已经成为工业系统最大的实体产品生产者，还有一些把握着社会资源的少数链主企业，Web3.0 生态让数据和数据之间形成一种自动交易结构。

举例来说，一个设计师设计了若干别墅完整的施工图纸，放在自己的数据库里。本来一个设计方案需要 4 万元人民币，但数字平台在获得数据授权之后，将这份设计方案卖给全球用户，每一个收费 600 元，获得了 600 个用户。设计师专注于自己的设计，整个交易由人工智能平台自动完成，平台和设计师都获得了收益，这就是个人数据产权基础上产生的价值。

很多未来创业小企业都是有效的数据生产者，拥有高质量数据生产能力的人，也就成为生态圈经济时代的典型创业者了。

　　创业者和想要成为未来生态圈经济的高质量数据生产者不是一件容易的事情。混合型的公司组织形态可能代表着主流的未来，公司是中心化的，DAO是去中心化的，二者之间融合成为一个新的生态圈。公司在去中心化组织之中，去寻找投资的价值点，进行商业价值转化。就像电影公司基于生态圈经济寻找出色的剧本和剧本创作者一样，去中心化的组织形态最大价值就是在推动创新方面，不受成熟系统流程的干扰。

　　在一定程度上，生态链中的核心企业确立了"发展旨在营造优质环境""绿水青山就是金山银山"的基本原则，这构成了生态经济的界限。无论是公司组织还是未来的DAO，都不能违背这一界限。DAO的创新活动与企业的基金会相连接，创新者被引导进入生态经济体系，并最终由公司组织执行创新流程。

4. 未来生存新策略：在生态圈价值链上的四种生存策略

　　企业在选择生态圈的过程之中，需要特别慎重，这是未来企业生存的关键一步。企业在不同的生态圈经济之中，决定了企业处于上升的战略通道还是下降的战略通道之间，企业一旦和某一个生态链紧密捆绑的话，一般都很难挣脱这个生态体系。

　　关于当下和下一代企业如何创业的问题，其实所有的成功失败者，都在完成一件事。一个是在双盲条件下的创业系统，创业者想要干什么来自内心的驱动力，在盲动过程之中，逐步微调自己的事业体系，绝大多数企业的失败经历都在重复这个过程。

　　事实上，成功的创业者，往往一开始的眼界就是一条价值链。在一个有

第五章 未来产业发展战略：生态圈经济中的企业运营和管理

前景的生态系统之中，和生态一起成长，解散一个旧的价值链，重新组合一个新的价值链。**本质上，新的竞争模式都是生态链上的替代游戏，未来的公司都是打破和重新链接客户价值链而生的。**

在生态系统之间的高水平竞争之中，个别游离的企业很难找到自己的位置，游离态的企业是最危险的。这些企业没有生态圈的庇护，直接暴露在草原上，就如一个婴儿在非洲草原上爬行。

现在的企业只能够在生态结构之中去实现盈利，一家企业的出现，就是面对一个确定的需求，让价值链重新连接一次。让客户的购买的流程被改变，这就是一家企业存在的直接目标。那么，**这些企业的生存方式同样在于不断迭代自己，将自己不仅变成生态链环节上的最优选择，同时也时刻关注到全球范围内竞争对手的进展情况，这就是大量"专精特新"企业的生存方式。**

从高精尖的战略工程技术而言，这些企业在生态圈之中，会越来越特化。这种向精深特化的行为，代表着企业在生态圈经济之中经过充分竞争和被选择形成的一种结果。

我们在本书之中，关注生态圈经济中的链主企业，并且说明，**领导生态圈经济的链主企业家，已经是一位社会经济的治理者**，而不仅仅是经济领域单一利润的获取者。在这个层面上，我们可以观察美国在技术生态圈中的企业，这样的企业大概不超过50家。反观中国也是如此，能够发展出巨大生态圈经济的经济体，是一种幸运。

超大的生态圈经济体能够将社会责任和企业利润实现统一，巨大的规模和巨量的资源，就意味着他们需要去解决中小企业不能解决的问题，能够通过企业的形式，将巨大的资源统合起来，完成一些对于社会影响巨大的系统构建。这些企业个人收入比较高，也是一种社会约定俗成的一般激励机制。

绝大多数企业都不是生态圈经济中的基石物种，每一个企业的开办逻辑在本质上并没有改变，就是坚持自己的不可替代性。这种不可替代性的时间维持得越久，在生态领域的渗透就会越广泛，这种应用分布有利于企业保持自己的生命力。

从客户的视角来看，一个企业经营的是自己的链群，各种客户共同构建的一种关系网络，企业需要尽力维系客户购买流程不被改变，客户和用户购买行为转移，对于这些生态圈上的企业来说，是很可怕的一件事情。

生态圈中的企业在"专精特新"之后的风险依然存在

比如一旦做了巨大生态的零部件供应商，毫无疑问，在供应链上能够拥有很高的地位。但一旦被生态决策者甩出来，对于企业来说，就是灭顶之灾。企业经营无论在哪一个时代都是高风险的事情，未来也是如此。

而且，在碳中和生态战略和生态圈经济结合的时候，比如某个手机品牌需要全生态链在2030年达到碳中和目标。很明显，这是一条自上而下的标准改变的行为，不能在生态圈经济之中，做完整的环保认证体系，也就意味着被剔除出供应链。

我们知道，随着环保观念进入消费市场，促进了消费者对于环保的自觉，在选择的时候，会刻意进行区分，切断高污染产品在市场上的流通，在本质上就是重建了一种生态关系。这是未来在消费市场出现的一种改变，从生态圈视角和环保友好视角来重建客户价值链，实现对于停留在旧时代企业的替代。这是未来全球性的生态圈链主企业必须做的事情，现在，已经在行动上顺应市场了。话语权是未来环保渠道和消费者共同塑造的，环保终将成为一种整体的倒逼机制。

一家在生态圈上运营的企业，典型的生存策略就是围绕着一个战略供应链进行产品和技术转化，甚至在整个企业技术文化上全盘接受了生态圈的标准要求。更难的时候，已经完成了在知识产权领域的深度连接。一般情况下，这些在生态圈之中已经实现高度依赖的专业化企业，很难剥离整个知识体系的捆绑。因此，单一企业不再是一个独立的事业单元，恰如器官上的一部分，剥离出来之后，企业就无法存活。观察企业案例，这种现象很多。**生态圈中的知识产权网络就是一种"软控制"的方式，无数大企业在做研发布局，事实也是一种整合社会经济资源的方式。**

第五章　未来产业发展战略：生态圈经济中的企业运营和管理

因此说，企业管理的假设是稳定盈利，企业管理者企图从内部掌控这种管理状态，那只能够获得一种自我安慰。在平台生态圈已经确定的情况之下，给予中小企业的位置，其实就是专业化甚至专一化，在客观上，让企业走了一条精深之路。

笔者在描述生态圈经济中的一些企业管理行为变迁的时候，说出一个观点，无论在过去、现在还是未来，经营企业的困难不是越来越小，而是越来越大，"独立创业"已经成为一种理想主义。

现在的企业管理者不仅要关注自己的生态圈经济，也需要关注不同生态之间的混合竞争，必须是一种从大到小的俯瞰视角，才能够做好一家小企业。之前，管理者都在说，要做好自己手头的事情。事实上，如果没有从大到小的视角，根本就无法判断做的事情是不是正确的。这使得在当下和未来，即使规模很小的企业，也需要持续的企业家精神支撑，划定明确边界的管理行为，不见得会带来好结果。

关于中小企业在生态圈经济之中的价值贡献的方式，一共有四种，这也是企业的一种生存策略。这和迈克尔·波特提供的战略竞争模型已经不同了。

第一种策略是替换策略。企业在生态圈经济体之外，做出了一种替代性的局部创新，对于系统类的功能部分实现了升级，这些生态圈的战略管理者就会主动进行机会捕捉，他们的管理内容其实就是如此。**将生态圈经济分成一个完整的技术版图，版图之中的哪一个区域的红灯亮了，他们就会主动出来进行并购**。对于战略管理者而言，他们的工作就是自愿整合，不会放过生态链上任何一个创新节点。

在生态圈经济之中，淘汰和进位的基本单位是一个企业，一个完整的团队，事实上也是如此。一个技术颠覆者或者超越者进来了，一个旧的企业就被淘汰出去了。面对这样的局面，作为生态圈中的企业，在提供标准产品的时候，还需要拼命创新，以至于不被整体替代掉。

第二种策略是侧链创新策略。一个在生态圈中的企业，和整个生态圈已经形成了深度的协作关系，但这个企业的管理者总是害怕自己被替代掉，每次链主企业里的人都不给好态度，于是，**这家企业的管理者除了完成价值链上的标准品供应之外，还发现了一个机会**，在暗地里完成了一种布局，研发了一种更基础的材料。这个材料具备巨大的市场价值。企业完成了基础材料的整个知识产权布局，并且完成了市场验证。这种出乎意料的成功，也进入生态圈的整体数据库。生态圈战略管理者决定进行战略投资，因为这个知识链的布局符合生态圈未来10年的战略方向。

这种方式改变了这家企业在生态圈中的地位，从一个供应商变成了生态圈的基石企业。生态圈经济的本质是完成一种面向未来的知识布局，一旦成为基石企业，也就相对安全了。

第三种策略是一种增强策略。在生态圈之中，面对用户的渠道很重要，因此，整个营销都是一张网。这些在网络中的渠道商，在生态圈之中往往是一种优势物种。营销部门在哪一个层级的企业之中，都是要害部门。对于生态圈经济管理者来说，这是直接贡献部门，因此，这是增强部门，任何后台技术和产品，都需要在市场之中实现价值。因此，营销不会是自动化的技术，是整个生态圈生存的基石。扩大客户群体是一种系统增强策略。

一般情况下，在生态圈经济之中，**营销渠道一般不会被替代**，原因很简单，直接接触用户的人始终把握着市场的核心权力，平台经济也好，生态圈经济也好，其话语权的本质，来自大量最终用户的认可。因此，在巨大的生态圈经济之中，中小企业作为经销商，地位一般都是稳固的。

第四种是结构洞策略，也叫创造新链接策略。在两个生态之间，充当连接器的作用，也是中小企业的一种生存策略。一些企业在生态圈经济存在价值，起到了一个触媒的价值，能够将两个三个大生态圈进行战略联合。比如在美国政经两界，就有一种"旋转门"机制，能够帮助生态去寻找一些战略支持。任何影响巨大的事业都是全社会资源协同的结果，在不同层次进行链接穿行的企业和个人，能够做到这一点，即使在全球性的跨国公司之中，在一些关键资源的争取领域，也会有不同的资源的连接者存在。

拥有关键人才的企业团队也是生态圈经济争取的目标。未来经济向顶端的路径越来越陡峭，"山不在高、有仙则名"的道理依然存在。这些关键人才的存在，能够改变一个生态圈经济的基本面貌。他们在知识之间创造了新的链接，就伊利亚·萨特斯基弗（Ilya Sutskever）在技术上创始了ChatGPT，在某种程度上，对于全球互联网的未来都进行了一场资源的重组。**让资源之间打散再重新连接一次，人类的互联网和人工智能又向前了一步。**

在生态圈经济之中，竞争并没有减弱，相反，对于单个企业的经营压力，还会不断加码。未来的路不好走，那些在市场竞争之中的失意者，可以考虑进入循环侧经济之中，去找一份稳定的工作，过一种简单稳定的生活。

5. 未来社会资本创造者的新角色

中国的国有企业有很多被经济学者误解的功能价值，就像特高压和高铁这种战略性基础设施，都是按照国家中长期的科技战略规划，一步步凭借战略耐心建立起来的。事实上，这些是社会资本的主要创造者之一。

同样，我们今天遇到了巨大的环境危机，在构建碳中和社会和进行"万物中和"的循环经济之中，还依赖于这些战略执行者一二十年的坚持，形成碳中和环境代偿的基础设施。在这些基础设施的基础上，企业能够借助这些设施实现自己的碳中和目标。

中小企业对于现金流和利润具备敏感性，直接获取利润是一种必需。社会资本和战略资本要做的事情，就是为这些中小企业获取利润提供整体环境的。**这些带着国家发展意志和科技长远战略的执行者，事实上是在为未来前瞻性的经济打造新的骨架。**

我们需要理解一种资本概念，在里夫金的著作当中，他都将"创造社会资本"作为未来绿色社会建设的根本，那么"社会资本"到底是什么呢？这个领域，确实很少有人去研究。在整个资本体系之中，属于边缘地位。**笔者**

想在"社会资本"概念架构的基础之上，构建一个介于政治管理、经济管理之间，建立社会资本管理的一种新的管理学。希望有更多的学者来研究这个管理方向上的价值系统，成为理解碳中和组织和生态圈经济组织的社会价值的学术内容。

社会资本创造者的价值：发展的本质在于不断填平社会鸿沟

对于社会资本，提出概念的人，是罗伯特·帕特南，一位美国学者，一直从事社区系统、社会不平等和阶层社会流动的研究。社会资本的概念就是要创造更好的社会网络，让人能够各得其所，构建更好的人与人之间的关系，核心当然是经济关系。最终，在社会资本丰富的地方，我们能够看到社会进步和经济繁荣。

用中国人的话来讲，社会资本繁荣的地方，就是美好生活的向往之地。

社会资本创造模式和一般企业获取利润模式不同，基于帕特南的思考模型，有三个关键词："社会网络"（social network），"信任"（trust），"互惠"（reciprocity）。在字面上很好理解，凡是为社会做事，促进三个价值增长的事情，都是在增加社会资本。我们来简单解释一下在生态圈经济学和生态圈经济学之中，社会资本的价值和演绎。

"向着社会价值设定发展目标"，这大概就是社会资本创造者的第一目的。这个目的有一些模糊，因为一旦管理离开了可以计算的经济目标，无法用货币衡量，人类的大脑就会迷茫。事实上，任何创新的时候，都是模糊的，无法测量的事情，会带来更多的非议。

笔者从生态圈经济学的视角，来重新理解这三个关键词。"社会网络"这个词的新解释，就是能够创造出最大多数人能够进行游戏的组织形态，以"创造所有人的美好生活"为目的的社会组织构建，来应对人工智能和自动化制造带来的"社会鸿沟"。我们无力通过立法禁止"机器换人"，不能阻碍技术继续演进，但可以在人工智能生产系统之外，创造一个更大的生态圈网络，将人安置在这个社会网络之中。人类社会需要进行一次有组织的重构，将人从人工智能主导的生产体系之中，进行再安置。

这已经不是提供一个"具体的公共产品"的问题了，而是重新创建一个容纳几十亿人的社会经济生态圈，这就是最大的社会资本。作为社会资本的创造者，需要从软硬基础设施来努力，完成这个大系统的技术拼图和社会拼图。

这样的社会网络，意味着人在一生中，只有少数时间能够置身于高度竞争的市场资本的环境里。绝大部分人生的时间是在新的社会网络中，通过建立"信任"和"互惠关系"，构建一种命运共同体。

在帕特南年轻的时代，人类社会的信息技术体系还刚刚发芽。现在整个社会已经将信息技术和人工智能作为社会经济发展的底盘，之前最大的工业组织也就能够管理百万人，但现在，基于数字智能化网络，社会资本可以用一个智能网络实现对几十亿人的管理。笔者认为，这是管理规模超越国家边界，只会在循环经济中出现。

巨大的社区基于智能合约，人们能够在机器信任专业技术约束条件下，展开互惠型的合作。比如在社区中，一个成员生产的电力和另外一位成员的果蔬进行交换，一个共享办公室让社区所有人降低了办公成本，一个工作室内的3D打印机能够帮助社区内的工作者进行个性化产品服务。这些都是在循环侧工作的人，实现的一种分享经济的生活方式。每一个人的资源向所有人开放，以解决短缺的问题，这是理想社区的底层运作方式。

每一个人的贡献需要被记录，在传统社会里，由于权力运作的黑箱性，老实人、利他者吃亏是一种常态。转换成为一种社区价值认可的通证体系，其核心价值不是企业自主发行准货币，而是一种富足时代，记录一个人在社区中的贡献价值和贡献方式。

一个人在社区中，照顾老人的时间可以被记录，这些人在需要服务的时候，也会得到社区相应的服务。

我们理解的循环经济，不仅仅是一种"万物中和"的理念，更是一种新的人类社区关系的构建。对他人的服务时间也可以变成社区价值，实现人服务于人的形式，如此循环下去。

基于货币但又超越一般货币的价值衡量体系，社区通证等一系列和主权数字货币挂钩的体系，能够在社区建设之中发挥作用。很多隐藏的价值不能够用货币衡量，但可以通过其他证明系统来构建系统。

企业的价值衡量体系是一致的，但在 DAO 之中，其价值衡量体系是多元的，多层次的。这是超越传统 GDP 和产值体系的一种新的价值衡量的方式。

所有"一切向钱看"的效能管理，未来会被限定在企业管理领域。我们可能在社会之中看到两种不同的生态圈经济：一种是以直接可以衡量的货币为核心的企业行为；一种是以创造社会资本为价值体系的生态圈经济。我们会用专门一个章节，来讨论一种叫共益组织的未来。**笔者觉得可以做一个比喻，阐述生态圈管理学的分野：基于生态圈的效能管理模式依然是人类的先锋官，是向未来探索冲锋的群体；而基于社会资本的共益组织，则是人类社会向前移动的大本营。战将在前，老幼在后，将社会隐藏的价值挖掘出来，激发人与人之间的善意，实现多元社会价值的创造。**

按照管理学者德鲁克的理解，**"企业是社会的功能性器官"**。在很多场合，他都不将自己描述为一个管理学者，而是一个社会生态学者。在德鲁克的管理学体系之中，营利组织和非营利组织的管理是一个平衡体系，强调企业的社区价值，也强调非营利组织的社区价值。最终，管理需要表现为对各自组织的有效性。社会机制的建设，其实是社会发展的一元创新，不从整体社会运作机制着手，就不会有突破性的发展。

碳中和社会的底层观念，循环社会中"万物中和"的观念，以及提及的社会资本生态圈组织的建设，都是一种社会创新的范畴。如果没有这些根本性的社会变革，这些美好的目标，一个都实现不了。

变革依赖于构建一种人的环境，在具体组织形态上就是一种社会网络。这个新的社会网络背后就是社会运行的新机制，无数面向未来的思想家需要再次挑灯夜战，用最新的观念影响社会、引导社会，更加有利于社区民主和

经济繁荣。

6. 未来企业管理结构：架构即战略——生态共荣型、价值共享型、针尖型战略

市场经济是很神奇的经济形态，企业在市场里遵循着一种"赢家通吃"的内在机制，这是促进创新的底层机制。企业只有通过创新才能够找到自己的生存位置，但能不能持续创新，就决定了企业能不能构建自己的生存结构了。

我们今天的企业管理关注企业的生存结构，而结构的形成，按照一般建筑学的方式，是很多不同的结构组件构成的系统。因此，我们观察市场的时候，看到靠一招鲜维持长期市场地位的企业已经越来越少。**现在在市场之中能够发展起来的生态型企业，都是连续创新者。**

在生态圈经济架构之下，不同企业会进行不同的管理结构选择。笔者觉得最终可以被归结为三种类型：生态共荣型、价值共享型、针尖型战略。

生态共荣型企业的核心战略是建立一个资源高速互动交易的网络架构，类似于平台经济，但属于高级阶段的平台经济。**生态共荣型企业能够融合所有的生产要素和营销要素，并不是一个简单的供需平台。**

生态共荣型企业往往将巨大的用户群体作为自己的底层战略资源，就像小米企业的数亿用户一样，小米社区才是小米企业得以生存的最重要的战略资源。**创新和营销两个战略功能能够在一个生态系统内完成，这是生态圈经济的典型特征。**

而小米在顶层技术领域又是缺失的，其操作系统和核心芯片，都来自外部的信息技术生态。因此，小米在生态战略的顶层还有巨大的战略缺陷。但企业的网络生态构建在几亿用户的基础上，因此，在市场中，也一样拥有巨大的话语权。

目前在世界生态圈经济领域，苹果能够将创新引领和全球战略营销用户锚定在一个生态圈中的结构。这个结构体，从过去几十年的市场证明来看，是一个可以进行整体进化的体系。因此，在任何一个技术生态里，想要建立一种生态共荣型的生态结构，可以进行借鉴。

价值共享型企业，是一个拥有核心资产和核心资源的圈层经济模式，这是差序经济结构的一种形态，按照"价值集成—多核心—边缘"的模式构架企业结构。拥有中心化权力，一般价值共享型企业具备难以复制的知识产权和核心工艺组成的工程技术，比如阿斯麦尔和台积电两个企业形成一个技术联盟。但技术体系是管理经营中的一个战略要素，并不是完整的经营系统，因此，这样的企业往往和生态共荣型企业形成战略联盟。

在价值共享型企业的周围，会有大量的协作者进行资源匹配，形成一个完整的垄断型的解决方案。共享可能只是外界的观察，实际上，在组成核心解决方案的过程之中，都是若干个全球最优的单项技术构成的，比如阿斯麦尔使用的蔡司光学配件。

价值共享型企业往往在一个专业的方向上成为多专业知识的集成者，追赶者即使在某一个单点上能够追上，但在整个体系上追赶，是极其艰难的。这些企业也在进步，而且其进化的方式几乎也是多线程式的进步。

想要和价值共享型企业竞争，需要发展出另外一个标准，跟随型的战略，在面对这样的竞争对手的时候，不太适用了。

更小的企业，**往往采用针尖型战略**，这是中小企业的运营策略。聚焦于一点，将手头的产品和零部件做成一件"伟大的产品"。**但这和利基思维模式还是不同**，拥有利基市场意味着这些针尖型的小企业还能够直接面对用户，而在生态圈经济之中，这些企业大多数并不直接面对用户。因此，从生态位上来说，这是被价值共享型企业"圈养的一种物种"，这些企业已经"特化"，是价值共享型企业的一个功能性的器官，是这类企业所掌控的对象。

管理学界在最近十来年都非常强调对于企业外部资源的管理，管理已经转变为一种治理不属于自己资产的艺术，大体就体现在这里了。

第五章　未来产业发展战略：生态圈经济中的企业运营和管理

我们研究所有的生态圈经济管理的要求，对于供给侧的资源结构研究得比较多，但真正的市场权力，最终还是回到消费需求市场，这是一种约束机制。生态圈经济的特征就是拥有全球性工业品牌和消费品牌，这是一个视角。在消费端，或者工业采购领域，生态圈的所有价值认知都集中在品牌上。

对于中小企业来说，树立有全局影响力的品牌已经越来越困难，品牌越来越显示出生态化的特征。品牌经营是非常敏感的事情，和用户之间有无数个触点，这个触点的集合来自整个消费市场的正反馈。

这里就能够解释一些现象，为何政府部门立法要求经济体在 2050 年或者 2060 年实现碳中和，但全球的品牌企业基本给自己限定的时间点都是 2030 年左右。**品牌对于大众文化的思潮理解应该是深刻的，特别是建立全球性生态圈的企业。**出于对几万家几十万家生态圈中各种企业负责的责任，他们会率先找到全球不同市场的最大共识，然后形成一个跨文化的品牌。

归根结底，生态圈经济能够维持下去，其价值大小决定了圈住用户的数量。这个事实也告诉经营者，用户社区是生态圈经济的生态基石，也是企业的外部资源，只能施加间接影响，不能进行资源控制。

紫菜云基于生态圈经济的营销管理模式

由于生态圈经济在外部表现为界面性和品牌性，对于生态圈中的中小企业的营销模式产生了结构性的改变。生态圈链主的营销模式，倾向于提供完整的技术生态和解决方案。大部分中小企业则成为供应链上的企业，其营销部门也将逐步专业化，我们也正在面对营销技术化数字化的新现实。

从我们分析的三种企业类型结构来看，无论哪一种企业都不能够保证自己处于绝对地位，因此，在开办企业的过程之中，任何企业都无法独立完成所有的事情。强链、补链行为多数都在企业的外部发生，这是一种未来企业的生存结构。虽然窗外的全球化进程已经分裂，但大分裂之后，大融合的时代必然到来，这是生态圈经济的底层规律决定的。谁拥有最大的消费市场，未来就能够影响营销管理的走向，也影响着技术的走向。

因此，无论是生态共荣型企业、价值共享型企业，还是针尖型战略为生存之道的小企业，共同的特征就是顺应当下消费者的需求，以获得现金流。现实生态的短期需求需要满足，这是企业管理的共同点。获得现金流为目的的营销行为成为三种不同组织结构中所有人的现实责任。

现金流为目的的营销行为，多数情况下都是属于战术营销行为。即使像京东、天猫和亚马逊这样的规模性的平台，也有周期的促销活动。基于整个生态圈经济的促销活动也是一种经营行为。

紫菜云平台的创始人褚兴民先生提出，生态圈经济的营销活动应建立在信息透明化的基础上。他相信，人工智能能够提供战略级别的匹配服务，从而改变盈利模式。在这一模式下，企业倾向于通过合作联盟来获取和分配利润。营销管理逐渐向大客户管理模式倾斜，企业之间形成链群，而这些链群实际上构成了完整的营销功能体。

紫菜云平台营销部门变成了专家式的服务部门，这是由于各自的知识分野导致的边界。专家式营销的价值就在于打破这种界限，营销成为一种半研发部门，最重要的价值就是能够提供一种信息的正反馈，准确的信息获得渠道变成了企业的关键决策。对于知识经济和已经技术特化的企业，最害怕的事情不是多卖商品，而是能够押对未来的科技树。技术产品对了，对于整个生态有了新的贡献，自然就会获得比较大的供应链机会。

营销专家和技术专家形成的营销团队，会前出帮助更多的生态链主企业提供方案，甚至参与下一代产品的研发，将自己嵌入链主企业的链群之中。这种"应用端的研发"将成为营销的主要工作任务，物联网和工业互联网时代，营销需要这么做。所以，褚兴民先生称之为"生态大营销"。

在数字智能化时代，营销的功能放到整个供应链中去重新安置，个别企业提供的标准品进入数字供应链库。链主企业在整合的过程之中，就像调取一个标准件一样调取企业的产品。这大概就是下一个时代营销的常态。

那些游离在生态圈之外的中小企业，可能还会维持着原来的营销模式，但对于他们来说，获取利润的机会越来越困难了。

7. 未来利润设计新模式

我们需要再次理解利润的本质。德鲁克在阐述"利润概念"的时候，**认为企业的盈余都是面向未来的买路钱**。因此，这些获得利润的企业需要将有限资源投到可以产生竞争力的领域之中。利润是暂时的，吃掉当下的利润，或者布局错误失去了积累，企业就会变成未来的僵尸企业。

在高度激烈的超级市场竞争的条件下，任何一次买卖，都会暴露在全网比较的情境之下。比如一个零售企业，其零售净利润在3%。在这样凶险的环境之下，企业运营环节只要出现一点点问题，一点点利润都保不住。然而这就是单独企业生存的基本环境。

从企业管理的视角来看利润，**跟随型的战略发展模式已经开始面临极大的考验**。这些已经做成小生态的企业，模仿者只能在产品领域进行跟随，但生态圈却复制不了。因此，这个市场给企业的投机机会已经越来越少，竞争市场逐步透明。就好像穿插战法在今天完全信息化战场上变得无用一样。

在这样的条件之下，重新设计利润模式已经成为一个重要的问题。历史发展的规律一直在告知我们，所谓经济危机，本身就是技术危机。因为延续性的技术使用太多，最终导致重复劳动占据了经济的主要部分，同质竞争的结果必然就是企业大面积的亏损。

在企业界，往往有一个共识，就是马太效应。有限的利润被头部企业拿走，后面的企业基本处于浮亏或实际亏损状态。跟随型的企业如果能够生存下来，其原因就在于低于行业报酬的低薪行为和生产环境的简省，向自然环境排放污染的方式，实现了自身的财务上的暂时平衡。这种蜷缩型的企业，在企业界是大多数。很多企业能够暂时生存下来，恰恰是碳中和时代还没有到来，生态圈经济对于企业的智能化监管时代还没有到来。

事实上，企业是一个法人，在人格上也被设定为一个人格体。一个人不能总是活出别人的样子，人来到世间，总要做一件与众不同的事情，然后离去，这是人生意义的问题。视角转到企业的时候，就是企业使命的问题。

从某种程度上来说，利润模式的重新设计，就是要求企业换一种说法。在德鲁克的眼里，将企业寻找自己独特活法的过程叫作"变革"，认为不变革的企业，就像守护僵尸不腐一样费力不讨好。

企业发展最终是驱动企业的人实现了自己的人生理想。企业也是"安人"的场所，特别是安置"能人"的场所。大企业家的存在，能够为数百万人提供就业机会和职业生涯。因此，我们说，企业本来就是一个理想型组织，这也不奇怪。在管理学上，企业本来就是一个事业组织，是企业家人格的投射。

按照熊彼特的观念，创新就是一种"创造性破坏"。在这个时代再谈创新，我们大体会分成两个范畴：一个是模式创新；一个是技术创新。模式创新在透明化时代的威力已经越来越小，在高利润时代，经营管理者善于利用利润分切的方式，通过自己拿小头和天下人合作的帝王之术，来驾驭一个企业组织。但在利润微薄的经营状态之下，模式创新的空间已经越来越窄了。**我们回顾模式创新的本质，其实就是一群人重新分切利润而已，低利润的企业往往也缺少重组资源的能力。**

今天，我们企业在利润突破的进程之中，越来越依赖于技术的突破，这是一种企业界的硬实力。技术创新也不是单一技术的创新，而是将技术变成一种积木的模块，以一种类似于乐高玩具的方式，变成不同的技术应用场景，形成自己的应用生态。在知识产权领域提供了一定周期的垄断机会之下，借助这个垄断得来的短期利润，继续进行未来型的技术布局。

想要获得未来的利润，就要在企业还处于利润丰厚的时候，着手创新。创新也有好几个等级，企业可以根据自己的资源整合能力进行分步选择，但最终的策略也只有一个，那就是解决人类的大问题。否则，生态圈经济里也不会给一个企业重新洗牌的机会。

二氧化碳合成淀粉和农业及全球生态的战略价值

这是一个略带科幻的内容，主要说明社会资本管理和一般经济管理的区别。从最大的技术趋势来看，笔者在前文已经说过，人类已经进入一种"过渡时代"，只需要少数根部技术的突破，就能够解决人类整体的生活资源的短缺问题。而这些技术体系目前已经看到了曙光，需要不计代价地去突破。"不计代价"的模式，在资本市场里是一种被鄙视的模式，但在人类未来的大方向上，以和平繁荣为目标的战略科技突破，恰恰是大多数致力于短期利润的企业家们所不敢想的。战略资本才会去布局这一类事情。

市场经济的神奇之处，总会有人敢想，并且敢于去做，无论是什么组织，都需要企业家的原创精神，在有限的资源条件下，去冒险抓到一个最好的未来。

我们的时代还需要一种基础科技的突破，一旦所有的企业都在做改良和衍生式创新，很多问题都不可能得到很好的解决。或者说，只能够在旧的生态里，进行有限资源的零和博弈。笔者还是举例说明，在碳中和体系之中，有一种工业技术系统，叫二氧化碳温室气体的捕捉和封存，在一些碳能源企业和钢铁冶金企业周边建立配套设施，运用技术装置，将这些气体收集封装起来，并且重新压入地下。

毫无疑问，现在全球很多国家都在这么做，但从技术特质来看，这是一种延续性的技术，其本身没有什么价值创造，更多是在强调环境责任。按照循环经济的底层思维，二氧化碳可以在技术体系上变成一种资源，以资源的视角再看这个问题，问题就被超越了。

中国人就在做这样的事情，并且实现了实验室突破。在这个领域获得突破的人，就是中科院天津工业生物技术研究所蔡韬先生和马延和教授。他们带领了一个团队，在人类历史上第一次实现了用二氧化碳为原料，从头到尾合成了淀粉。这是人类史上可以大书特书的成果，但只在垂直媒体和科技圈里有了一些影响。中国人在宣传方面向来都是弱项。事实上，蔡韬团队所做出来的成果，比马斯克登陆火星，在火星上建立定居点的计划更加有价值，只是，我们轻视了根技术带来的社会价值的改变。

相对于二氧化碳合成淀粉的科研成果低调叙事，北京天农农科院的垂直农业故事更加吸引人。董事长冯广军努力推行的垂直农业技术，用相对小的

165

空间通过新能源和LED光合作用产出更多的农产品，实现城市部分农产品的原地供给。并且形成一种新的城市生活方式，让高效的垂直种植农业方案能够进入千家万户，实现"随吃随取"，城市的立体墙壁，地下车库，都可以成为垂直农业的新场景，并且该模式已成功出海，在中东、东南亚等地布局。

如果我们从利润的视角去看问题，显然，碳捕捉获得了政府财税的现金补贴，可以看成是一种利润；垂直农业也可以在城市居民阳台或者一间居室中建立一个自用的菜园。公司可以通过出售完整的装备和种植服务实现盈利。这是一个有创意的生意，虽然不是技术革命，但它是技术的觉醒。

而在事实上，蔡韬团队的实验成果和指明的技术路径，是一场和人类掌握核技术、航天技术一样的战略成果。按照一般的粗略计算，这项化学工程成果一旦成为人类主导性的技术生态，人类就可以减少90%的农业种植。一旦解决了能源问题，1立方的反应器就能赶上5亩地的农业种植。人类在合成粮食领域走出了关键的一步，对于土地和水资源、化肥的需求将减少到一个零头。新能源和淀粉合成的结合，肯定会带来一场地球表面的绿色革命。建立在大量劳动力、石油农业、种子和钾磷矿产的现代农业就会被颠覆，人类在过去1万年农业领域形成的巨大社会发展惯性也会改变。

这一项技术，一旦在不断迭代之中进入工程化阶段，我们就能够看到一个绿色的地球，人类活动空间将缩小，还万物一个自由广大的空间。我们总是在叙述什么叫慈悲，事实上，能够将巨大的空间留给地球上的物种，让其继续自然进化，不中断演化的进程，这就是一种慈悲。这次，实现的方式不是说教，而是实实在在的技术。

我们在本书之中，谈论生态圈经济，觉得很虚，事实上，从二氧化碳合成淀粉就是一种改变生态圈面貌的技术。我们从这样的技术来看待利润的时候，已经超越了利润，在某种程度上，利润和贡献是可以画等号的。

合成淀粉的实验进程已经是超越生物效率的一种人类知识创新进程，自然界要用60步生化反应完成的进程，蔡韬团队则用11步完成了这一进程。相比于合成效率比较高的玉米，人工合成效率是其 8.5 倍。在可预期的未来，人类可以和酿造啤酒、合成尿素一样大批量制造淀粉。

对于这样的战略工程技术成果，现在要做的事情就放大成果，需要有国家资本重仓投入，汇集人才，建立完整的知识产权生态，从零开始，设计和制造合成装备。就像建立特高压一样，形成一个巨大的技术生态。所谓生态文明，都是千万工程技术在一些根技术系统之中集聚形成产业革命的底座而已。

我们回过头来看价值比较案例中的三个技术导向：一个是二氧化碳的填埋处理；一个是二氧化碳作为原料替代粮食作物的历史进程；一个是创意经济和趣味经济的一部分。企业不同的处理方式，获得的利润不同。

企业在进行创新的时候，需要一种应用导向和工程导向，研发出来的东西有人要，就是一种创造利润的模式了。

中国国内很多企业对于知识管理和研发管理路径不熟，因为不太懂得创新的价值。很多发展中国家也是如此，并没有建立企业利润和创新探索之间的内在逻辑关系，因此就畏惧创新。事实上，在中国，即使只有少数企业参与创新，但经济增量却有 60% 是由这些企业完成的。

可能读者会很奇怪，明明是在谈利润模式的构建，谈的却是不同层次的创新。德鲁克被人称为"管理学之父"，原因在于他构建了组织管理学的大框架。对企业来说，他认为，企业组织只有两个核心功能：创新和营销。也就是说，只有创新和营销是能创造利润的进程。

如何获得利润，这在商业上是一个朴素的问题。**不解决根技术，就赚不到大钱，每一次产业革命的本身，都是几个根技术带出来的资源重组和财富再分配。**

如何在生态圈之中，进行创新，研发并不是空对空的系统，而是面向工程的一系列方案。生态圈经济中的企业，营销的权重似乎在缩小，原因在于自己在产业链上是一种被选择的状态。平台能够提供最大的营销机会，在营销领域，跟随大平台是一个聪明的策略；而创新的权重似乎在变大，原因在于这个企业的存在，优化了整个生态圈。

思考与练习

如果公司或组织选择采用 5.0 生态圈系统运作，会呈现出怎样的景象？

第六章
未来社会责任战略：生态圈经济与共益组织的未来

年轻一代创业者除了创立自己的企业之外，还有更加热衷的工作，那就是创立一个社会组织。而上一代创业者，更想做一个财富英雄，通过创立公司组织，让自己在商业之上获得成功，争取更大的资产计入自己的名下，全球财富排名和财富竞赛是一个无声的赛场；年轻一代的创业者认识到商业世界的残酷性，一般企业的寿命不会超越3年，能够活到10年的企业就更少了。正是由于对生活动荡性的恐惧和对可预期生活的追求，他们热衷于做一个"社会创业者"，大量的共益企业和共益组织就应运而生了。

共益组织的价值现在还得不到更多的社会认可，创立共益组织还需要付出艰辛的努力。在未来，碳中和社会、循环经济、社会资本创造和物种多样性保护的价值被纳入货币价值体系之中，获得和商业价值一样重要的价值创造者的地位，这才是共益组织黄金时代的到来。

1. 未来全球年轻人的新选择：年轻群体为何热衷非营利组织？

我们关注生态圈经济背后的组织形态变迁，大体上分成营利性组织和非营利组织。关于营利的组织形态，在前文之中已经做了详细描述，在这一章节里，我们更多讨论和营利型组织不同的组织形态。这些新的组织形态，在未来可能会对更多普通劳动者的生活产生深远的影响，更多人也将直接从事非营利工作。

"共益企业"是另外一种介于营利组织和非营利组织之间的企业形态，这是一个全球性的一种标准论证体系。这些认证企业不只是为了股东价值最大化为目标，而是通过商业组织这种有执行力的组织形态，除了维持商业组织之中团队的日常生活之外，**将缩小收入差距、消除阶层矛盾、防止环境恶化、促进人际关系和谐、为社区普通人就业作为一种目标**，并在适当盈利和社会价值之间保持一种平衡。

这样的组织概念并没产生在中国，而是产生在一些发达国家，原因在于我们处于不同的发展阶段。美欧等国家的一部分企业家看到了社会分化和环境恶化的事实，代表了一种前瞻性的组织设计。现在看来，共益企业和共益组织，在全球商业体系之中，还处于边缘地位。

通过输出标准收费成为全球标准组织的基本生存方式

从全球共益企业和共益组织的推广模式来看，它就是一个标准的认证机构。认证机构本身也是一个共益组织，不以营利为目的，但认证还是一种收费体系。参与认证的企业，需要经过一系列严格的评估，主要包括企业环保、企业运营的透明度和运营架构，考察这些企业在社会责任方面的一些标准是否达标。

应该说，共益组织认证机构虽然不盈利，但在全球都建立了分支机构，促进企业参与社会价值的创造。这类组织不参与财富的计算，但同样采用标准的财务规范，通过输出标准来收费，事实上，已经成为一个可持续的输出标准来养活自己的组织成员的组织形态。这些参与认证的组织成员的责任就是营销和推广共益组织的理念，并且在认证过程之中，获得一份稳定的职业生涯。游说全球性大企业进行标准认证是成员的主要工作。

全球其他领域的标准组织也是如此，本来都是一些私人的民间机构，一旦将巨大的思潮性的观念输出到全球，就能够成为一个典型的非营利组织。让组织成员获得稳定的职业收入和一般社会福利，这些组织成员也变成了一种事业人。

第六章 未来社会责任战略：生态圈经济与共益组织的未来

很多人对于共益组织的运营环境不以为然，认为社会价值和股东价值之间的矛盾，会撕裂组织。因此，共益企业具有一定的乌托邦成分。批评者认为，共益企业的经营者违背了经济学的基本法则，在高度竞争的经济体之中，共益企业会出现组织松散、效率低下的问题，更不会成为有创新能力的组织形态。

而共益企业的创办者则坚持自己的观念，认为在人类社会经济系统性恶化的进程之中，需要另外一种组织形态来替代掉"股东至上"的公司形态。更多有社会善意的人，能够被吸引到共益企业之中，从而将人性善的一面激发出来。如果共益企业在企业之中占据一定的比例，则社会将更加美好，而不是更糟。

共益企业的核心价值观就是"**重新定义商业成功**"，将公司组织内的善意积累下来，通过引导社会大众的认知，提倡消费者更多购买共益认证企业的产品和服务，让这些企业能够有机会做到一种平衡。

重新定义商业成功，这看似简单的话语，在其组织形态的背后，却是一场真正的观念颠覆。人类总是在讲述颠覆性的技术，实际上，人类最基础的价值观的转变，才具备真正的革命性。共益组织要求这些新型企业的创始人放弃以个人财富积累为目的的企业形态。 在经典经济学的底层假设之中，整个市场经济都是因为"人类自私的行动导致的利他行为"大规模发生而派生出来的社会繁荣。

共益企业的存在违背了经济学的基本原理，这样的组织形态有没有自发和自觉的生命力呢？**实际上，人们在观察社会的时候，发现社会权力获取的方式，一开始是一种助人的机制，形成了一定规模之后，就自动拥有了社会管理和监督的权力。** 在国际上，非营利组织被称为"第三部门"，具有强大的社会号召力和影响力。一旦形成了全球性的组织生态，组织就能够长期生存下去。

在前文之中，我们阐述了在企业界，生态圈经济是政府最好的盟友之一，同样，共益组织和社会组织也是社会治理的主要组织形态。未来更加如此，在执行细腻性方面，社会组织和共益组织将会发挥更大的治理作用。

共益企业带来的共益经济，在数字世界里，表现得更加明显。由于数字世界的特点，一旦数字产品成型，其复制的成本基本为零。这种数字世界的规则，带来了一种分享文化。而得益于数字智能化网络，年轻人创立一家全球性的共益组织，已经变得容易多了。

90后年轻人为何热衷于社会组织工作

很多参与到全球共益企业认证的大企业，都会在自己的企业架构之中增设社会责任部门（Corporate Social Responsibility，简称CSR）。这些部门具有独立的考核方式，对接全球的共益组织，用自己企业专业特长，和这些共益企业、共益组织结合在一起，借助第三方外包的形式，来进行社会责任的平衡。在经济上，提供了一种资助的机制。而很多年轻人努力去创造一个社会组织，获得一个捐助资质，接纳这些大企业CSR部门的捐助。**这些精明的年轻人，不是在挣钱，而在帮助企业更好地花钱，而且，这些资助和捐助并不来自特定的企业。社会组织有资格向全球企业界寻求捐助，并且和企业共建公共关系品牌。无论经济环境好不好，总有一部分企业能够干得很好，这些干得很好的企业就是共益组织募捐游说的对象。**

共益组织提供完整的解决方案，企业做社会责任的工作，并不是闷头做事。这些共益组织在帮助企业完成责任目标的过程中，也会为企业提供服务。这些组织往往具备更好的媒介影响力，企业CSR部门也认识到，任何一个企业靠有限预算去影响社会，都是微弱的。因此，需要更加专业的共益组织机构来完成相应的工作。企业将社会责任作为自己生态架构中的一个布局，只需要按照一定的考核标准，双方就能够顺利合作下去。

整个社会责任体系的考核标准，大体上按照ESG模式进行，即环境、社会和公司治理（Environment、Social Responsibility、Corporate Governance），致力于营利和社会责任的平衡。这里我们就能够理解，为什么中国一些大企

第六章 未来社会责任战略：生态圈经济与共益组织的未来

业比如阿里巴巴、腾讯、京东、字节跳动等都建立自己的碳中和战略。这些企业已经拥有了责任部门，而在未来，几乎所有的企业都会成立社会责任部门，以应对整个生态圈经济的环境友好要求。

这样的企业和共益组织的合作，已经在中国大面积发生。我们提到的蚂蚁森林计划，就是 CSR 行为。企业将自己在信息技术领域的优势组合起来，和千千万万植树人形成了这种"捐助和就业"的底层关系，只要生态圈经济持续下去，这样的工作就不会停止。

年轻一代热衷于进入社会组织工作，这些年轻人已经放弃了在财富领域实现个人辉煌的道路选择，而选择一个稳定、压力偏小的职业生涯。对于共益组织来说，需要有行动能力、有社会活动能力，并且能够持之以恒完成自己的工作，而稳定的工作状态，即使不能冲上财富高峰，也能够享受到助人和事业的乐趣。

一些偏小的共益组织也能够获得社会捐助资质，这样的事情具备一定的门槛，需要应对政府严格的监管，一旦获得了资质，通过程序性的工作，就可以将一件无限游戏持续进行下去，这是社会组织对于年轻人有吸引力的原因。

一位以维护鸟类生态为组织目标的共益组织创办人对媒体说："在之前，我也作为一个创业者做商业项目，但失败了。企业的寿命太短了，三五年一个生意周期就过去了，人的职业生涯却在变长。我受狮子会启发，观察了整个社会组织的生态。国际狮子会于 1917 年由梅尔文·琼斯（Melvin Jones）成立，100 年了，影响力还在。因此我就发愿，要做一个长寿组织，社会组织比企业更容易活下来，这样我就可以有一个完整的事业生涯。谈到收入，我在社会之中，属于中位数的水平，社保也一样齐全，我会努力将这个事业干好。在鸟类迁徙的时间段里，我和团队都很忙，过着野外露营的生活，会长期风餐露宿，也会有很多不同的年轻人加入进来，交了很多朋友。我们很热爱这份工作，因为保全了生活。我希望自己是一个百年社会组织的创始人，作为公益机构的工作人员，将中国的社会组织推广到全球。"

中国年轻人创办的共益组织和共益企业，在面对募捐企业的时候，他们善于和企业高管打交道。这些富具企业家精神的群体也会驱车和这些共益人一起互动，企业家也会跟着年轻团队一起在湖边、森林、荒野里去守护野生动物和鸟类。**在相互接触的过程之中，将基础的环境观念传递给企业家。这种观念跨界的活动，其实就是在做社会发展的引导。环保不仅仅是在保护，更是在创造一种新的生活方式。**

中国的民间环保 NGO（Non-Governmental Organization，即非政府组织）和共益企业发展还不充分，在国际上，NGO 已经是年轻人热衷的创立事业的形式。这种"放弃荣华富贵，而找到热爱，享受一种清福"的生活方式，正在中外年轻人的互动之中，获得观念层面的认可。国际组织对于中国年轻人的启示就是：一旦创立了一份共益事业，其实不仅仅自己的职业生涯解决了，恐怕下一代还会在自己的社会关系网络之中，继续这样的事业。这些有始无终的事业，开始吸引他们投入自己的热情，成为一个社会共益人。

2. 未来数字智能化世界中的共益组织

在数字世界里，有一些新的规则和实体世界不同，实体世界在资源短缺的时候，竞争是一种零和博弈，一件全权资产归于产权人，就不再同时归于另外一个产权人。而在数字世界里，数字产权在分享出去的时候，拥有者和使用者都不会产生损失。数字产权拥有者有意分享，就是在分享一种数字生态。

因此，笔者认为，在未来共益生态之中，在共益生态中的链主，同样是一种以提供数字智能化工作底盘的一种组织形态。在企业生态圈中，会形成完整的智能网络。在非营利组织中，也会形成完整的职能网络，让专业人能够干专业事。

第六章　未来社会责任战略：生态圈经济与共益组织的未来

数字世界里的共益组织和开源精神

如果我们溯源共益组织的过去，寻找"共益就是共享"精神的源头，来自软件领域的开源精神，可以算是整个后现代经济的底层逻辑。在残酷的市场经济之中，软件开源者通过更多的创造和更多的分享，整个软件开源社区不仅活了下来，而且随着生态的扩大，衍生无数的支链创新应用，正如从一个小村落发展到大城市的完整过程。而这些一开始就进行开源的创始者，事实上享受到了无数人的敬仰，在网络文字之中，能够感受大量的数字工作者对于开源创始者的尊重。**从人性的角度来说，这是一种高等级的自我实现，比单纯的货币成功具备更高的人性激励因素。**

共益组织带来的人性自我实现还有更高层次的满足，超越了货币成功，这一条需要我们重新去理解一个组织的生命力。这些激励没有超越功名范畴，在理论上一旦解决了人性驱动力的问题，社会和政府在驱动这些企业家的时候，就有了一个抓手。给予社会荣誉是没有成本的事情，但对于奋斗的个体来说，却具有莫大的自我证明的价值。

我们在这本书中，谈及的生态圈经济，那些在软件领域开创了开源资源的人，最终获得了生态圈之中的链长地位。这说明一点，**分享资源和开源培养生态的思维，符合了市场需求，扩展了某几种技术的影响力，尽管一开始都是免费经济，但在后续衍生领域，也逐步导入盈利系统，符合了经济规律。**

开源精神将成为未来庞大生态圈经济的主要引领性的精神内核。在软件领域里，类似 GitHub 这样的软件共享社区，可以将软件、硬件和各种资源拿出来共享，在共享和共学之中，将自己的创造物拿出来，形成一个巨大的共益社区。

通过观察，我们依然能够发现全球的互联网企业都在开发自己的开源社区，以中国人工智能领域处于领先地位的百度来说，企业保持了生态中的开源性和开放性，做了符合生态哲学的事情。比如百度的 Apollo 平台，就是一个百度开发的自动驾驶平台。**这些企业花巨资研发的系统，源代码大家可以随便用，这背后的逻辑需要我们一般企业和共益组织去理解。**

一个典型的互联网公司，其生态架构之中，有盈利的部门，也有继续培养新生态的部门。这些部门在不断开发自主可控的源头技术，然后分享出去，就如百度飞桨平台一样，对于外部而言，这些都是免费开放的，都可以拿过去直接训练开发属于自己企业的深度学习系统。

我们总是在说"**软件正在吞噬世界**"，原因在于实体经济领域，往往都是单独的孤岛，其生态培养极其困难。而软件生态的特质，决定了所有的软件工程师们都是能够理性思考，人人做贡献，人人得成果，GitHub 就成了 7000 万开发者共益社区。每一个人的工作都可以架设在另外 7000 万人的工作成果之上，这可能就是全世界最大的共益组织，只是按照最简单的分享共赢逻辑，没有绝对的领导者，这是个自组织形态，实现了社区自治。

共益社区是中国人的社会理想，"天下为公"就是这种共益理想的一种体现。这种人人都是志愿者和贡献者的社区建设，也是里夫金的社会理想。作为美国知名的智能互联网思想家和社会学家，他在几十年的职业生涯里一直在思考，软件领域的开源精神，能不能成为社会普遍的思维方式，跨界应用到线下的社区呢？**正是这样的思考，促使他关注绿色技术和关键生活技术，让人在资本社会之中，还能够有更多的选择，在一种注重精神健康和富足的环境之中，找到一种未来可持续的生活方式。**

共益组织所面对的对象是活生生的人，因此他们做事的逻辑是"做事占三分，宣传占七分"。一种面向未来的观念运动，是需要向社会去表达的。共益组织的价值，在于纯公益和营利企业之间，找到一种方式，引导更多的人参与进来，通过参与来改变社会。**当大部分人都来参与的时候，共益组织的规则就沉淀为整个社会的基础规则了。最终，共益组织的发展模式也符合生态圈经济的所有特征了。**

共享社区思维和循环经济的未来

里夫金在过去 20 年里，一直在游说全球各个国家和经济体的领导者，要为下一个社会的到来，做好观念和技术领域的准备。绿色能源互联网技术、3D 打印技术和知识分享社区是里夫金推崇的分享社区基石。

事实上，在一开始，这种线下的生活社区，不见得就表现有多好。在整个社会没有转变观念之前，所谓线下分享型社区，和我们看到"自产自销"的小生产者，在实质上没有什么区别。但一旦加入了互联网的开放性，一切就可能改变，跳蚤可以变成龙种。

里夫金的思考，在今天看来，也并不是边缘性的思考了。主流企业在创业的过程中，已经普遍从共益架构开始了。在很多互联网平台上，一定都会有免费和零利润，甚至负利润的架构设计。这样做的目标，就是隐藏盈利目标，先做一个事实上的共益企业，让参与者都能够获得自己想要的东西。

共享社区思维可以参照 GitHub 模式，创办者未来在线下建立一个囊括几十亿人的分享社区。人人都是贡献者，拿出自己的知识和生产资源，集成在一起，就成为一个资源极其丰富的分享型社区。这个社区不再拘泥于生产资料的私有产权，而是注重使用权分享带来的贡献。

在构造生态的过程中，一定需要一批早期的共益创造者，他们是底层基础设施的提供者。而在有意构建的过程中，政府财政可以对于这样的社区建设提供创始的资源，形成另外一种类型的市场。这个市场的贡献价值不代表是货币，但也可以是货币的替代物。在建立巨大的分享社区的过程中，激励依然是核心因素，一个能够持续走下去的社区，最终是一种共益。传统慈善行为是一种奉献行为，是一种活动类型，有益但不持久，偶然性很大。线下的分享社区建立和生存，精神力量最后还是要让步给市场规律，尽管这个市场规律和普通市场不同。

分享社区的价值体现在最终需要成为一个全世界有共同需求的人形成的一个共同体，好生活是一种普遍需求。因此，也能够在一些基础技术开放的基础上，形成世界性的联合。在 3D 技术领域，现在处于一个技术低潮期，却是分布式制造的希望所在。开源知识和零部件设计，原料供应者，可以帮助社区生活者生产自己需要的东西。一些优秀的产品可以在社区内出售和分享，可以不需要利润，毕竟所有的创造都是建立在别人的创造物基础上。那么，这些分享型的贡献者获得了什么？

从 GitHub 经验来看，很多有价值的分享者，成了业界的程序明星。这些人收到了很多大公司的邀请，成为大公司的技术骨干。还有，一些在社区之内免费获得的资源，在闭源深度开发之后，成为一个商业产品，解决了另外一个领域的问题。**这里就给我们一个启发，在共益组织、共益企业和盈利企业之间，没有鸿沟，人们在分享社区里获得免费的零成本的知识资源，也可以转身成为一个创业者。**正如很多商业公司，在搬运重新造壳之后，将 GitHub 成果变成商业成果，然后有一部分收益回到了 GitHub 社区，实现了社区在经济上的自组织和自洽。

共享社区实现"零成本生活"，这当然只是一个理想，但生活在其中的人，完全可以过一种"极低成本的生活方式"，让生活压力变得很小。线下分享社区，在本质上是用数字智能化网络和智能合约构建在一起的互助组织形态，这就是典型的共益组织。

我们今天商业的核心要素是知识和对于专业的认知能力，共享社区其实也是一个学习和做事的社区，理论上也是一个巨大的学习型的组织。在其中，流动最快的价值体系还是生活知识本身，这些不通过购买，而通过分享的方式，获得的资源，能够支撑一个人的生活。

实物分享会减少，但知识不是，**我们谈到生态文明，可能最先循环起来的还是知识。知识在循环经济思维里，会因为使用再分享而不断增强，人类在知识领域的共益组织会越来越多，这是线下分享社区的得以存在的基础。**

凯萨·伊达尔戈是一位物理学家，在物理学、经济学、数学和社会学的跨界领域，都有深厚造诣。他认为"万物秩序本质上是信息"。伊达尔戈所说的信息，即隐含在物质之中的知识，循环经济是一个巨大的"信息秩序"，人类在生态循环经济之中，还需要大量的知识需要积累起来，形成一个基于人类整体生活方式的共益社区。社区越大，循环经济的知识系统越庞大。

循环经济和线下共益组织，线下共益社区是完整的巨大社区，唯有形成巨大的知识链和生态圈，才是循环经济的未来，碳中和社会本质上也是一种知识应用体系。

共益组织和共益组织的领导者，在未来社会之中将是普遍存在的物种。人类创立了公司组织，然后被公司组织"吊打"。人类需要创立另外类型的组织形态，让喜欢竞争的人继续在公司里参与残酷的商业竞赛，而追求平和生活的人，可以在分享型的社区里找到自己的生活方式。

3. 未来共益企业和公益组织的行动力

在共益组织这样的章节里，谈的是"我为人人，人人为我"的商业模式，商业人士会觉得不适应，不适应是正常的。按照管理学的概念，企业本来就是社会器官，理应在各个层面上都对社会有益，是社会价值的贡献者。但听起来这样的话语很空，似乎没有说到本质。**在实践之中，经营管理者只是选择了对于自己有利的地方，让股东的利益最大化，而其本身作为社会器官的功能价值已经被阉切了。**

企业成为共益组织，承担自己的社会责任，这本来就是它们的存在价值。以至于很多企业在排除有害气体的时候，被环保管理部门要求加装气体过滤和消除装置。这增加了成本，企业对此有意见，觉得增加了额外成本，夺走了利润。事实上，之前任意排放废气和废物都是错的，现在这样，才是一种正常经营的状态。

而企业作为一个共益组织和循环经济组织，这种更加严格的经营环境的变幻，也会在未来发生。

在以往的社会治理过程之中，没有统一的社会要求，不同地域为了经济发展，都或多或少放弃了对于环境的责任。而"双碳"战略的实施，正是一种责任全面回到经济组织的过程，而每一次社会大转型，必然会带来海量的机会。

碳中和社会带来的历史性转型机会

共益企业在今天还是一个小众经济物种,而共益企业本身对于企业来说,只要企业在全程执行绿色有机的生产方式,提供优质产品,就可以获得认证。在未来,共益组织的认证企业,在碳中和领域的一些实践活动必然会被列入认证考核体系。

我们分析一下碳中和社会的本质。碳中和不是抽象的东西,它是一种测量和记录体系。碳能源是一个垂直市场,其巨大的碳交易生态圈正在快速地形成之中,在未来30年时间里,中国在碳中和领域就将投资百万亿元人民币。每一个企业的碳排放和减碳工程都会被记录下来,这么一个全局性的目标体系,在战略技术层、能源技术层、产业集群和制造业企业等多个层面上,都会产生巨大的基础投入和生态治理机会。数字智能化建立的物联网社会,将能够追踪有价值的物品走向,每一个产品在生产、使用和回收过程之中,都能够被监测到。

一些民间组织,其主要工作目标是监测全国河流的水质情况。在一些工业区周围,进行周期性的数据采集,并且将数据发送给政府管理部门。而这些民间组织的资金来源,主要来自一些国内的基金会。

在环保领域,有很多的非营利基金会,这些都孵化共益组织的机构,本身也是共益组织,这里也需要大量的经营人才。在建立网络生态社区的过程中,让基金会能够有持续不断的资金流入,产生收入,这些都是实实在在的行动,需要一流创新人才的早期引领。一旦形成巨大生态之后,这些生态就会以自己的方式延续下去。

碳中和社会必然要求建立巨大的服务和监督体系,而如此巨大的体系,只能是社会治理社会,生态圈链主对于价值链上的企业具有行使标准的能力,共益企业和共益组织能够进行社会化网格化的监督。每一个生产工厂,都需要有自己的配套环保装置,将本企业产生的废弃物进行无害化处理,这需要符合规范。而提供这些无害化设备的企业,本身的价值体系就是一种共益企业，在获得利润的同时，也帮助企业和社会实现了自己的环保目标。

也就是说，在企业适应碳中和战略的过程中，一切废弃物都需要进行治理，这些就是共益企业的价值所在。他们能够和主要生产工厂形成配套体系，将废弃物变成有效资源。中国的企业已经在这么做了，更多的产业园区，正在形成生产和循环的生态圈，集中在一起的专业产业园区，其产业废弃物也进行集中处理，这些条件都为循环经济的建立奠定了产业基础。

笔者觉得所有的循环经济中的企业都符合共益企业的特征，我们对于共益的定义会随着整个生态文明的发展而成为普遍现象。共益组织能够在未来社会之中有更大的作为。中国已经建立了800个左右的循环经济工业园区，尽管现在还做不到生态领域的全局循环，但更大的行动还在后面。

实际上，共益组织和共益企业的创业机会是很多的，人类在生产过程中使用碳能源，这是整体模式的更替。人类使用新能源之后，碳中和问题会最终转化为各种资源物质和化学物质的循环问题。碳中和仅仅是人类转型的一个开端，后面跟踪千万种资源和人造化学品的走向，才是循环经济的未来。

还是以线下分享社区来说明共益组织的未来，说明生态圈经济和庞大社区的结合产生的价值体系。

解决普通人生活短缺的硬件开源和桌面工厂

未来社会，即使核聚变和人工合成淀粉等技术可以带来巨大的社会福利，但个人精细的需求还难以被整体满足。在共益社区之中，每一个人既是社区的成员，也是生产者，他们需要实现自己的创意，成为一个满足缝隙需求的生产者。

我们已经看到了GitHub对于个体工程师和团队的整体赋能能力，这是一个巨大的共益组织。随着3D打印技术不断获得发展，从大众热潮进入静水深流的新阶段，而3D打印技术对于数字化分布制造的影响，在过去几年已经被低估了。

中国前政府官员、金融和经济学者黄奇帆在做未来10年的产业预测的过程中，将机器人和 3D 打印技术并列为万亿美元的产业。可以预见在未来，这一技术将会有巨大的发展前景。

人类建立了庞大的软件共享社区，也建立了 3D 打印技术的共享社区，并且实现了很多应用案例的开源，比如使用 3D 打印机自己制造 7 自由度机械臂，用于小微型企业构建自动化生产线；同时，也可以帮助小企业建立"桌面工厂"，瞄准缝隙市场，建立高价值的产品通道。比如，一家借助于硬件开源和软件开源建立助听器企业，只需要 10 平方米的空间就可以建立一个超小但质量产量均能够符合国际标准的产品线。

在一些技术思想家的展望里，3D 打印技术不仅仅是一种增材制造工艺，也是"机器制造机器"的工作母机。用一台 3D 打印机就可以集成制造 100 台和自己型号一样的打印机，也同样可以来集成制造机器人。通过智能开源系统，让机器人在软硬件方面实现自我迭代，成为人的工作助手和聪明守纪律的执行者。

当庞大的共益企业和公益社区能够为个体赋能的时候，人们就会发现除了超大规模的生态圈链主企业，在工业领域也会出现一种变革。"**共益知识网络—个体工业**"为主的去中心化制造体系将会崛起，人们能够利用塑料粉末、金属粉末和塑料线材等基础材料，构建自己的生活用品，实现大规模社区自给自足的局面。

3D 打印技术和喷墨技术结合，加上网版印刷技术，就可以自己打印钙钛矿太阳能电池，在能源效率上同样可以媲美硅晶太阳能电池。未来，很多技术系统都有一个"适应社区化的进程"，目的就是让人拿起就用，让普通人能够通过简单集成，构造富足的生活。

这种"自给自足"的共益社区，和传统短缺型的农业部落不同。这些共益社区的价值，具备全球性"集体智能"加持，几十亿社区成员贡献自己在硬件开源和软件开源领域的成果。在一二十年之后，我们能够看到基于大模型的人工智能，将能够综合这些知识，人工智能也能够发挥出巨大的创造性，为每一个生活者进行赋能。这不是一种短缺，而是一种主动选择的生活方式。

第六章　未来社会责任战略：生态圈经济与共益组织的未来

我们在未来会看到比国家规模还要大的"共益社区"，这是共益社区的 A 面。这里有几十亿人能够被安置下来，过着安居乐业的"循环经济生活"。万物按照材质变成粉末，粉末在去中心化的制造之中，又变成万物。我们看到共益企业的 B 面，去中心化的微小制造业让每一个人都能够成为事实上的创造者。无论在什么年代，个体都离不开先进工具。3D 打印多材料技术、共益智能网络和软硬件开源，能够大规模培养具备数字化制造能力的人。而且，个体的动手能力是至关重要的，这是科技时代创业的基础能力，能够自己制造机器，自己生产产品的系统能力，可以进行原型机器的制造，从社区成员变成一个合格的创业者。而事实上，理想的科技创业者也会在这样的共益社区之中诞生。我们去看硅谷企业家的起步进程，就能够理解，分布式制造是培养创业人才的战略孵化器。

也就是说，巨大的共益社区的存在，并没有和市场资本形成零和竞争，而是在源源不断地输送企业家和工程师。那些经历过"桌面工厂"通过微小资源实现系统构建的人，能够适应未来社会的新的生活。

关于共益组织和共益企业的创想，也并不是无本之木。**未来已来，当未来某一天我们回看今天，人们在谈论碳中和战略的时候，发现人类需要真正解决的问题，是人与自然的全面和谐发展。从战略思维来看，真正解决问题的方式往往在问题的上一层领域之中，解决了共益社区这种人类生活的基础机制和结构，碳中和问题就解决了。**

里夫金在中国的一次演讲中，表达过一种技术展望。循环经济将电风扇的外壳材料和金属材料变成粉末，这些粉末和线材又可以变成生产资源。人们在社区里分享自己的生活经验和技术技能，最终实现一种低成本、低生活压力的富足社会。

4. 未来社会领袖：零碳社会需要更多的社会企业家

社会企业家是一个来自国际的词汇，这些社会企业家的存在，就是站在最大多数人的生活，也站在最大多数人的立场，用自己的思想和行动改变社会，能够大规模解决社会问题的人。

对于企业家的定义，最早的文献来自法国经济学家让·巴迪斯特·萨伊（Jean-Baptiste Say）。他认为，有一类人，能够将资源组织得很好，企业家是指**"将经济资源从较低的领域转入有更高生产力和更高产出的领域的人"**。

在环保领域，社会企业家致力于呼吁和解决人类生产带来的环境问题，将污染治理和物种保护作为自己的组织目标所在。

社会企业家则是通过解决庞大社会问题，来实现自身社会价值和经济价值的人。笔者将定义窄化一下，在循环经济之中，将会出现大量的社会企业家。他们致力于**"对一次生产的废弃资源进行再生，实现循环经济的人"**，能够将几十亿人组织起来，形成一个庞大的循环经济的生态圈经济。循环经济的白话描述，其实就是那些知识精英，使用数字化网络，和几十亿大众一起蹚出新路的人。

在此，笔者想要通过一个创想型的案例描述，来谈一个世界性的共益组织是如何诞生的。这样的操作模式，对于很多社会企业家创业具备，具备一定的启发就够了。

一个典型全球共益组织的形成过程

社会企业家的创业机会是无处不在的，中国人在创造全球性的共益组织领域，还处于起步阶段，来自中国的全球共益组织实现全球募捐的事情，目前发生的案例还比较少。

参与全球性生态战略管理，中国需要一大批全球性的此类共益组织。共益组织需要进行开源性创新，形成某一个门类的标准，我们已经承认社会组织是社会的"第三部门"了，那么有一部分社会治理的权力确实就在这些组织手中。这些就是实施全球性影响的战略抓手，一个拥有全球性共益组织越多的国家，事实上也在把握着话语权。

目前，全球还缺少一类共益组织，对全球危害最大的一些有害物质进行跟踪和进行学术活动的机制。这些组织都是全球环境保护的"牧羊犬"，能够提供一种社会治理的方式。这些共益组织没有直接监管的权力，但会将好的坏的发展模式用数据的方式放在全球人的面前，让人去关注整体环境和自己个人之间的关系。

一个共益组织可以专门研究二噁英这种有害物质的治理，形成全球性的职业体系，监测全球二噁英产生的危害，对于全球每一年产生的二噁英物质的产业和个人生活方式进行跟踪。报道历史事件，不断追踪全球二噁英污染的受害者。比如，跟踪越南战争期间，美国在越南森林之中喷洒的落叶橙剂和二噁英，造成了几十万畸形儿。这些人的故事，需要讲述出来，形成全球性的出版物和生活报告。让隐没在历史中的直接受害者走到媒体的前台，曝光决策者，让其家族感到耻辱，甚至可以联合全球的法律机构，向施害者进行索赔。发动全球性的募捐行为，资助因二噁英污染处于生活困顿的受害者。

同时，也可以建立全球性非营利基金，资助全球的研究机构，通过环境治理的科技方案，消除二噁英的危害，如此，一个无限事业就做成了。

同样的案例，贫铀弹也可以形成一个专门的共益组织。人类在社会之中，形成的多种剧毒物质，都可以成为共益组织进行环境保护和社会关怀的具体项目。

而创立这些全球性的共益组织，正是美国和英国等国家擅长的事情，他们是全球性话题的发起者。对于共益组织来说，全球议题的设定，意味着能够站在道德的制高点，主权国家政府也不得不和这些共益组织进行和解和沟通，这让共益组织在全球事实上享有巨大的影响力。

我们不论这样的共益组织在经济领域的核心动机，这些共益组织的成员，往往也是社会活动家。这些成员的职业生涯是终身的，获得的经济地位和社会荣誉要高于一般企业劳动者。正是因为这样的吸引力，创立事业组织已经是共益社会的一种生存方式。

以上描述性地说明，共益组织并不是一种完美组织，而是一种解决社会问题获得自身生存空间的机会。我们在前文之中已经提及，一旦创立了一个共益组织，这个共益组织就有了进行无限游戏的能力。这类似于传统经济领域的"定位战略"。

共益组织承担着双重职能，其一在于明确参与者的身份定位。作为社会工作者，他们能够与全球范围内的非营利基金会携手合作，开展募捐活动以获取资助。这不仅是一项职业安排，也是一份事业追求，同样需要得到适当的经济补偿。因此，世界各国的政府机构对社会组织的监督相对严格，尤其在财税制度方面，监管力度甚至超过了对企业的要求。共益组织的第二种机制，就是客观上这些参与者确实在为社会问题寻找解决方案。有时候这些共益组织的存在，并不是为了直接解决问题，而是为了这个问题的解决呼唤社会经济资源的投入。一旦改变了社会对于某一个问题的认知，就会形成一种思潮，形成巨大的社会影响力。

我们谈到的"双碳"战略，就是从民间共益组织开始的一种历史进程。现在已经成为全球共识，未来将影响每一个人的生产和生活。

如果一个人创立了一个小企业，主要帮助居民进行甲醛治理，这同样是一种对于人体有毒害的物质，这就是企业行为。**但共益组织不同，共益组织承认参与者还有自己的一份私利，和公益性的纯粹社会活动也不同，共益组织往往解决了更大的社会问题，变成一种职业选择。**

社会企业家的角色现在已经泛化了，很多"网约车"的互联网平台，就是在数字智能化的基础之上，进行社会化创业的一个案例，带动了十万甚至数十万人的就业。这是解决社会结构性失业的一种过渡地带，这些企业具备一定的共益性。社会对于社会企业家创业，会有更高的要求，并非单一的资本逐利游戏。

  共益组织的未来在于其"继承性"，这是很多世界级企业家将自己的资产捐赠出去，做非营利基金会的背后逻辑。在百年的历史上，能够生存下来的大企业寥寥无几，甚至在 20 年的时间里，能够持续保持规模和竞争力的大企业已经了不起了。

  大企业家知道向技术和商业高峰攀登的路径是如此陡峭，因此，非营利基金会能够为家族成员提供一个更加久远的庇护，其子孙后代可以为社会多做事，而保持自己的丰盈生活，帮助人是激发善意的事情，这就是很多企业家将企业资产变成基金会的逻辑。

  在本节的结尾，我们从共益组织的视角跳出来，观察到"双碳"战略在全球范围内正处于观念导入的初期阶段。这一进程，无疑属于人类最顶尖的创新领域。必须认识到，我们是"地球宇宙飞船"上众多物种之一。对于生态圈经济及其模式的理解，体现了制度机制的创新。循环经济和生态文明的理念必须被纳入制度设计之中。在这些机制的激励下，人类将依据自身本性选择技术和模式的创新，进而催生新的基础技术，推动社会持续进步。最终，上述三个层面的创新都应服务于构建美好生活的产品和服务。**毕竟在我们的星球上，数十亿人的平安生活以及万物的自然生长，才是最为重要的事情。**

5.致敬永恒的活火：向"中国企业生态理念之父"张瑞敏先生学习

  在撰写本书的过程中，海尔集团的张瑞敏先生对我产生了深远的影响。他所倡导的核心理念"日事日毕、日清日高"，以及他所实践的创新管理方法，如"T模式、倒三角、人单合一、创客制、链群合约"，还有他对"生态价值"和"永恒的活火"的追求，为我提供了宝贵的洞见。张先生不仅是一位杰出的教育家，也是一位卓越的产业经济学家。他在组织经济学领域的独到见解令人敬佩。受到他的启发，我认识到海尔的模式实际上是生态5.0的早期形态。特别是他所强调的"人是目的，不是工具"的原则，构成了本书构建**以人为本、充满幸福感社会的理论基础**。

生态5.0的哲学——用传统文化来认识"链群合约"。

以2013年海尔启动的互联网转型为例，这无疑是一场对毅力与坚韧的深度考验。商业竞争，本质上是产业结构集中度的动态演进，唯有少数参与者能脱颖而出，掌控全局。在这样的竞赛开始之前，企业需投入数十年的精心策划，而在此过程中，战略的稳定性和连贯性至关重要。

从生态圈经济学视角来看，海尔推行的"人单合一"及后续的"链群合约"模式，准确地体现了产业互联网时代对组织结构的革新理解。同时，这一模式的演进也可通过中国传统文化的深度诠释进行更全面地理解。至于"链群合约"模式中的生产要素构成，可通过图表进行精确且直观地展示。

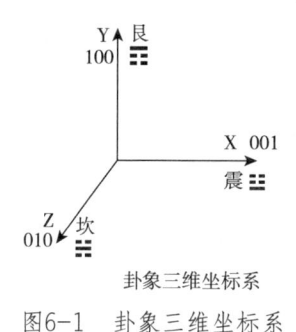

图6-1　卦象三维坐标系

每一单元皆可构建立体坐标系统。单卦由三个爻构成，这与三维空间的构成要求相吻合。在现代的立体坐标系中，使用（X，Y，Z）来标记空间中的任意一点，当单位为1时，X轴的坐标表示为（0，0，1），同样的逻辑可推得Y轴和Z轴的坐标。通过将三维坐标映射到卦象，得到震（☳）、艮（☶）、坎（☵）这三个卦象。三个坐标轴各自对应这三个卦象，如图所示。这三个卦象共同构成了立体坐标系，为《易经》对立体世界的解读奠定了基础，同时也提供了东方智慧去阐释人与天的合一世界。

X轴象征着在零成本社会中各种经济实体，其生态圈经济特性表现为连接与共享，参与者可以是企业或个人。Y轴表示共享经济的不同层次形态，从初

级到高级，包括企业内部的价值创造与分配、集团子公司的协同效应以及供应链、产业链、生态链的生态圈经济模式。Z轴则代表了激发各类经济主体积极参与共享经济的机制，其共享方式在于激励人力资本参与剩余价值的创造。

　　传统企业模式着重于收入与用户量，而海尔的智能平台更强调智慧社群接口的扩展与增长。当达到一定规模，这种量的积累将触发质的飞跃，呈现平台的指数级发展态势。为了实现总体价值的持续提升，管理者需确保在三个维度间维持均衡，构建一种将隐性价值转化为显性价值的动态机制。显性价值来源于过去对显性能力、视野和执行力的隐性投资；隐性价值则表现为预见力，能洞察未来，设定并执行长期和短期的战略目标，以不断创造新的价值。企业的发展潜力可能受到限制，如果过度关注短期利润，忽视了对人才、知识产权、品牌、社会责任等领域的隐性投资，可能会触及发展的瓶颈，丧失创新与增值的能力。因此，企业必须突破这些限制，持续投资于未来，并在关键时刻实现转型。

　　参照这8个维度，可在立体坐标系中描绘出对应的8个点，进而将这些点相互连接，形成如图所示的图形。此图形明显地展现一个立方体的结构，这即单卦在三维空间的展现，也是《易经》中对于单卦形态的诠释。如前所述，卦象、二进制及十进制的三种表达方式在此图中相互对应，互为表征。

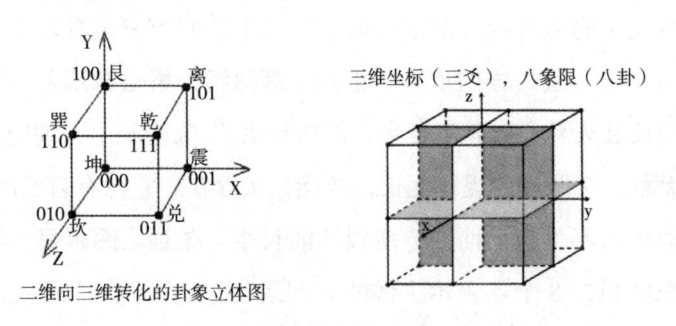

图6-2　二维向三维转化的卦象立体图

　　深入探究生态组织的理论根基，可以揭示为何单卦结构设计为三爻，其原因在于三爻足以构建一个立体的坐标系统，此构造与微型组织的运作机制相仿。接着，采用八卦的原因在于其能构成一个立方体的8个顶点，这象征着事物的全面性和整体运动，就如同一个产业链群，整合了上中下游的资源网络。

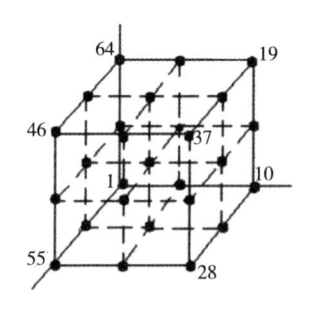

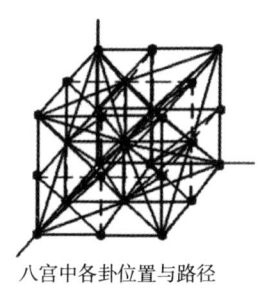

图6-3　八宫中各卦位置与路径

进一步地，观察到六爻卦象的存在，这与立方体的6个面相吻合。6个面是形成立方体的不可或缺的要素。在解释事物的动态演变时，六爻的6个面向共同构成了事物的完整存在状态，6个发展阶段则构成了事物的全面运动过程。从经济学的视角来阐述，六爻实际上可以被理解为时间与价值的函数。它涵盖了从现在到未来、从有形到无形、从直接到间接的连续循环。在空间与时间的交织中孕育出生生不息的价值创新。六爻的智慧告诫：阴阳交错乃静止之本，明了天命之故，故能无忧无虑。

张瑞敏先生的从容或许源于此道。从经济学的解决来看六爻，跟从物理学看"熵增定律"是一样的道理。正如《道德经》第七章所示："**天长地久。天地所以能长且久者，以其不自生，故能长生。**"天能长生，地能长久。因为天地公而无私，按照道的规律生长，故能长久存在。它没有自己的主观意愿，不为自己而生，不为自己而活，所以才能长生、久远。**海尔每7年一次战略变革，变在哪里？** 8个点表示主体的周期运动，6个平面表示立体简化的周期运动，立体中6个平面的每个平面分别表示主体与之联系的外部世界的运动，6个平面则共同表示主体与之联系的外部世界的全部运动，表示立体与外部世界的普遍联系。如此，不仅构成了主体单一事物的完整运动，同时也构成了外部世界与主体相联系的整体的运动。也许如上图所示，海尔生态价值的核算就建立起了哲学逻辑。从前面的论述已知，8个单卦构成一个立方体，8个纯卦构成一个双立方体。但在《易经》中存在的是六十四卦，这六十四卦在双立方体中是怎样的结构呢？这是六十四卦在双立方体中的分布，在双立方体的每一个节点上都有卦象的分布。每个"1"都是一个立方体，这既是裂变发生的时机，也是拐点产生的时刻。**六十四卦代表的生态集群所产生的生态总价值，就是每一个子系统在经过隐显转换、循环后，产生的临界能量（critical mass）**。比如，上一级平台向一级平台输出资本、技术、品牌等，完成"输血"过程，而下一级平台必须在有限的时间里，能够自体造血。生态组织产生的价值，是从0到1，再从1扩展到N的过程。0到1是创造新价值，就像创业，从无到有；而经过不断摸索，发展出新的事业，那就是1，这也是生态组织裂变的过程。1的价值高低，决定了N倍后的大小，因为1到N是乘数的力量，总价值就会受到"1"的影响。从图中可以看出，立方体的结构与现代物质的内部结构非常相似，或者可以说就是相同的。在海尔的概念里，**小微组织以及智能产品，不是一个概念，一定有连接，才能构成他自身的运动路径**。如果将各卦的运动路径连接起来，得到下面的图形。在相互链接中，由于信息成本的降低，信息不对称情况的减弱，个人在参与企业价值创造、管理过程中，也不仅仅是作为单纯雇佣对象存在，而更趋于价值分享，加强自身在企业中的价值。这个过程对企业、个人来说是双赢的过程。企业通过与员工共享收益，打破了委托代理之间的矛盾，留住优秀人才，而个人也获得丰厚收益，并形成自身价值，这个"1"于是更加坚固。**就像海尔的酒柜已经将红酒饮用群体与商家和生产商联系起来一样，智能冰箱也在食品生产商和消费者之间建立"活跃的"的实时关系，冰箱也会连接到海尔的U+智能家居平台**。海尔的生态组织是不同于互联网的一个新模式。与传统平台模式最大的不同，它是终身用户时代，也就是个性化定制和体验迭代。西方有理论说，物联网时代企业的竞争力是看拥有的终身用户有多少。**梅特卡夫定律提出：网络价值等于用户数量的平方的速度增长，拥有用户才可能有网络价值**。

在成熟且高度智能化的时代，最明智的管理方式将体现为"管理"的隐退。企业将投资于那些拥有自我调节能力、能够独立进化并朝着既定目标前进、无须人工干预即可自主发展的组织与机器，这将是未来产业生态革新的核心。实现智能管理的唯一途径，便是赋予人以自由。在我看来，张瑞敏先生提出的"人单合一"理念，是以人为本的管理哲学；而"链群合约"则是对人工智能所构建的新生态的精辟概括。

张瑞敏先生对中国做出的贡献，远不止于一般所提及的企业文化和管理实践。更确切地说，他深刻洞察了工商业文明的运作机制，并亲自将其付诸实践。**中国近现代一百多年的苦难历程，源于源远流长的东方农业文明，在西方工商业文明的冲击下遭受了重大挫折。即便在当下，中国许多基础文化层面仍可见农业文明的痕迹。然而，在海尔内部，已经形成了一个几乎完全依照"工商业文明"原则运作的小型"生态环境"。**它涵盖人力资源、财务、研发、战略、营销、市场、公共关系、审计、知识产权等各个方面的制度和规范，支撑着海尔在全球市场上的全面成长，也给了我们普通企业以深刻的启示。

思考与练习

组织和个人怎样持续发展创新力？

第七章
未来经济增长战略：新质生产力的实践哲学

二战之后，全球一体化的浪潮推动了生产力的迅猛跃升，达到了史无前例的高度。相较于工业革命初期缓慢而稳健的增长步伐，战后全球，尤其是发展中国家，实现了年均6%至7%的高速经济增长。

此现象的根本原因在于全球市场的逐步开放，它为低收入国家提供了接入全球技术和市场资源的宝贵机会。值得注意的是，中国是唯一一个在短短20年间，使全球市场容量成为其生产规模扩张主要限制因素的国家。

历史经验揭示，当前制造业、国际贸易以及财富积累的快速增长态势，实则是生产力显著提升，进而打破供给侧限制所带来的特殊现象。然而，随着需求的持续增长，终将追平甚至超越现有的生产能力，这意味着生产力提升的效应将逐渐减弱。在此情境下，未来的经济增长将更加依赖于各产业与经济体内部生产率的直接提升，对中国来说，就是我们常讲的"内循环"。

我们常常将快速且包容的全球化增长视为理所当然的常态，但这实际上是一种误解。面对新时代，我们必须积极探索提升生产率增速的新路径，确保发展的包容性，否则，世界可能会面临长期的经济停滞风险。

1. 穿越周期理解经济增长模式

当前企业所处的环境是各种周期的交织结果，企业生存困境的根源往往在于其自身对周期性变化的适应能力不足。因此，企业必须具备跨越不同周期的能力，以实现持续发展。

（1）**穿越12%毛利率线的财务周期**。经过深入剖析，我们观察到所有行业在成熟阶段均趋向于一个特定的毛利率运营水平，即 12% 的毛利率线。高于此线的企业，为了进一步扩大市场份额，往往选择以牺牲部分利润为代价，换取规模上的优势。相反，那些毛利率低于此线的企业，在激烈的市场竞争中往往难以立足，最终可能面临被淘汰的命运。**以新能源汽车行业为例。目前该行业的单车毛利率趋势呈现围绕 12% 毛利率线波动的特点。那些毛利率高于此线的企业，通常拥有更大的经营调整空间，能够灵活应对市场变化。而毛利率低于此线的企业，一旦陷入价格战，处境将变得尤为被动**。据相关统计数据，在 2020 至 2022 年间，上市新能源汽车企业主机厂的营运费用率维持在 12% 至 14% 的水平。这意味着，如果某家企业的单车毛利率未能达到这一区间，那么在仅考虑运营成本的情况下，该企业将面临亏损的风险。特斯拉单车均价达到 37 万元，单车毛利高达 10.67 万元，远超行业毛利率线。因此，特斯拉拥有足够的降价空间和应对价格战的资本，这也是其能够稳固占据新能源汽车市场领导地位的重要优势之一。

（2）**穿越经典的经济学周期**。穿越历史长河中的经济学周期，我们见证了从短周期（基钦周期）到中周期（朱格拉周期），再到长周期（康波周期）的演变。每一次经济周期的循环都象征着社会运行模式的深刻变革。它引领着社会发展趋势的变迁，促使旧的商业秩序逐渐瓦解；同时孕育出崭新的商业模式和新兴"物种"，强制性地推动全人类在新一轮的创新与变革中寻求突破。

以光伏行业为例。这一领域在 2022 年经历了硅材料价格高达 30 万元/吨的高峰期，然而进入 2023 年初，价格却急剧下滑，跌破 20 万元/吨的关口。仔细剖析这一快速下滑的现象，我们不难发现，**这正是基钦周期中主动去库存阶段的典型表现**。随着产能的投放，供给端形成了高库存的局面，而需求端则进入淡季，从而导致价格的急剧下滑。

另一方面，康波周期则是由技术更新迭代所引发的长周期波动。在人类历史上，每当蒸汽机、火车、电力、计算机等重大技术革新出现时，都会引发一轮新的奔波周期。最近一次康复周期始于 20 世纪 90 年代互联网的普及，至今已逐渐接近其尾声。然而，关于下一轮康复周期启动的具体时间（即新技术涌现的时刻），目前尚无明确的答案。

在上一轮康复周期中，中国凭借技术革新、城镇化进程和全球化的推动，实现了快速的发展。众多企业在短时间内实现了财富的成倍增长。然而，在当前这个新旧交替、青黄不接的阶段，许多企业难免感到不适应，陷入内外交困的尴尬境地。面对这一挑战，我们需要保持冷静与理性，深入剖析经济周期的规律，以更好地应对未来的变革与发展。

（3）**应对美国特色的金融周期带来的挑战**。近年来，美国过度印钞，引发了严重的通货膨胀，国内物价飙升，通胀率创新高。这一举动对全球经济产生了重大影响，可能在全球范围内引发连锁的经济动荡。在经济全球化下，美国的金融危机可能会像多米诺骨牌一样波及全球，特别是在贸易依赖度高的国家，如中国，其宏观经济将承受巨大压力，外贸加工和出口产业会受到显著影响，小型供应商可能因业务减少而面临生存危机。

同时，资金密集型行业，如房地产，也将遭遇流动性紧张的问题。部分企业可能因金融投机失败或市场低迷和信贷紧缩的双重打击，面临经营困境甚至倒闭的风险。总的来说，美国的经济决策对中国及其他经济体都带来了不可忽视的挑战。

（4）**跨越具有中国特色的政治经济周期**。历史经验表明，企业的快速增长往往与改革进程紧密相连。自1978年改革开放以来，众多个体工商户如曹德旺等逐渐成长为杰出的企业家。1998年，随着房地产行业的蓬勃发展，煤炭、能源等领域的企业家也实现了财富的显著增长。进入21世纪后，随着中国互联网应用的日益成熟，腾讯、阿里巴巴等互联网企业迅速崛起。

在过去的四十多年改革开放历程中，企业家们凭借政策差异和制度优势等有利条件，创造了众多经济奇迹，同时密切关注政府政策动态以寻找发展机遇。然而，当前的经济环境已经发生了深刻变化，经济发展的重心从追求速度逐渐转向追求质量。过去粗放式的经济发展模式已经导致一些突破边界的行为，因此国家需要加强规范和管理。

这种政策环境的转变意味着商业逻辑的深刻变革，同时也带来了更高的风险和挑战。因此，企业需要更加谨慎地行事，紧跟时代步伐，积极应对变化，以免被时代所淘汰。

（5）**深入应对百年未有之大变局这一超级周期的挑战**。在如此巨大的变革之中，企业原有的生存模式面临着失效的风险，特别是科技领域的深刻变革，以"降维打击"的形式不断冲击着企业的根基。近几十年来，推动经济发展的主要动力在于新技术的不断涌现和应用。从互联网到数字化技术，再到区块链、元宇宙等前沿科技领域的发展，技术的影响力正逐渐从社会公共基础设施层面扩展到各个行业，深刻改变着一些行业的运行逻辑。

根据北大纵横宏观经济研究院的预测，2025年后，一些具有颠覆性的技术有望创造每年高达14万亿至33万亿美元的巨大经济效益。因此，不难预见，缺乏前瞻性和创新能力的企业不仅将面临新技术的颠覆，更有可能被市场所淘汰。

2. 国家生态战略引领新产业带集聚

气候经济的影响

1935年提出的"胡焕庸线"，是一条从东北到西南的45度角分界线。东部以平原和水系为主，占国土36%，居住96%人口；西部包括青藏高原和横断山脉，占国土64%，仅住4%人口。气候经济影响中国城市经济发展差异，河流运输网络发达程度是关键因素。与美国密西西比河流域相比，中国南北水运发展不均衡，影响了经济流动性和交互性，导致北方城市经济相对滞后。

北方内陆地区依赖于铁路和公路作为主要运输方式，水运的缺乏使得物流成本上升，成为经济发展的瓶颈。这种运输限制也影响了石化等依赖港口资源的产业发展，使得北方城市的产业结构相对单一，经济增长潜力受限。

北方城市在资源获取上也面临诸多挑战。远离原料产地、水资源短缺以及气候变化带来的水资源压力，都使得电力生产、高耗水行业等面临严峻考验。

历史上，漕运通畅，则帝国兴盛；漕运败落，则帝国衰败。当前，中国正在积极推进的运河工程会将对南北经济格局产生深远影响。一是引江济淮工程，由引江济巢、江淮运河以及淮水北调三部分组成。该工程计划将长江与淮河水系相连，开辟一条新的南北水运通道，尤其有助于加强合肥与长江的联系，推动江淮联运中心的发展以及国际贸易的繁荣。二是由浙江、江西和广东三省正筹划共建的赣粤赣浙运河。该运河将长江与珠江连接起来，促进长三角与珠三角经济区的互联互通，从而构建一条从北京直达广东的水路运输通道。当水波再次在南北之间荡漾之时，江西理应为此举杯庆祝，因为这条通道建成之后，必将唤起人们对它昔日辉煌岁月的回忆。

西部经济的新机遇

化危机为机遇一直是中国人的思维方式。现在我们转化了问题，在全面导入碳中和战略之后，对于中国的产业分布有什么样的战略影响？

毫无疑问，在低碳战略到碳中和社会建设的过程中，会出现规模巨大的产业替代的机会。在解决碳能源的过程中，解决环保问题，也解决了中国过度依赖外部石油供应的战略短板。

随着碳中和社会的到来，新能源聚集区的出现已经成为不争的事实。这些新能源聚集区通常会催生出与之相关的配套产业链，促进当地经济增长，因此也引起了各地政府和产业界的高度重视。

一方面，新能源聚集区的出现可以推动该地区的经济发展，特别是在创造就业机会方面具有显著作用。例如，随着电动汽车的普及，电池等新能源材料产业也随之迅速发展，形成了以中国南方地区、美国硅谷、欧洲瑞典等为代表的聚集区。

这就是"生态战略"的由来，每一个时代转换的时候，都会产生大量的产业机会，能够抓住产业转换期的机遇，进行精深和宽广并重的产业布局，局部地区可以把握这样的产业机遇期。

中国西部地区面临着产业聚集的新机遇

在中国西部地区拥有丰富的自然资源和广阔的发展空间，已成为新能源产业快速发展的重要区域之一。未来，中国西部的一些新能源基地周围有望成为一个产业高度聚集区。

首先，中国西部地区拥有较为丰富的能源资源，如太阳能、风能、水电等，在新能源开发利用方面具有一定优势。政府在发展新能源时采取的扶持政策也会吸引更多的企业进入该地区投资建厂，形成产业链的聚集效应。

其次，新能源领域具有较为明显的集群效应，多个企业在同一区域形成的产业集群可增强合作机制，加快技术创新和交流，并形成一定的规模效应。随着新能源对传统能源逐渐替代，产业链内企业之间的往来将越来越密切。

再次，驱动产业区聚集的另一个重要因素是人才集聚。当科技革新与企业商业实践紧密结合，尤其是大量国际化、高素质的人才云集时，就会形成一个具有强大竞争力的产业高度聚集区。

碳群战略对于中国西部沙漠来说，已经不是抽象的理论层面的事情，不仅有思想，也有思路。**中科院低碳转化科学与工程重点实验室用二氧化碳和氢气合成汽油的技术成果，事实上就已经将二氧化碳从一种温室气体变成了一种可循环使用的资源。**

中国若干靠近原煤产地的火电厂，一个典型案例，山西火电厂年耗费煤炭600万吨，年排放二氧化碳1000多万吨，可以利用管道和低温技术收集气体输送到新能源密集区，光电能源企业和新能源化工企业就可以通过电解氢气和二氧化碳结合，生产液态能源物质类汽油产品。

这种合成汽油的技术使用的原料是二氧化碳和氢气，而不是传统石油等非可再生资源，因此有助于减少对有限自然资源的依赖，实现可持续能源利用；使用二氧化碳和氢气进行汽油的制备，相比传统汽油生产方式，可以降低碳排放量，减缓气候变化的影响；这项技术可以利用二氧化碳和氢气制造国内供应的汽油，减少对进口石油的依赖，提高能源安全性；这个技术如果能够将西部新能源优势和传统能源优势集成起来，就能够推动一些战略性产业在西部聚集，成为新的增长极，西安等城市将重现其作为古都的辉煌。

能源结构改变会引起产业地理布局的改变，这是常识，因为能源是产业发展的基础和支撑，能源结构的改变会直接影响到产业的发展和布局。

新能源的开发，如太阳能和风能，往往要求大规模的土地和海域，从而在特定区域催生新的产业集中地。以内蒙古和新疆的沙漠地带为例，这些地区对新能源的追求将不可避免地引发产业空间结构的调整。这种发展态势将导致市场需求的转变，进而影响相关产业的地理分布，特别是在传统能源如石油和煤炭领域。

同样，新能源汽车的推进在碳中和策略的驱动下，将促进电池、电机、电控等行业的发展，塑造崭新的产业链条和产业集群。在对数字氢链公司的战略咨询过程中，我们对此进行了深入研究。以新疆的某个地区为例，**大规模的光伏电站产生大量过剩电力，这些电力被用于制氢。氢气的应用既可发展氢燃料电池，应用于多样的交通场景，也可进一步延伸产业链，用于合成氨和尿素的生产，服务于农业生产。**

然而，碳中和策略的价值超越了这一层面。本书的核心内容是站在全球未来产业经济的视角，探讨碳中和经济和策略如何驱动世界变革。**建立工业原材料的循环体系是实现可持续发展的重要策略，目标是提高资源使用效率，减轻对自然环境的破坏和污染，以实现经济、社会和环境的和谐共生。这正是碳中和策略所蕴含的更为宏大的发展框架。**

未来，碳中和策略将推动构建循环经济产业链。这涉及构建全面的产业链条和生态系统，通过设计优化的工业结构和技术路径，以循环经济为基石，构建从原料采集到废弃物处理的全生命周期管理体系。

循环产业经济的实施将对产业链的布局产生深远影响，每个产业链可能需要扩展一倍的长度，以实现"生产到循环"的价值链延伸和多元化。

由于资源再生产业和新能源产业的结合，将会涉及从资源回收、再利用、再生产到新能源的开发、生产、应用等整个产业链的延伸和拓展。这将会促进产业结构的优化和升级，从而提高整个产业的竞争力和创新能力。也将会促进产业的可持续发展，从而实现经济、社会和环境的协调发展。

当然，碳群战略的未来会超越很多人的预料，而在工业原料的战略循环当中，技术创新是推动工业废料回收再利用的关键。建立产学研机制，推广先进技术，提高回收再利用效率的同时降低排放污染，还需要注重人才培育、基础研究和市场化应用等方面，共同促进创新型科技企业蓬勃发展。

八大行业的双重转型

各行各业的碳中和转型已从"可选项"转变为"必选项"，其紧迫性如同箭已离弦，不可逆转。这一变革将深远地重塑企业利润结构及行业产业的整体格局。尤为值得注意的是，钢铁、电力、建材、有色金属、石化和民航及汽车、农业这八大行业，由于其显著的能耗特征，正率先面临国家统一碳市场的纳入，接受首次全面而深刻的转型洗礼。

第一，钢铁行业：碳减排助力供给侧结构性改革。在中国的碳排放构成中，工业部门占据了38.18%，其中钢铁行业贡献了15%，粗钢产能大约占到了90%。为了达成碳中和目标，减少粗钢产量和降低长流程生产比例已成为有效的策略。河北、山西等地已经开始执行限产政策。钢铁行业需要限制新增产能、压缩产量、重组企业，并且革新生产技术，以提高电炉钢的比例和废钢的利用率。利用废钢直接炼钢能够显著减少排放，这也是国际上的发展趋势。我国已经从废钢进口国转变为零进口国，预计到2025年废钢量将超过4亿吨，这将能够满足国内45%—50%的需求，减少对铁矿石的依赖；同时，通过提取工业附产氢等元素进行循环应用，也是一种绿色制造之路。

第二，电力行业：探索新能源的可持续发展之路。与钢铁、石化等行业相比，电力需求在人们的日常生活与工业生产中保持相对稳定，难以出现急剧下降的趋势，即便在倡导节约资源的背景下亦是如此。因此，电力行业实现碳中和目标的关键在于积极探索并推广可替代能源。据国家统计局发布的权威数据显示，2022年全年，我国发电量总计达到88487.1亿千瓦时。其中，火电、水电、核电、风电及太阳能发电的占比分别为69.8%、14.3%、5%、8.2%

及2.7%。这一数据清晰地反映出火电在我国电力结构中的主导地位。尤为值得关注的是，我国火力发电量中，近九成来自煤炭。这凸显了电力行业在能源结构转型及碳中和目标实现过程中所面临的严峻挑战与显著差距。然而，这也预示着电力行业在推动新能源发展、促进能源结构转型升级方面具备广阔的发展空间和巨大的发展潜力。

第三，建筑材料行业：这个是低碳社会基础设施的关键部分。许多疾病的发生与环境因素密切相关。在工业化程度较高的地区，疾病的诱因通常与非可再生能源及其他能源的消耗有关。根据《2022中国建筑能耗与碳排放研究报告》的数据，2020年我国建筑领域的碳排放量已超过全国总量的一半。建筑材料行业高度依赖资源和能源，其碳排放状况对于实现碳中和目标至关重要。鉴于中国在全球建筑材料市场中的领先地位，该行业的碳中和目标将对我国2060年前的碳中和战略产生深远影响。建筑材料行业的供应链复杂且涉及多个高碳排放行业，因此向低碳转型既复杂又系统化。这要求我们必须加强产业链的合作，推动节能增效。可喜的是，2022年上半年，全国新建绿色建筑的占比已超过90%，这意味着人们进一步减少了疾病和死亡蔓延的危险。展望未来，我们应更加积极地对居住建筑进行节能改造，并提升公共建筑的能效，以打造一个更加环境友好的全新体系。

第四，有色金属行业：要实现生产过程的绿色低碳。目前，减少中间产品的转移对于实现碳中和目标至关重要。未来，上游企业向生产流程化转型的趋势将日益显著。简而言之，我们可以在矿产、港口以及风能、水能等资源丰富的地区，合理规划并建立冶炼厂。随后，在冶炼厂周边布局金属材料加工企业，从而实现资源的优化配置和高效利用。目前，一些电解铝企业已经开始调整产品结构，转向生产铝棒等多元化的铝产品；锌冶炼企业提升了锌合金的生产比重；大型铜冶炼企业也在持续扩展铜材生产线。这些措施旨在降低生产过程中的能源消耗和减少物流环节的能源损失。此外，充分利用回收的再生资源，也是降低初次生产阶段碳排放的有效途径。以铝生产为例，采用再生铝作为原料相较于传统电解铝工艺，能显著降低能源消耗和碳排放，助力绿色低碳发展。

第五，石化行业：推进脱碳工艺发展。石化行业面临能源及生产过程中的二氧化碳排放问题，减排任务复杂艰巨。生产工艺体系成熟，调整难度大，且设施服役周期长，改造投入大。受国际政治经济形势影响，减排决策需全面考量。在"双碳"战略和企业可持续发展目标驱动下，中国石化、中国石油、中国海油等领军企业正转型清洁能源。中国石油在新能源开发、风光气电一体化及电动出行领域取得成就；中国石化构建氢能全产业链闭环体系；中国海油积极投身海上风电开发。四大石油企业已成立超40家新能源企业。展望未来，石化行业将持续创新转型，推动绿色低碳发展。

第六，民航行业：追求零排放技术创新。作为碳排放的大户，民航业必须采用创新技术以实现减排目标。显然，燃料替代方案并不现实。但是，民航业可以利用CCUS技术来控制和减少碳排放。国际能源署预测，到2050年，CCUS技术将贡献减排量的9%，助力其实现2070年的净零排放目标。同时，化石燃料的能效提升、电气化转型以及清洁能源的使用将与CCUS技术共同实现减排。中国的CCUS技术在地质封存方面具有巨大潜力，预计封存能力在1.21万亿至4.13万亿吨之间。到2050年和2060年，CCUS技术预计将帮助中国减少6亿至18亿吨的二氧化碳排放量。另外，其他方法也能有效去除大气中的二氧化碳。燃木发电站的工作原理是：生物能生长时吸收二氧化碳，转化为生长原料。燃烧时释放的二氧化碳被CCUS基站收集，压缩成液体后注入地下储藏库。这样，使用生物能的电站结合CCUS技术，不仅发电，还能从大气中去除并封存二氧化碳。

第七，汽车行业：推动电动汽车和智能网联汽车的普及。汽车行业作为碳排放的重要来源之一，其转型对于实现碳中和目标至关重要。随着电池技术的进步和充电基础设施的完善，电动汽车的续航里程和用户体验不断提升，越来越多的消费者开始接受并选择电动汽车。同时，智能网联技术的应用也使得汽车更加安全、便捷和环保。未来，汽车行业应继续加大在电动汽车和智能网联汽车领域的投入，推动技术创新和产业升级，降低生产成本，提高产品质量，以满足市场需求并促进绿色出行。

第八，农业行业：推广生态农业和精准农业。 随着精密机械和石化产品的流通日益增加，农业领域的集中化程度也随之提高。传统农业模式往往存在化肥农药过量使用、水资源浪费等问题，导致碳排放量增加。超过一半的美国水源污染和三分之二的固体废物污染可归因于化肥流失导致的硝酸盐污染。另外，杀虫剂对土壤构成重大威胁。土壤中的微生物和小动物对土壤健康至关重要，但杀虫剂破坏了这些生物及其栖息地，加速了土壤退化。结果是土地严重退化和侵蚀，每年有40亿吨表土流失。对中国而言，推广生态农业和精准农业是实现农业碳中和的重要途径。生态农业强调生态平衡和可持续发展，通过优化种植结构、推广有机肥料等方式减少化肥农药的使用量；精准农业则利用现代信息技术手段提高农业生产效率和管理水平，减少资源浪费和环境污染。

碳排放限制了物质世界的发展。为了构建自身的物质生活，人类必须与自然法则建立相互作用，并彻底探索出突破困境的方法。众所周知，植树造林是降低碳排放的重要手段，这一点在此不再赘述。根据路孚特的统计数据，2022年全球碳排放交易量已达到125亿吨，连续6年保持稳定增长态势。这反映出全球范围内减少碳排放的努力，并预示着绿色低碳经济时代的到来。在中国，碳排放交易量激增至5.04亿欧元，价格亦上涨近30%，这一现象标志着中国碳排放交易市场正迅速走向成熟与繁荣。

3. 国家生产力战略的八大模式

在国家治理层面，国家生产力战略的运用是极其关键的。其中，我们可依据其层次由低到高，将国家的生产力战略模式划分为八大模式。

（1）革故鼎新：科技转化与产业链强化模式。

在当前全球经济一体化日益加深的背景下，各国纷纷将科技体系的强化视为提升国家竞争力的关键。**特别是在信息产业创新领域，芯片性能正经历着迅猛的增长，实际上人工智能的发展在 2020 年左右已经超越人类智能的里程碑。**拉斯·特维德先生认为这一进程可能遵循 S 形增长曲线模式，并不时被水平线打断，标志着阶段性突破与挑战的出现。在生物技术创新领域，生物技术、知识和产品的增长同样呈现指数级的态势。随后遵循 S 形曲线的发展趋势，并预计在 2050 年左右达到稳定状态，形成一条水平线。

产业竞争是国家竞争的具体体现。各国正通过科技成果转化和产业链升级，推动知识产权的有效运用和创新科技成果的应用。这不仅显示了对科技创新研究的重视，也突出了科技成果产业化的重要性，以构建具有全球竞争力的产业链和专利集群。自 20 世纪 80 年代起，美国通过企业、高校和研究机构的紧密合作，形成了科技创新体系，维持了其科技领先地位，并利用政策和市场手段促进科技创新成果产业化，推动产业链升级和强化。

在山东省进行产业发展调研期间，笔者注意到许多山东企业在产业链协作与精细化管理方面表现出色。例如万华化学、海王化工等，通过战略研发，持续提升产品品质与性能，从而构建了自身独特的产业链竞争优势。此外，**山东省工业和信息化厅积极推动"入链卡位"活动，有效促进了产业链上下游企业间的深度合作**。这些企业通过信息共享、技术交流以及资源共用的方式，共同应对市场挑战，最终实现了共同成长的目标。

（2）合之以利：**核心产业、科技与金融协同模式。**

核心产业、科技与金融的协同模式构成了国家层面融合创新发展的战略框架。在此模式中，核心产业作为国民经济的支柱，承担着引领和推动的角色；科技作为关键因素，促进产业创新并增强竞争力；金融则为产业和科技创新提供资金支持和风险保障。此模式涉及 4 个关键要素。一是**存货周期作为经济周期的一个组成部分，表现出明显的周期性特征，其平均持续时间为 4 至 5 年，并在周期中达到顶峰。**二是**资本支出周期由机器和设备投资驱动，形成更大的经济周期，周期性特征显著，平均约每 9 至 10 年达到一次顶峰。**三是**房地产周期在经济的长期波动中扮演重要角色，房地产建设投资通常成为强**

大的驱动力，但同时也可能引发银行危机的风险。这一周期性现象的平均顶峰间隔约为 18 至 20 年，显示了明显的规律性。四是金融市场泡沫及其随后的崩溃呈现了半周期性的现象，平均每三年发生一次。这种规律性的重复，凸显了金融市场稳定与风险并存的本质。

通过深度融合与协同，各国能够充分发挥核心产业、科技与金融的互补优势，实现资源的优化配置和高效利用。在这种模式下，企业不再孤军奋战，而是形成了紧密的合作关系网。它们通过信息共享、产业协同和融资支持等多种方式，携手应对市场挑战，共同追求发展的繁荣。**我在日本考察时发现，日本企业独特的环形持股结构成为企业间合作的基石，促进了上下游企业间长期稳定的合作，不仅加强了产业链的协同，还实现了风险共担**。而综合商社则在这一体系中扮演了至关重要的角色，它们作为产业与金融之间的桥梁，不仅为企业提供必要的融资支持，还助力企业开拓更广阔的市场，从而进一步推动了核心产业和科技创新的蓬勃发展。这种深度融合与协同的模式，不仅在日本取得了显著成效，也为全球各国提供了宝贵的经验和启示。

（3）上兵伐谋：国际贸易与金融治理深化模式。

过去 40 年，发达经济体占全球 GDP 份额降至 40%，新兴经济体升至近 60%。这得益于世界经济开放谈判，以及发展中国家引进并消化发达国家技术。跨境知识及技术流动是实现目标的关键，包括清洁能源转型和更广泛的可持续性。过去 40 年，发展中国家低成本制造扩张，全球经济受通缩压力。这种生产转移始于二战后的日本，后扩展至纺织服装业新兴势力的香港。在纺织品配额贸易体系的推动下，低成本制造业又发展到新加坡和韩国。而此时，最先启动这个进程的日本，随着收入水平提高，开始转向附加值更高的生产活动。**欠发达国家变成发达国家，发达国家变成领先国家，这样的循环过程在各国重复上演**。

在亚洲，上述接力棒传递过程被人们称作"雁行模式"。20 世纪 80 年代，韩国已迈入中等收入阶段，低成本制造业的任务被再度转移。这次包括印度尼西亚、泰国和稍后加入的越南等，但最主要的新选手是中国，尤其是在 20

世纪 90 年代初期，中国开始占据全球制造业的支配地位。中国在全球制造业中的份额从 1990 年的 3.5% 激增至 2021 年的 30.5%。

雁行模式带来的总体效应是，把之前没有利用起来的数量庞大的产能加入世界经济，其中既有制造能力，也包括劳动能力。这个效应极为庞大。

随着全球经济格局的持续演变，国际贸易与金融治理的重要性日益凸显。尽管地缘政治冲突导致了逆全球化的趋势，但国家间及内部货币、人员、思想和产品的流动性持续增加，全球化呈现 S 形曲线的增长趋势，并可能随后进入平稳期或周期性波动阶段。预计这一增长高峰将出现在 2020 年至 2040 年之间。

在此背景下，各国通过深化参与国际金融治理，发展自身的国际货币和金融产品，以维护国际金融稳定，并寻求多元化的发展路径，全面维护其在国际舞台上的地位。

强化国际贸易与金融治理机制，旨在提升国家在全球经济中的话语权与影响力，保障经济利益和金融安全。值得关注的是，日本企业在多元化产业布局中实施广泛策略，向纵向产业链拓展，构建全球产业链的互联互通。**三井物产通过产业、商业、金融一体化的商业模式，在东南亚地区建立贸易网络，运用金融投资形成"雁行模式"，以较低的股权敞口迅速主导产业。**

在能源战略布局方面，日本占据上游优势，自 20 世纪 50 年代起在海外建立石油基地，遍布全球五大洲。综合商社如三井物产、三菱商事在能源领域深度参与和高效运营，为日本的能源安全提供了坚实基础。

（4）未雨绸缪：军事、文化与政治外交的多元化发展模式。

战争与恐怖主义是全球所面临的两大严峻挑战，每年引发约 100 至 150 起恐怖袭击、绑架及海盗事件。展望未来，从 2010 年至 2050 年，这一数字可能飙升至 5000 起。同时，每年还将有 2 至 3 场新的内战爆发，预示着未来 40 年间，我们将目睹约 100 次新的战争冲突。此外，持续的内战每年平均保持在约 14 次，这一长期趋势呈现一种延长的钟形曲线特征，对全球和平与安全构成了严峻挑战。同时，世界各地文化和观念的持续融合，形成了一种独特的 S

形曲线发展趋势，然而，这种融合的美好愿景却有可能被战争破坏。

在复杂的国际格局中，军事、文化与政治外交作为国家综合实力的三大支柱，对于国家的全面发展和国际地位的提升至关重要。军事力量是国家安全的关键，能保护国家利益；文化作为软实力，提升国际影响力和文化认同；政治外交是沟通合作的桥梁。通过发展军事、文化和政治外交，国家能增强综合国力和国际地位。军事现代化，如研发先进武器，强化国防并促进经济发展。文化产业的繁荣丰富了国家文化，提升了国际影响力。积极的政治外交加深了国家间的理解与合作，为经济发展创造有利环境。因此，各国应重视军事、文化与政治外交的全面发展。

（5）合纵连横：联盟与互补共生区域合作模式。

2010年至2050年，预计新兴市场国家的国内生产总值（GDP）将显著增长，增长额将超过10万亿美元。这一增长趋势将显著提升新兴市场国家的财富水平，预计将达到先前水平的4至5倍。然而，必须指出的是，此增长趋势将遵循S形曲线的规律，特别是在2040年之后，增长速度将逐渐减缓，增长幅度将不再如早期那样显著。同时，大多数发达经济体的环境改善问题往往被新兴市场国家日益严峻的环境恶化现象所掩盖。这一现象呈现一种钟形曲线的特征，其中不同的整体峰值则取决于各自所面临的相关环境问题。因此，发达国家与发展中国家均需建立深入的合作机制，各国应发挥自身优势，与其他国家共享资源，实现互补。通过加强政策协调、基础设施建设、贸易促进、资金流动以及增进民心相通等领域的合作，各国能够构建一个更为紧密的国际共同体，共同应对全球性的挑战与风险。

历史上，世界的相互依赖性产生了特定的联盟。以东南亚国家联盟（ASEAN）为例，作为一个区域合作组织，东盟通过强化成员国之间的合作与协调，促进了区域内的经济一体化和政治互信。东盟国家在贸易、投资、文化等多个领域展开了广泛的合作与交流，共同推动了区域经济的繁荣与发展。同时，东盟还积极参与全球治理和国际合作，为维护地区和平与稳定发挥了重要作用。再比如20世纪组建的欧洲共同体，当时饱受与日本贸易逆差之苦并抱怨日本的市场壁垒。然而，它却与美国合作，尽量将国际贸易法则与社会、劳动权利事宜挂起钩来。

（6）以迂为直：全球治理与风险控制模式。

从全球历史上看，每隔一段时间，大约每3年，就会涌现一波与环境、技术以及健康相关的恐慌浪潮，呈现半周期性的特征。全球治理与风险控制模式面临全球化与信息化挑战，需国际合作应对全球性挑战。各国需加强政策沟通、多边合作机制建设及信息共享，以形成合力。同时，需建立风险预警和评估体系，提高应对和处置能力，并加强国际合作共同应对风险。中国在该领域表现突出，秉持多边主义，推动多边合作，为国际秩序贡献智慧与力量。中国已建立完善的风险预警体系，积极参与国际风险防控合作，共同维护国际社会稳定。

引领全球治理、控制全球公共产品的供给、主导国际秩序变革并塑造国际秩序，对于国家防务、贸易、金融、和平、生态、反恐、国际合作等重大事务具有至关重要的意义。在此过程中，中国致力于形成对国际事务的话语权与领导力，积极参与制订国际制度与标准，并充分发挥军事、科技、金融、贸易、文化、联盟以及国际组织协作等多方面的力量，共同塑造更加公正合理的国际秩序。

（7）洞察先机：文明驱动力与周期增长模式。

太阳黑子活动与气候周期的循环大约为18至20年一次，金融市场的泡沫与崩溃平均每3年发生一次，而环境、技术、健康方面的恐慌也呈现周期性的半周期波动。城市化进程，预计在2010年至2050年间，城市人口将激增30亿。这一趋势将遵循S形曲线规律，随后逐渐趋于平稳，其峰值大致定于2050年。人口增长预计将在2050年达到顶峰，全球人口将再增加20亿，增长率接近30%。随之而来的将是老龄化的显著趋势，从2020年至2050年，老年人口预计将激增16亿，形成一个显著的钟形曲线，预示着在2050年后的数十年间，这一群体数量将达到历史性的顶峰。女性解放方面，女性接受高等教育的人数将持续提升。她们普遍期望在事业上取得更大的成就，并倾向于生育更少的孩子。这一趋势预示着在未来的某个阶段，如可能在 2030 年至 2040 年间，女性高等教育的普及率将达到一个相对稳定的状态，呈现一种类似水平线的趋势，而非持续攀升的 S 形曲线。人类智力方面，随着社会的持续发展，人类的平均智力水平正以每年 0.3% 的速率稳步提升，遵循着一条先增后缓的 S 形曲线轨迹，最终趋于平稳并达到自然的智力巅峰。然而，值得注意的是，当人类基因工程技术逐渐普及并深入应用时，这一传统的增长模式或将被全新的、更为迅猛的增长周期所取代。**人类知识方面，知识与技术的飞速发展大约每 8 至 9 年出现一次。大约每 8 至 9 年，技术就会经历一次倍增，这一趋势预计将在 2050 年之后逐渐显现。**资源短缺方面，资源的供应限制引发了价格的急剧攀升。然而，令人欣慰的是，食物和水资源的短缺问题最终得到了妥善解决。更令人振奋的是，我们有望获得几乎无限的廉价清洁能源，这得益于一系列几乎无限延伸的 S 形曲线所描绘的供应模式。每一种驱动力均伴随着相应的反作用力，因此必须密切注视市场波动与社会变革中的逆向力量。

（8）谋定后动：**国家大营销与战略市场管理模式**。

事实上，没有任何一种发展蓝图能够成为全球通用的模板。我们目睹了众多国家，如新加坡、日本和韩国，尽管各具特色，但均实现了经济的显著增长。正如历史长河中，英国、德国和美国等国的经济增长模式亦各异其趣。因此，我们需要一套科学的框架，用以评估特定国家的初始条件、识别主要机遇、分析优势与劣势，并探索实现经济增长与经济复兴的最优路径。若将这一框架应用于企业层面，我们称之为战略市场管理。我们期待国家能够借鉴企业管理的精髓，通过实施战略市场管理，实现国家的繁荣昌盛。

构建高效的商业模式是企业跃升的关键，同样，它也是国家积累财富的重要驱动力。国家的宏观政策与微观经济主体的行为，如消费者、制造商、供应商和分销商的互动，共同编织了一个复杂而又协调的经济网络。通过优化资源配置，追求利润最大化，并严格控制成本，国家可以增强其市场竞争力。同时，把握金融市场的发展脉搏，促进资产增值，并稳固产业链上下游的合作关系，以增强其稳定性与忠诚度。

在行动上，国家不断追求效率与敏捷性，构建强大的经济网络，并维护生态系统的健康。新加坡的淡马锡模式为我们提供了宝贵的国家科技创新投资经验。许多国家纷纷借鉴其风险投资策略，设立专项基金以支持创新项目；同时优化资源配置，激发资本市场的活力。在风险管理领域，组织应当追求内部与外部资源的均衡整合。政府和企业需要紧密协作，共同优化顶层设计，打造一个高效运作的混合所有制经济体系。进而通过推动合作、共享信息、整合平台资源，就能够增强资本运作的协同效应，并建立完善的监督与考核机制。如此，企业便能成为市场的领航者，融入国家的大战略，走向更加繁荣的未来。

4. 打通"供给侧 + 消费侧 + 循环侧"的完整回路，形成企业生态战略模型

当一个国家由物质短缺时代迈向产能过剩时代时，从企业的视角来看，构建 5.0 经济体系的核心在于推进传统线性价值链向价值循环模式转型。5.0 模式的独特优势在于能够激发企业调整其商业模式，实现可持续发展。因此，企业应主动承担起创新者的责任，重新设计、配置和优化生产及消费过程，打破传统的价值链架构，建立以循环为核心的新型价值链。这一变革预示着未来商业演进的全新趋势，更是企业实现可持续发展的重要策略。

从价值链到价值循环

在数字化时代背景下，企业应当建立一种可持续的资源运营模式，确保资源的再生速度超过其消耗速度，从而塑造一个稳固的经济结构，降低经营成本和风险。乌麦尔·哈克先生认为企业应倾向于关注"价值循环"而非传统意义上的"价值链"。传统价值链往往依赖于不可再生资源，这不仅导致资源枯竭，还可能引发问题的转移。而价值循环理念强调资源的再利用，包括回

收、转型和再生产，目的在于最大限度地利用资源，减少浪费，并实现资源的持续循环利用，进而构建循环经济体系。资源的循环利用越是频繁和持久，其成本就越低，有助于形成一种新型的规模经济。

在价值链的基础上，价值循环理论引入了4个新的要素，构建了一个循环的生态系统：

（1）再利用与再生产：在生产过程中，如何设计产品的可再利用、可循环及再生产性？

（2）再制造：哪些物品可以被回收、再利用并重新投入生产？

（3）反向物流：如何有效地回收废弃产品，以支持再生产过程？

（4）循环流动：价值循环的流动方向如何？与价值链的单向流动不同，价值循环可以双向或多向流动。价值链涵盖了从入场物流、运营过程、成品物流到上市和服务的路径，而价值循环的核心在于强化资源的回收、再利用、循环和再生产的能力。

（1）**再上市的问题**。这是一个关于如何区分可循环利用的资源与不能循环利用的资源的问题。价值循环的理念，就是要让那些可以重复使用的资源进入循环之中。而要做到这一点，公司必须清楚自己在消耗哪些资源，才能明确需要重复利用哪些资源。

以耐克为例，它使用Considered环保指数来评估其产品的环保性。通过设计和生产环节来控制废料的产生，测量加工过程中产生的有毒物质，评估所使用材料的可持续性，从能源使用、用水、回收程度、碳排放等方面进行衡量。通过Considered环保指数，耐克逐渐认识到生产运动鞋对自然资源的广泛消耗，无论是地下水、大气，还是掩埋垃圾的土壤。同时，公司也明白了再次利用材料和产品的必要性。借助该指数，耐克开始尝试全新的运动鞋设计方案——环保设计。

耐克的畅销跑鞋飞马就是环保设计的杰作，是用原始的材料生产出来的，如环保、低能耗的水性黏合剂，可循环使用的橡胶和泡沫。不必要的材料被完全抛弃，结果如何呢？一双鞋鞋底的83%由环保材料制成，比普通跑鞋轻

13%——既赢得更大的利润，也对长跑者、对耐克公司、对社会都更加有益。这就是厚价值。难怪耐克希望全部跑鞋都采用环保设计、全部服装都采用环保设计，公司计划全部产品实现环保化。

（2）**再生产**。被视为环保先驱的耐克，将 Considered 设计仅仅视为一个起点。他们的长远目标是通过 Considered 计划，实现循环生产模式，也就是他们所描述的："所有材料都能循环利用，制造出想要的产品。"Considered 指数和 Considered 设计仅仅是实现这一愿景的前两步。如果耐克发现某种材料的使用、处理和加工过程是无毒、无害且不产生废物，就会积极回收旧鞋。回收后，可以以低成本进行二次制造，而不是投入大量资金生产新鞋。这样就创造了一种新型、优质的成本优势。

从 1993 年开始，耐克就开始带起了旧鞋回收再利用的风潮。他们建了个工厂专门拆解跑鞋，把里面的材料分门别类。橡胶块儿可以用来铺球场，泡沫材料也能用来做球场所用的东西。现在耐克正努力把废物利用变成再生产，他们想做到的是，穿破的鞋能直接在当地回收，然后变成新的鞋、衣服或者运动器材，这样对顾客、社会和公司都有好处。耐克还宣传说运动鞋可以有新的生命，他们打算把所有产品都循环利用起来。耐克用资源再生作为推动力，这跟其他竞争对手的营销策略不一样，他们的重点是让损耗变成优势。未来，这种新的商业模式会带来巨大的价值。

这个大家都熟悉的有机循环，仿佛是从尘土中来，又回归尘土的技术之旅。通过回收流程，曾经使用过的产品得以重获新生，没有一个分子被浪费。

（3）**关于反向物流**。高效的循环路径，往往像离弦之箭，直击目标。那些掌握循环价值之道的企业，总是致力于使生产环节与消费端紧密相连，以减少资源回收、再生产、转型利用和二次利用的距离。例如，耐克在构建其价值循环体系时，巧妙地引入了一种逆向流动机制，确保运动鞋不仅能够从工厂迅速送达运动员，还能从运动员那里返回工厂进行再制造。循环和再制造过程中使用的免费原材料越多，平均成本下降的速度就越快，从而创造出更大的价值。

（4）构建循环流动的闭环。要想让价值循环体系充满活力，关键在于让循环流动起来。这需要将供应驱动模式与需求导向模式相结合，形成一个双向流动的价值循环体系。供应驱动模式确保了稳定性，但可能缺乏灵活性；而需求导向模式则侧重于满足消费者需求，以减少资源浪费。

诸如沃尔玛、耐克和紫菜云平台等企业，借助大数据及互联网技术，连接制造商与项目方，促进数据与实体资源的循环利用，进而提升效率并降低成本。对我们的启示在于，**企业需更新资本运作与运营模式，积极寻求并实践创新模式**；融合价值循环体系，构建一个融合传统与创新的模式，以双向流动维持竞争优势。

那么，如何判断一家企业是否致力于价值循环的发展？紫菜云平台创始人褚兴民先生的见解为我们提供了线索：**我们应审视企业是否重视原材料的可持续性与环保性，是否在生产过程中实现资源的循环与高效利用，以及在销售与服务过程中是否与客户建立了共创价值的紧密联系。**

5. 新质生产力评价体系

本方案旨在构建一套科学、实用且具备可操作性的新质生产力评价体系，以准确评估新质生产力的发展状况并为其提供明确、有效的指导。这将有助于我们更好地把握新质生产力的发展脉络，推动经济社会持续健康发展。

第一个维度：全新的自主创新能力——体现产业竞争优势

（1）从宏观层面来看，企业在行业中占据重要地位，拥有显著的市场份额，其产品和服务质量卓越，具备明显的成本优势。这些表现共同构成了企业在市场竞争中的坚实基础。

（2）在微观层面，企业的技术创新能力尤为突出。具体表现在持续地研发投入、积极的专利申请与授权，以及不断推出新产品等方面。这些举措为企业积累了丰富的技术储备，并持续推动其向前发展。

（3）数字经济作为当今时代的重要特征，正深刻影响着企业的运营和发展。数字技术不仅为企业带来了种种成长机会，也使管理者与战略家面临着新的挑战。如今，他们不再受限于技术短缺，而是需要思考如何更好地利用数字化技术，制订可盈利的、事件驱动式的决策。

（4）现代软件技术能够将客户的订单直接与销售活动相连接，实现订单处理的自动化和高效化。此外，像紫菜云这样的物流管理软件能够自动优化生产过程，提高生产效率和成本控制水平。同时，先进的协议如可扩展标示语言等，为跨系统兼容提供了可能，使得中小企业也能享受到以往只有大公司才能享有的优势。

（5）在通信技术领域，全球定位系统等先进技术助力企业实现物流资源的自动调配，从而提高物流的灵活性和效率。远程传感器技术，例如紫菜云平台所采用的，能够实时监控设备状态，并及时触发维护措施，确保设备的稳定性和可靠性。这些数字技术为企业发展注入了新的活力，并为未来的市场竞争开辟了更多可能性。

第二个维度：全新的持续发展能力

（1）**保持与客户的一致性**：客户的选择直接引导着网络中的采购、生产与交货活动。不同的客户群体接受定制服务，提供"包"的定制化解决方案服务。客户作为驱动数字平台的核心，不再是供应链产品的被动接受者，而是积极参与并影响整个供应链流程。

（2）**强化合作与系统化**：公司致力于构建一个由供应商、客户乃至竞争对手共同参与的增值网络。在这个网络中，每一项活动都分配给能够最高效完整的合作伙伴。运营活动的关键部分交由专业提供商负责，通过合作、广泛的信息交流与精细化的管理，确保整个网络能够无缝交付产品。

（3）**实现敏捷性与可伸缩性**：我们具备对需求变化、新产品上市、业务快速增长或供应商网络调整等情形的快速响应能力。这种响应能力得益于灵活的生产、分销和信息流设计。努力减少或消除实体限制的约束，降低经营资金成本，缩短流程时间和步骤，有时甚至可以精简传统供应链中的某些层级。

在实体或虚拟的数字经济网络中，每一项工作都具备高度的可伸缩性。

（4）加速流动与提高效率：我们致力于优化订单至交货的循环过程，不断压缩循环时间。通过实现可靠且便捷的快速交货，确保客户能够准时、完整地收到订货，无论是送至工厂、办公室还是家中。衡量的时间单位已从周或月缩短至小时或天，极大地提高了运营效率并降低了库存成本。

（5）推动数字化商务发展：数字化信息流设计及其智能应用是新质生产力的核心所在。新的数字信息通道将公司、客户及供应商紧密连接在一起，实现活动的协调与同步。基于规则的事件驱动工具在经营决策中发挥着重要作用，通过实时分析提供可行方案，助力企业在竞争激烈的市场环境中保持领先地位。

第三个维度：全新的资源配置能力

（1）本企业凭借卓越的研发与创新能力，持续推出新产品、新技术与新服务，以应对市场的多变需求并满足客户的个性化要求。

（2）为评估公司在发展上是否展现出新质生产力的特质，提出以下问题：

①公司是否拥有一项基于服务的宏伟愿景？是否有领导层对远景规划持有满腔热情？是否拥有具备创业精神的团队？是否设定了明确的业绩目标？

②企业的目标是否与顾客偏好相吻合？每位员工是否能清晰地阐述企业目标及其所达成的业绩水平？

③团队是否具备在数字经济中建立、维护和融入的熟练技能？跨职能团队模式是否在公司中展现出强大的生命力？

④传统的前端与后端功能整合达到了何种程度？

⑤公司的沟通和决策速度如何？数字化程度如何？

⑥公司的供应链数字化努力是否正由连通性、交易自动化向支持复杂决策转变？

⑦低增值任务是否已被清除、自动化或外包？

⑧企业内所有员工是否能从战略角度出发，有效地运用信息技术？

⑨数字化网络是否已涵盖了顾客与供应商？

第四个维度：全新的国际化经营能力

国际化经营的能力：国际化经营是企业在国际市场竞争中获得优势的关键。企业积极开展国际化经营，拓展海外市场和资源，提高企业的国际知名度和竞争力。

当生产与基本的交货是所有国际化经营的要素时，新质生产力只需做下列事情：

（1）创建国际化经营平台，一种交互作用装置，通过它顾客能表达自己的偏好。

（2）开发种种增值交货流程。

（3）生产活动与面对顾客的流程（选择与交货）与产业生态伙伴同步进行。

（4）国际化雇佣战略，极其分散的全球外包，尤其是生产功能。

（5）同合作伙伴建立合作关系以增加顾客价值和利润捕捉。

（6）在许多行业，进行国际化经营，这里有几个例子：

①产品要求精准交货（如建材、食品、汽车零部件）。

②在那些制造商直接交货能压缩现行活动的情形（如汽车、建材、服装、家电、燃料）。

③具有精致安装要求的复杂产品（如计算机与电讯产品硬件、其他工业设备）。

（7）广泛的国际化网络协同生产在下列情形变得更为重要：

①生产设备与供应商跨越几个地区。

②生产流程步骤被外包给多家服务商。

③产品需求极不稳定且市场机会转瞬即逝。

④经常改变订单且难以适应。

（8）外包机会特别与具有下列特征的行业相关联：

①大量有能力且可靠的供应商。

②全球分散且能通过成熟的物流与通信连接完美、有效地发挥作用的供应商。

③一些活动由一些服务商联合完成比由单独一家企业完成更有效。

④供应商与服务提供商准备通过电子商务进行交易。

（9）关于合作，在那些具有对抗关系的企业中机会最大。在这种环境下，公司以合作概念改变范围能获得战略优势。在这些正盛行的环境里寻找种种合作的机会：

①供应基础正在加强（例如，汽车、计算机、钢铁、石油）。

②业务已变商品化（例如，工具、建筑材料、家用计算机、纸、钢铁）。

第五个维度：全新的企业经营业绩

（1）财务健康是企业稳健发展的重要保障，也是企业在市场竞争中保持优势的关键。企业保持良好的财务状况和健康的财务结构，能够应对各种财务挑战和风险。

（2）新质生产力通过精心设计的运作要素，创造并捕获超额利润。在20世纪80年代末至90年代初，供应链再造的目标是识别并消除导致利润无效流失的因素。到了90年代末，供应链管理软件开始承诺提供更为全面的解决方案，尽管这些解决方案仍局限于对现有业务模式的优化，其成效相对有限。新质生产力摆脱了陈旧业务设计的限制，采用创新的观点和方法来优化运作流程，同时致力于最大化顾客价值和公司利润。新质生产力通过以下方式实现超额利润：

①通过增强经营能力产生可盈利的收入。

A. 超级服务。

B. 从解决方案中赚钱。从重点产品转移到重点解决方案，为公司带来盈利增长。例如通用电气医疗改变解决方案的决策需要对供应链做本质上的改造：

✓ 对所有替代部件与零部件必须按严格的标准开发，以确保与其他制造商的设备兼容，并使这些零部件与那些替代的部件具有同等或更高的质量。

✓ 技术支持与补充部件应能被全球的顾客随时利用，为此建立了一个全球零部件网络与快速交货系统。

②彻底改善公司的成本与资产状况。在提供超级服务与方便的解决方案的

动力驱动下产生可盈利的收入。就成本与资产而言，新质生产力价值设计可通过库存订单额度减少或增加有效运作流程，用有限的运营资金与固定资产投入保证公司业务的快速可获盈利增长等手段来提高公司的利润水平。

③不断增加的营业收入是利润的坚强后盾，至少普遍与供应链有关，而提高收入的机会随时可能发生，比如产品交货、安装、运行、维护或需要许多时间与精力才能处理的工作。

✓ 和竞争对手的产品均界面复杂，客户自行安装维护困难。如果是这样的话，他们将乐意付钱让专家去为他们做这些工作。

✓ 对于客户，停工的损失非常大吗？若是这样，他们对卖给他们的设备，会欢迎更快的现场维护服务。

✓ 当一位客户买新设备（一台电脑、一部机器等）时，旧设备怎么处理？客户必须付钱请人将它搬走吗？要求处理支配权吗？解决处理问题可能是一项可增加收入的业务。

✓ 在行业所达到的准时、完全的订单完成率是多少？若是60%～80%的范围，通过更好的服务获得差异性的机会将更大。

第六个维度：全新的风险管控能力

（1）数字化决策支持是新质生产力最显著的特征之一。为了不断地优化日常的运作，必须立即准确地做出基于规则的决策。同时，数字化为长期战略决策，比如顾客选择、网络设计、供应商业绩评价等提供了一种综合决策的依据。

（2）企业建立健全的风险管理体系，能够有效防范和应对各种风险，确保企业的稳定发展。

（3）治理水平是企业内部管理和监督的重要体现，也是企业实现可持续发展的重要保障。企业建立完善的治理结构和治理制度，确保企业内部管理和监督的有效性和规范性。

第七个维度：全新的人才队伍素质

人才是企业最宝贵的资源，也是企业实现可持续发展的重要支撑。央企创世界一流企业标准中，要求企业具备强大的人才队伍，包括高素质的管理人才、技术人才和营销人才等，能够为企业的发展提供有力的人才保障。企业需要具有下列特征：

（1）具有远见卓识的领导层，具有突破性文化。

①有将过时的经营模式变成一种新型生产力所需要的远见卓识与领导能力吗？

②企业的目标与顾客的偏好相一致吗？

③员工有简单、清晰地实施目标吗？他们知道这些目标吗？他们在认真地实现这些目标吗？是通过合理的激励机制，让全体员工的目标与企业的目标保持一致吗？

④是准备仅仅通过渐进的改革措施来实施改革，还是准备进行重大的结构性改革？

（2）具有掌握数字化技术的创业精神的团队。

①与顾客以及供应商的沟通有多快？是采用通常的邮件与电话方式，还是依靠电子化连接？正在共享信息吗？

②通过信息系统与计算机辅助决策制订，有增加速度、准确性以及节约成本的种种机会吗？

③信息怎样流动？阻塞在哪里？最优化的数据流设计是什么？

④运作决策是怎样且由谁做出的数字化技术提供积极主动的支持？

（3）具有简单清晰的目标。关于目标，有两个要点：一是以简单、清晰、可度量的术语描述目标；然后全力以赴去实现它。让每一个人朝同一个目标前进，并对达到目标的人员进行奖励。二是当你为新质生产力确定目标时，不要落足于逐渐地改进（改善）。新质生产力是在二至三天内，实现完美的订单交货，而不是几周；几天内产品上市，而不是几周；库存以小时计算，而不是以天或月计算。

（4）具有合理的新质生产力业绩度量标准。旧度量标准是投入—产出比率、单位成本、产品实用性。新标准应是使传统标准达到一种突出性的水平——例如，库存以小时度量。更可能的是，正确的度量标准应是这样一些新标准：与价值定位相一致（Streamline 公司），极快的（产品上市）速度（Biogen 公司），或有效地管理供应商与合作伙伴网络的能力。

第八个维度：全新的企业品牌形象

（1）品牌影响力：企业形象和信誉的重要体现，也是企业在市场中获得认可和信任的关键。企业拥有较强的品牌影响力和品牌价值，能够树立起良好的企业形象和品牌形象，提高客户对企业的认知度和忠诚度。

（2）品牌影响力：

①品牌价值（高控制）。在某种程度上，顾客已将实施服务质量与公司的名字自然地联系在一起（也许可通过品牌认可调查来测定）。

②顾客锁定（高控制）。提供的服务能减低顾客转换的情况吗［也许可通过顾客保持（Customer-retention）度量指标来进行近似衡量］？

③供应商关系（中等控制）。与供应商、竞争对手或其他公司长期建立的独一无二的关系达到何种程度？

④创新的设计（中等控制）。公司的业务模式，在何种程度上表现出比竞争对手的业务模式更为先进的新质生产力特征？

⑤低价格。控制供应的最低价格的产品或服务在行业内已达到何种水平？

（3）社会责任：企业履行社会义务和担当的重要体现，保障可持续发展。企业关注环保、公益，积极贡献社会。

6.设计新质生产力计分卡

新质生产力计分卡也是提醒创新者已达到的业绩水平的标志。

（1）价值定位。

公司的价值定位包括给顾客提供什么样的增值产品和服务。就真实地了解顾客的要求并满足顾客的要求而言，新质生产力创新者拥有一种行业内最好的、强调服务的价值定位。他们开发了三种强有力的价值定位：高级服务（特别是快捷性与可靠性）、方便的解决方案、个性化定制。创新者不会试图对所有的人提供所有服务，而是精心确定他们的价值定位，确保这些定位与目标顾客有利可图的需求相匹配。跟随的问题，需要一个以客户需求为核心的强有力的价值定位，公司需要谨慎选择目标顾客：

①如何定义目标顾客？

②知道哪些顾客群是最有利可图的吗？企业业务模式能否关注这些顾客？

③客户的业务目标、成功因素以及所提供的服务是什么？

④客户的需求会如何发展？服务包会变得多重要？

⑤外部环境的变化会带来什么影响？

⑥产品与服务有助于客户获得成功吗？重视对方便、可靠性、快捷性与个性化定制的需要吗？顾客的经济状态如何受到提供的服务的影响？价值定位正好关注了客户的需求吗？

⑦价值定位能对目标客户产生何种吸引力？

（2）范围。

新质生产力设计的范围涉及要实现公司的价值定位需要些"什么"活动，由"谁"完成这些活动。设计的"什么"包含了三类活动：客户选择、交货与生产。当前平台经济盛行，核心是创新可交互影响选择板。这些选择板允许顾客自行设计产品，并有效地传送需求信息与生产能力信息。交货流程按增值原则进行设计。生产与面向客户流程并横跨整个新质生产力网络的提供商的运作保持同步。

新质生产力构成的新型网络设计中的"谁"就是决定哪些活动自己完成，哪些活动外包。它也关注怎样完成——增加客户价值、捕捉利润的合作关系的管理。例如，紫菜云公司发现它的产品菜单上、10%的产品种类就能满足90%的订单。减少产品复杂性，能对公司业绩的许多方面带来正面影响。在这里，生产线复杂性是由满足订单百分比对产品种类百分比的比率来度量的。

企业需要考虑下列问题：

①为顾客提供了在他们实际执行能力的基础上，可方便地进行个性化选择

的选择板（具有所有四种关键要素——沟通，需求捕捉，选择管理，产品确定）了吗？

②产品种类中，哪一部分满足了90%的客户订单？

③交货流程是按照一种为客户增加更多的价值的方法而开发的吗？有什么意念可从创新者中借用？

④是用控制最重要的顾客接触点来提供最好的服务吗？

⑤公司的生产是响应真实的需求，还是依据需求预测？生产与整个生态网络同步吗？

⑥除关键的顾客接触点外，将其余运作外包吗？外包是战略上的考虑，还是战术上的考虑？

⑦供应链关系是合作式，还是交易式？合作伙伴管理是公司的一种组织优势吗？

（3）利润捕捉。

利润捕捉这一业务设计要素，着重通过正确的机制，使企业有吸引力的价值定位产生利润。新质生产力通过产生更大的营业收入（高级服务与解决方案）和根本地改变公司的成本与资产状况去获得出色的利润。那些领先的实践者知道谁是他们的顾客以及他们的产品和服务可对顾客带来何种程度的增值。他们也知道成本对不同的客户服务的重要性。这些公司极小化库存，简化、数字化运作，拥有极少的固定资产。且只需非常少的现金就能使公司成长。他们将其价值定位迅速有效地转化成利润。

创新者从顶线（营业收入）和底线（利润）两个方面来审视利润捕捉能力。市价—收入比（MV/R），是衡量你的公司处于行业中何种地位的最关键指标。如果你的MV/R低于1，顾客或许会发现你的竞争对手的业务设计更具吸引力。除了计分卡中所列出的度量指标，这些公司还用了更为具体的度量指标，包括由每位顾客产生的营业收入，顾客赢利率（平均，高或低），股价增长，营业收入增长。

下列问题可以查明企业发掘价值捕捉潜力的程度：

①顾客认为你们提供的产品和服务具有高价值吗？你正从快速和可靠的服务中捕捉到额外的利润吗？

②顾客正流失到那些不仅只是提供产品和服务，而且能提供解决方案的竞争对手那里吗？

③能否估算因不能及时提供所需产品或服务而流失的代价吗？会否运用拖延或其他类似技巧令产品能针对最大需求？

④利润正受到库存积压与账面价值核销的损失吗？

⑤关注"大数据"而不是关注"信息化"，驱动了高的运作费用吗？

⑥公司在成长中是利用其他人的现金（例如顾客或供应商的现金），还是银行的钱？现金转换周期是多长？

⑦能否不直接拥有一些固定资产，而是通过新质生产力来获得敏捷性、可伸缩性与更高的利润？

（4）**战略控制**。

战略控制是公司为长久保护利润所提出的业务模式设计要素。为保持更多的客户重复光顾而采取的五种普遍的战略控制机制：品牌、顾客锁定、供应商关系、创新设计、低价格。品牌与顾客锁定带来了顾客忠诚并提供了更长久的利润保护。创新是新质生产力所赋予的种种战略控制的重要基础。低价格往往更容易被模仿，带来的优势相对更少。

下列问题有助于探寻企业目前的和潜在的战略控制点：

①是什么吸引一位顾客重复光顾，为什么有些顾客会流失？

②为了改进战略控制，对顾客和供应商的需求了如指掌吗？

③供应链能获得下列哪些战略控制点：

——顾客将超级服务与公司的名字联系在一起吗？

——有忠诚的顾客，并享有一种高度重视的业务吗？

——与供应商拥有独一无二或难以复制的关系吗？

——业务设计比竞争对手的业务设计更具创新性吗？

④利润或市场价值已经转移到现有的竞争对手或转移到行业以外的解决方案提供者吗？

⑤为了让顾客将你的公司理解为创新公司，需要创建哪种类型的新质生产力体系？

（5）实施。

前面的4个业务设计要素的决策，只有当公司能很好实施时才有意义。那些具有新质生产力特征的公司具有两个简单的不同特征：突破性文化（远景规划、领导能力、简单的目标、有创业才能的团队）和高度数字化（从原子转变成比特）。

下列问题测试企业在新质生产力实施上是否卓越：

①公司有基于服务的远景规划吗？有对远景规划充满激情的领导吗？有具有创业才能的团队吗？有清晰的业绩目标吗？

②企业目标与顾客偏好相一致吗？每一位员工能描述目标与实施的业绩水平吗？

③团队具有建立与维护新质生产力的熟练技能吗？跨职能的团队模式是公司中一种有生命力的方法吗？

④传统的前端与后端功能整合达到何种程度？

⑤沟通和决策速度有多快，数字化程度有多高？

⑥公司的供应链数字化努力是由连通性、交易自动化向支持复杂决策转移吗？

⑦低增值任务被清除、被自动化或者是被外包了吗？

⑧系统内的所有员工都能从战略上有效地利用信息技术吗？

⑨顾客与供应商都被包含在数字化网络内了吗？

思考与练习

如何将新质生产力计分卡应用于你的公司？

后 记

黑海战略书院——家事、国事、天下事，事事关心

在撰写本文之际，俄乌冲突正愈演愈烈，加沙地区的儿童在战火中泣不成声。人类共同的文明仿佛变成了一种遥不可及的梦想。这个疯狂的世界不仅失去了共同行动所能带来的利益，也可能进一步陷入民族主义和保护主义兴起的动荡之中。我们所面临的，并非在独立前行与并肩协作之间做出虚假的选择，而是能够在珍视的自主权与世界迫切需求的合作之间找到一个平衡点，然后，去拥抱这个不完美的世界。

本书所涉猎的三万年历史长河中，世界经历了剧烈的变迁，但无论是我们还是生活在这一漫长历史时期的人们，无论肤色或国籍，我们的进化基础都极为相似。智人在本质上极为相似，我们共享相同的激素、身体构造、血液以及大脑潜能。由于我们属于同一物种，我们对突发事件的反应往往出奇地一致，这种一致性跨越了时空的界限。正如1954年小说家L.P.哈特利所言："过去犹如异乡，人们的行为方式迥异。"人类可以成为命运共同体。

我们正站在历史的十字路口，需要颠覆时间与空间的观念，重新构想一个变革后的世界将会呈现何种面貌。

构想一个由增长驱动的繁荣，并迈向更加可持续平衡发展的世界。

构想一个政策制定者能够积极预防危机，规划未来，使更多群体而非少数人受益的世界。

构想一个以超级智能为基础构建的全球秩序，实现了经济的持续增长和生态的持续繁荣。

构想这样一个世界并不困难，实现它的可能性也确实存在。唯一阻碍我们的是人类自身。在当前错综复杂的地缘政治局势下，面对持续的全球性挑

战，核心的应对策略应是全球范围内的开放与合作。为了重振增长动力、缩小不平等以及重塑全球秩序，中国已经迈出了生态5.0时代的第一步。在此过程中，中华智慧的话语体系将持续完善与演进，引领人类社会生活方式发生一场前所未有的变革，开启通往"万物中和"理想社会的序章。

回顾在剑桥求学期间开启的创作之旅，仿佛要重新绘制时空坐标上的文明发展轨迹，令人如临深渊。特别是在参与浙江大学开展的"生态文明理念"研究项目中，关于"人类命运共同体"的构想，不仅展现了中华民族具有全球视野的宏大格局，更凸显了我们的历史使命与责任担当。我与沈自珍女士、刘清德先生反复剖析全球各类文明的范式，寻回散落于历史长河中的吉光片羽，愈发认识到：**尽管科学文明日新月异，但人类精神文明的研究相对滞后。这种发展不均衡如同阴阳失调、明暗不均，可能危及社会的和谐与稳定。唯有实现科学与人文精神的深度融合，方能确保人类社会的稳健前行。**同时，本书得到了浙江省高校重大人文社科攻关计划项目资助（2023QN154），一并表示感谢。

人这一生，终归要为时代留下点什么。为了推进5.0超级生态建设，我于2024在香港创立了黑海战略书院。书院致力于推动社会和个人的全面进步，倡导创建一个面向生态5.0的全球身心健康与国民幸福总值实验室，专注于研究通过促进身心健康来提高人们的幸福感。如孔子所言，幸福源于五种道德品质：对国家的忠诚，对家人的爱，对他人的尊重，对陌生人的仁慈，以及与朋友之间的互惠互助。人生成长的意义在于与时俱进，与国共鸣，内修圣德，外显王道，通过自我超越实现人生价值。

我们希望更多的人能够通过本书，理解在不同历史时期重大决策背后的偶然性和必然性、繁荣与危机；能够超越个人的局限，唤醒内在的潜能，有效地掌控生活，促进生命的蜕变。**毕竟，每个人都是自己命运的CEO，都应努力塑造一个更好的自我，使之成为人生旅途中的灯塔，照亮自己前行的路。**

2024年12月

参考文献

[1] 奥托·夏莫，凯特琳·考费尔.U 型变革：从自我到生态的系统革命[M].陈秋佳，译.杭州：浙江人民出版社，2014.

[2] 日本日立东大实验室.社会 5.0：以人为中心的超级智能社会[M].沈丁心，译.北京：机械工业出版社，2020.

[3] 此本臣吾，森健，日户浩之.数字资本主义[M].野村综研（大连）科技有限公司，译.上海：复旦大学出版社，2020.

[4] 阿尔努·德·梅耶尔，彼得·J.威廉姆森.生态型组织[M].张瀚文，译.北京：中信出版集团，2024.

[5] 于雁鸣.中华经典文化哲理阐析——《易经》内涵透辟诠释[M].北京：中国博学出版社，2018.

[6] 孟睿思.商业进化：共益重新定义商业成功[M].邱墨楠，译.北京：中信出版集团，2022.

[7] 丹尼斯·米都斯，等.增长的极限[M].李宝恒，译.长春：吉林人民出版社，1997.

[8] 本村凌二.文明的兴衰[M].吴宇鹏，译.北京：中国友谊出版社，2021.

[9] 瓦茨拉夫·斯米尔.即将到来的能源战争[M].李文远，译.北京：中国科学技术出版社，2025.

[10] 乔根·兰德斯.2052：气候、环境、与人类的未来[M].叶硕，译.北京：华龄出版社，2023.

[11] 马尔科·扬西蒂，罗伊·莱维恩.共赢[M].王凤彬，王保伦，译.北京：商务印书馆.

227

[12] 布莱恩·费根,纳迪亚·杜拉尼.气候变迁与文明兴衰——人类三万年的生存经验[M].欧阳瑾,黄春燕,译.北京：中信出版集团,2022.

[13] 克劳斯·施瓦布,蒂埃里·马勒雷.大叙事：构建韧性、公平和可持续的社会[M].世界经济论坛北京代表处,译.北京：中信出版集团,2022.

[14] 弗兰克·维尔切克.万物原理[M].柏江竹,高苹,译.北京：中信出版集团,2022.

[15] 拉斯·特维德.逃不开的经济周期2.[M].刘洋波,甘珊珊,译.北京：中信出版集团,2019.

[16] 杰里米·里夫金.第三次工业革命：新经济模式如何改变世界[M].张体伟,孙豫宁,译.北京：中信出版社,2012.

[17] 乌麦尔·哈克.新商业文明：从利润到价值[M].吕莉,译.北京：中国人民大学出版社,2016.

[18] 赵今巍.灰狼群效应：产业数字化的临界点革命[M].北京：中国友谊出版社,2022.

[19] 莫洛·F.纪廉.趋势2030：重塑未来世界的八大趋势[M].曹博文,译.北京：中信出版社,2022.

[20] 王德培.中国经济2024：周期拐点与结构演化[M].上海：上海远东出版社,2024.

[21] 大卫·波维特,约瑟夫·玛撒.价值网：打破供应链、挖掘隐利润[M].仲伟俊,译.北京：人民邮电出版社,2001.

[22] 布鲁诺·萨尔格斯.第五次社会浪潮：工业的未来、技术、方法和工具[M].高宏泽,译.北京：机械工业出版社,2022.